“十二五”职业教育国家规划教材
经全国职业教育教材审定委员会审定
普通高等教育“十一五”国家级规划教材
新世纪高职高专交通运输管理类系列教材

公路路政管理学

第2版

主　编　王进思　韦冬莉
副主编　朱新民　王　龙　王　军

机械工业出版社

本书是“十二五”职业教育国家规划教材，经全国职业教育教材审定委员会审定。本书根据我国现行的公路法律法规，结合公路行政执法和管理的有关规定，全面介绍了我国公路路政管理体制、公路路产索赔案件现场图的测绘、路政内业管理、高速公路路政管理等内容；阐述了路政管理法律法规、路产损害赔（补）偿、路政复议、路政诉讼、路政法律文书等知识及公路路政执法行为。重点分析和论述了公路路产路权管理、公路建筑控制区管理、超限运输管理、路政处罚等重要路政管理业务，并附有实际案例，以便于读者在学习过程中理论联系实际。

本书在第1版的基础上做了调整和修订，保持了原有教材的优点和特色，在教材篇章结构、内容选取、强化学生动手动脑能力、法规和案例等方面进行了有针对性的修订，使内容变得更加流畅，衔接更加紧密，充分体现通俗易懂、简洁实用、针对性强、职业岗位特征明显等特点。

本书可供高职高专交通管理类专业师生使用，同时可作为公路管理机构的培训教材，也可作为从事路政管理工作的从业人员学习的参考书。

图书在版编目（CIP）数据

公路路政管理学/王进思，韦冬莉主编．—2版．—北京：机械工业出版社，2016.8（2025.11重印）
“十二五”职业教育国家规划教材　经全国职业教育教材审定委员会审定
新世纪高职高专交通运输管理类系列教材
ISBN 978-7-111-54452-4

Ⅰ．①公…　Ⅱ．①王…　②韦…　Ⅲ．①公路管理－路政管理－高等职业教育－教材
Ⅳ．①U418.2

中国版本图书馆CIP数据核字（2016）第179774号

机械工业出版社（北京市百万庄大街22号　邮政编码100037）
策划编辑：孔文梅　　责任编辑：张　亮　张　翔
责任校对：王　欣　张　薇　　封面设计：马精明
责任印制：刘　媛
北京富资园科技发展有限公司印刷
2025年11月第2版第9次印刷
184mm×260mm · 13.25印张 · 271千字
标准书号：ISBN 978-7-111-54452-4
定价：40.00元

电话服务　　网络服务
客服电话：010-88361066　　机　工　官　网：www.cmpbook.com
010-88379833　　机　工　官　博：weibo.com/cmp1952
010-68326294　　金　书　网：www.golden-book.com

机工教育服务网：www.cmpedu.com

前言 PREFACE

交通是国民经济发展的大动脉，没有交通的发展就没有国民经济的发展，也没有社会的进步。因此，交通已成为国家发展经济的重点产业，在国民经济中发挥着举足轻重的作用。随着国家对交通基础设施投入的加大，整个交通基础建设取得了巨大的发展。公路是国家重要的社会公益性基础设施，公路运输是我国交通运输体系中的重要组成部分，在国民经济中具有重要地位。“要想富，先修路”，充分说明公路建设的重要性。但是，由于长期以来人们重建轻管，再加上部分人的法制观念淡漠，破坏、损坏、非法占用公路及其附属设施、超限运输等现象十分严重，使得公路的效能无法正常发挥，影响了公路的畅通和安全。特别是在高速公路快速发展的今天，上述现象就表现得更为突出。

要解决上述问题，除了加强相关法律法规的宣传与教育，提高全民遵纪守法的法律意识外，还应加强对公路路政管理人才的培养和从业人员的培训，提高公路路政管理队伍的整体素质和管理水平。因此，编者在全面分析我国公路路政管理现状的基础上，结合公路路政管理实际，编写了具有较强时效性、针对性、实用性特点的教材。书中每章都配有学习目的、本章小结、案例分析、练习题等内容，适合讲授及自学。

本书的第1版由王进思任主编，朱新民、王龙、王军任副主编，由王进思、朱新民负责全书的统编定稿。编写人员分工情况如下：第一、二、三章（湖北交通职业技术学院　王进思），第四、五、六章（湖北交通职业技术学院　朱新民），第七、八章（广东交通职业技术学院　王龙），第九章（朱新民），第十章（王龙），第十一、十二、十三、十四章（湖北交通职业技术学院　王军），第十五、十六、十七章（王龙），中建三局第一建设股份有限公司朱亮明参加了第十、十五、十六、十七章的编写，湖北黄黄高速公路有限责任公司潘庆芳参加了第十一、十二、十三章的编写。

第2版由广西交通职业技术学院韦冬莉完成全书的调整与修订，本次修订一共包含以下工作：第一是对全书的结构进行了优化和完善，将原来全书十七章整合为十一章，将第1版的第一、二、三章整合为第一章；将第五、七、九章整合为第二章；删除了第八、十二章，使得全书结构更加清晰，各部分内容衔接更加紧密；第二是将路政管理执法考试的要求内容融入教材中，除了在内容上涵盖考试大纲的要求之外，另有相当一部分课后练习题出自历年路政执法考试的真题，以供读者巩固学习效果；第三是补充和完善了新的法规内容，如根据2011年7月1日起施行的《公路安全保护条例》、2008年12月30日交通运输部印发的《交通行政执法文书式样》《道路交通标志和标线》（GB5768—2009）等规定调整原有的部分内容；第四是对原有的案例进行了全面的更新，力求每一章后附的案例分析能够与时俱进；第五是根据路政实务中常见的问题进行案例分析题和实务操作题的设计，可作为实训项目使用。

为方便教学，本书配备电子课件等教学资源。凡选用本书作为教材的教师均可索取，请发送邮件至cmpgaozhi@sina.com，咨询电话：010-88379375，QQ：945379158。

我国路政管理环境正处在不断优化之中，路政执法观念、方式方法正处在转变之中，尚未形成完整的路政管理体系。再加上作者水平有限，对某些问题考虑得不够成熟，书中错误难免，请教材使用者和广大读者多提宝贵意见。

编　者

目录 CONTENT

CONTENT 目录

目录 CONTENT

第一章

Chapter 1

绪论

【学习目标】

1. 掌握路政管理的概念、理解路政管理的内涵。
2. 了解我国路政管理体制。
3. 熟悉路政管理的法律依据。
4. 了解路政管理的业务内容。
5. 掌握路政管理的常用方法与手段。

第一节　路政管理的概念

一、路政管理的概念

在交通运输部（原交通部）的规章《中华人民共和国路政管理规定》（以下简称《路政管理规定》）第二条第二款中，路政管理被定义为：“本规定所称路政管理，是指县级以上人民政府交通主管部门或者其设置的公路管理机构，为维护公路管理者、经营者、使用者的合法权益，根据《公路法》及其他有关法律、法规和规章的规定，实施保护公路、公路用地及公路附属设施（以下统称‘路产’）的行政管理。”

因此，路政管理是指交通主管部门或路政管理机构根据国家法律、法规、规章的规定，为保护公路、公路用地、公路附属设施（以下简称“路产”），维护公路合法权益（以下简称“路权”），为发展公路事业所进行的行政管理。其目的在于维护公路合法权益，保障公路的完好、安全和畅通，促进公路事业的发展。

二、路政管理的内涵

（1）公路路政管理的主体是交通主管部门和公路管理机构。公路路政管理的主体是交通主管部门和公路管理机构，其他任何机关、组织都无权进行路政管理。公路路政管理是一种国家行政管理活动，它不是一般的社会管理活动，以国家的名义进行管理，体现了国家的意志，因此路政管理权是由国家赋予行使的。

《中华人民共和国公路法》（以下简称《公路法》）第八条规定：“国务院交通主管部门主管全国公路工作。县级以上地方人民政府交通主管部门主管本行政区域内的公路工作……乡、民族乡、镇人民政府负责本行政区域内的交通建设和养护工作。县级以上地方人民政府交通主管部门可以决定由公路管理机构依照本法规定行使公路行政管理职责。”第四十三条第二款规定：“县级以上地方人民政府交通主管部门应当认真履行职责，依法做好公路保护工作……保障公路的完好、安全和畅通。”第五十七条规定：“除本法第四十七条第二款的规定外，本章规定由交通主管部门行使的路政管理职责，可以依照本法第八条第四款的规定，由公路管理机构行使。”

从以上规定中可以看出，《公路法》规定的行使路政管理职责的主体有两类，即交通主管部门和公路管理机构。交通主管部门的路政管理职责是由法律直接规定的，是法律所赋予的；而公路管理机构并不具有路政管理职责，其职责的取得取决于县级以上地方人民政府交通主管部门做出的决定。只有县级以上地方人民政府交通主管部门做出了由公路管理机构依法行使公路行政管理职责的决定，相应的公路管理机构才能行使公路行政管理职责，才能成为路政管理的主体。因此，公路路政管理是交通主管部门和公路管理机构根据国家法律、法规、规章的规定所进行的行政管理，交通主管部门和公路管理机构是公路路政管理的合法主体。

对全国大部分地区而言，公路路政管理的合法执法主体是交通主管部门和公路管理机构，这是根据《公路法》的规定设立的。根据《中华人民共和国行政处罚法》（以下简称《行政处罚法》）第十七条规定：“法律、法规授权的具有管理公共事务职能的组织可以在法定授权范围内实施行政处罚。”有些地方制定的地方性法规授权路政管理机构行使公路行政管理职权，如《广东省公路路政管理条例》规定：“省交通行政主管部门负责全省公路路政和本条例的实施。各级公路路政管理部门负责本辖区内的公路路政管理工作。”因此，地方性法规授权的公路路政管理机构也是公路路政管理的执法主体。在本书中，非特定指明地方性法规授权的公路路政管理机构，是指包括交通主管部门、公路管理机构和地方性法规授权的路政管理机构在内的路政执法主体。

（2）公路路政管理是一种行政管理活动。公路路政管理是路政管理机构依法对公路路产、路权实施的行政管理活动。行政，按照行政法的规定，是指执行或管理的意思，具有广泛的含义。一般意义上说，行政除了国家行政以外，还有企业、事业单位的行政，党派和社会团体的行政等。公路路政管理调整的是路政管理机构对国家财产公路路产路权的管理，因而公路路政管理是国家的一种行政管理活动。

在行政执法中，会发生各种行政法律关系，公路路政管理也不例外。行政法律关系主要是指国家行政机关在行使行政职能过程中发生的内部行政关系和外部行政关系。

内部行政关系是指行政机关内部的上下级之间的关系、同级行政机关之间的关系、行政机关同它所属的机关工作人员之间的关系。行政机关内部上下级之间的关系、行政机关同它所属的机关工作人员之间的关系，表现为领导与服从的关系；同级行政机关之间的关系则是在共同上级领导下的相互协作关系。

外部行政关系是指行政机关同其他国家机关、行政机关与其行使行政职能中的相对一方即行政管理相对人（包括公民、法人和其他组织）之间的关系。公路路政管理的外部行政关系，表现为路政管理机构与路政管理相对人之间的关系，这种关系是命令与服从的关系。在这种关系中，路政管理机构处于主导地位，行使法律、法规、规章赋予的路政管理职权，这种权力是具有国家强制力的，无需征得路政管理相对人的同意；而路政管理相对人必须服从路政管理机构的管理，这是一种管理与被管理的关系，路政管理机构依据国家法律、法规、规章的规定行使路政管理职权。本书重点讲述的是外部行政关系。

（3）公路路政管理的依据是国家法律、法规和规章的规定。公路路政管理依照国家有关的法律、法规和规章的规定进行。法律、法规和规章是公路路政管理的法律依据。

在《公路法》出台以前，我国公路路政管理的主要依据是法规和规章。新中国成立以来，我国先后颁布了大量的有关路政的法规、规章，对规范路政管理行为发挥了重要作用。如国务院国发（1983）105号《关于加强路政管理，保障公路安全畅通的通知》；国务院国发（1986）94号《关于改革道路交通管理体制的通知》；1987年10月国务院颁布了《公路管理条例》；交通运输部颁布了《公路管理条例实施细则》和《公路路政管理规定（试行）》；交通运输部、石油部（原）以（78）交公路字698号、（78）油化管道字452号文联合发布的《关于处理石油管道和天然气管道与公路相互关系的若干规定》

（试行），国家标准局发布的GB5768—1986《道路交通标志和标线》等。

随着我国法制建设的不断推进，公路法制建设也在不断发展。1997年7月八届人大第二十六次会议通过了《公路法》，其中设专章规定了路政管理法律制度，对路政管理的内容进行了系统、完整的规定。在此基础上，交通运输部于2002年11月26日颁布了新的《路政管理规定》，为我国路政管理走上法制化、规范化的转道奠定了基础。2011年3月7日，由国务院公布，《公路安全保护条例》自2011年7月1日起施行。《公路安全保护条例》的颁布施行，不仅标志着我国公路安全保护工作进一步迈上规范化、制度化、法制化台阶，更标志着我国以《公路法》为龙头的公路法制体系逐步完善。

（4）公路路政管理的任务是保护公路、公路用地、公路附属设施，维护公路的合法权益。《公路法》第七十条规定：“交通主管部门、公路管理机构负有管理和保护公路的责任，有权检查、制止各种侵占、损坏公路、公路用地、公路附属设施及其他违反本法规定的行为。”

《路政管理规定》第五条规定，县级以上地方人民政府交通主管部门或者其设置的公路管理机构的路政管理职责如下：

1）宣传、贯彻执行公路管理的法律、法规和规章。

2）保护路产。

3）实施路政巡查。

4）管理公路两侧建筑控制区。

5）维持公路养护作业现场秩序。

6）参与公路工程交工、竣工验收。

7）依法查处各种违反路政管理法律、法规、规章的案件。

8）法律、法规规定的其他职责。

《公路安全保护条例》第三条规定，公路管理机构依照本条例的规定具体负责公路保护的监督管理工作。

由此可见，公路路政管理的任务是保护公路、公路用地和公路附属设施，维护公路的合法权益。

三、路政管理的内容

《公路法》第四十三条规定：公路路政管理的目的是为了“保障公路的完好、安全和畅通”。从这个目的出发，《公路法》规定了公路路政管理法律制度，规定了公路路政管理的基本内容。公路路政管理的基本内容主要有以下几个方面：

（1）负责管理和保护公路、公路用地和公路附属设施。

（2）审批并监督检查影响公路的其他设施建设事宜。

（3）依法查处各种违法利用、侵占、污染、毁坏公路的行为。

（4）审批公路的特殊利用、占用和超限运输。

（5）对建筑控制区的管理。

此外，《公路法》还规定：在公路上行驶的车辆的轴载质量应当符合公路工程技术标准要求；机动车制造厂和其他单位不得将公路作为检验机动车制动性能的试车场地；在公路上增设平面交叉道口，必须按照国家有关规定经过批准，并按国家规定的技术标准进行建设；任何单位和个人未经县级以上地方人民政府批准，不得在公路用地范围内设置公路标志以外的其他标志等；超限运输管理、试刹车管理、平面交叉道口管理、非公路标志管理也是公路路政管理的范围。同时，《公路法》还规定了公路管理机构对造成公路损坏的现场负有调查的职责。

四、路政管理的意义

加强公路路政管理，有利于提高公路的社会效益和经济效益，充分发挥公路在国民经济中的重要作用。路政管理的意义主要体现在以下几个方面。

1. 有利于保护公路完好

公路是汽车运输的基础设施，完好的公路是公路交通畅通的前提。任意挖掘公路、埋设管道、利用边沟灌溉或者排放污水、侵占公路用地构筑设施、种植作物、利用公路试刹车等，均会严重损坏公路，影响行车安全。要使公路设施完好，就需要通过加强路政管理，依法查处各种破坏或损坏公路、公路用地和公路附属设施的行为，以保护公路经常性地处于完好状态。

2. 有利于保障公路的使用质量

要保障公路的使用质量，应禁止影响公路使用质量的履带车和铁轮车在铺有路面的公路上行驶，需要加强对超过桥梁限载标准和路面承载能力的车辆通过桥梁和公路的管理。同时，要处理好沿公路埋设管线和修建跨越公路的桥梁、渡槽、架设管线等设施与公路使用的矛盾。在公路沿线路肩上任意埋设供电线路、电信线路和自来水管道，会导致行道树被毁；电杆设置在路肩上，当汽车交会或超越时，靠近路边行驶会给驾驶员造成一种感觉障碍，使行车受到影响，或者不得不减速通过。因此，要通过路政管理工作，加强对履带车、铁轮车上路行驶的控制，加强对超限运输车辆行驶公路的管理，加强对各种管线穿（跨）越公路和在公路建设控制区设置的审批，以保证公路的使用质量。

3. 有利于保证公路施工作业的正常秩序

近年来，国家加大了对公路建设的投资力度，公路施工路段不断增加，加上干线公路交通量成倍增长，提高路面质量工程日益增多，而要在维持正常交通的条件下进行施工作业，就必须加强对施工路段的管理，加强公路路政管理，保障公路的安全和畅通。

4. 有利于改善行车环境和减少建设投资

对于驾驶员来说，除了优良的道路条件之外，还要求视线清楚。驾车在公路上行进，只有视线清楚，视野开阔，驾驶员才会感到情绪轻松，操作自如，面对视野范围各种机动车、非机动车和行人的动态，可以控制行车，调整车速。因此，要控制公路交叉道口的搭接，减少对车辆的横向干扰；要严格控制公路两侧修建永久性工程设施，使建筑物边缘与公路边沟的间距达到国家规定的建筑控制距离。同时，控制好公路两侧建筑控制区的建筑，也有利于减少在公路改建、扩建时的动迁费用。

综上所述，路政管理对公路社会效益和经济效益的充分发挥和提高有着十分明显的促进作用。只有加强路政管理工作，才能充分发挥公路效能。要把路政管理工作放到公路管理的重要位置上来，运用法律手段、行政手段、经济手段来管好公路。

第二节　路政管理机构与路政管理人员

一、路政管理机构概念及特点

路政管理机构是指为了完成国家赋予的路政管理职责，按法定程序组建的行政组织。

它具有以下特征：

（1）代表国家实施公路行政管理权的组织。

（2）能以自己的名义行使路政管理活动。

（3）能独立承担自己行为所引起的法律责任。

《公路法》第八条第四款规定："县级以上地方人民政府交通主管部门可以决定由公路管理机构依照本法规定行使公路行政管理职责。"第五十七条规定："公路管理机构可以依照《公路法》的规定行使路政管理职责。"第八十二条规定："公路管理机构可以行使由交通主管部门行使的行政处罚权和采取相应的行政措施。"《公路法》的这些规定，是根据我国的公路管理机构是事业单位，不是政府的行政主管部门，不具有行政管理职能，而在现实中又直接从事公路的养护和路政管理工作的实际情况而做出的。这里要强调的是，被委托的组织行使路政管理权所产生的法律后果由委托的组织来承担。

二、路政管理机构的形式

（一）交通主管部门

《公路法》第八条规定："国务院交通主管部门主管全国公路工作。县级以上地方人民政府交通主管部门主管本行政区城内的公路工作……县级以上人民政府交通主管部门可以决定由公路管理机构依照本法规定行使公路行政管理职责。"第五十七条规定："除本法第四十七条第二款的规定外，本章规定由交通主管部门行使的路政管理职责，可以依照本法第八条第四款的规定，由公路管理机构行使。"第六十九条规定："交通主管部门、公路管理机构依法对有关公路的法律、法规执行情况进行监督检查。"第七十条规定："交通主管部门、公路管理机构负有管理和保护公路的责任，有权检查、制止各种侵占、损坏公路、公路用地、公路附属设施及其他违反本法规定的行为。"因此，交通主管部门的路政管理职权是法律赋予的，交通主管部门是路政管理的行政处罚主体。

简而言之，交通主管部门是政府的组成部门，是行政机关。比如：交通运输部、交通运输厅、交通运输局等。但不管交通主管部门的名称如何改变，有两个特征是不会改变的：①必须主管交通工作；②必须是行政机关。

（二）公路管理机构

公路管理机构实施路政行政管理的依据是《公路法》的规定及县级以上地方人民政府交通主管部门的决定，因此，公路管理机构实施路政管理的性质是行政委托。

县级以上地方人民政府交通主管部门做出的由公路管理机构依法行使公路行政管理（路政管理）职责的决定，是委托性质的决定，这种委托是对路政行政处罚的委托。路政行政处罚委托必须符合《中华人民共和国行政处罚法》关于行政处罚委托的规定。《中华人民共和国行政处罚法》第十八条规定："行政机关依照法律、法规或者规章的规定，可以在其法定权限内委托符合本法第十九条规定条件的组织实施行政处罚。行政机关不得委托其他组织或者个人实施行政处罚。委托行政机关对受委托的组织实施行政处罚的行为应当负责监督，并对该行为的后果承担法律责任。受委托组织在委托范围内，以委托行政机关名义实施行政处罚，不得再委托其他任何组织或者个人实施行政处罚。"

公路管理机构是事业单位，不是政府的行政职能部门，不具有行政管理职能；要行使有关的行政管理职能；需要有法律、法规的授权或行政机关的依法委托。因此，经县级以上地方人民政府交通主管部门决定，公路管理机构可以行使路政管理和行政处罚及采取行政措施的行政职责。公路管理机构以委托的交通主管部门的名义行使行政管理职责，做出行政处罚决定，并由委托的交通主管部门对公路管理机构在受委托的范围内做出的具体行政行为负责。在发生行政诉讼时，由委托的交通主管部门作为被告。

（三）地方性法规授权的管理机构

有些省市通过地方性法规授权公路管理机构或路政管理机构行使公路管理的职能。如《四川省公路路政管理条例》规定："省交通主管部门负责全省公路路政和本条例的实施。各级公路管理部门负责辖区的公路路政管理工作。对违反本条例规定的单位和个人，由公路路政管理部门按下列规定处罚。"广东省、云南省公路路政管理机构也是地方性法规授权的路政管理机构。

三、公路管理机构的职责

根据交通运输部《交通行政执法岗位规范》，各级公路管理机构的路政管理的职责如下。

（一）省级公路管理机构

（1）贯彻执行国家有关公路路政管理的法律、法规、规章以及上级主管部门的指示、决定。

（2）对全省的路政管理工作实施宏观管理、协调服务、帮助指导、监督检查，组织全省路政管理人员依法保护公路、公路用地、公路附属设施，维护公路合法权益和保障公路完好畅通。

（3）组织宣传与路政管理有关的法律、法规、规章，开展综合整治和专项治理等路政管理活动。

（4）组织制订全省路政管理工作的远景规划、年度计划、考核指标。

（5）协助省级交通主管部门起草、修改全省路政管理方面的地方性法规、规章草案，待批准后组织实施。

（6）负责协调、查处重大路政案件。

（7）审核本级管理的路政事宜。

（8）组织制订全省交通标志标线设置计划，监督协调标志标线计划的实施。

（9）参加全省新建、改建公路路产及公路环境整治的验收工作。

（10）组织全省路政管理人员的专业培训，组织对全省路政管理人员进行考核、评比、表彰。

（11）负责组织全省路政人员服装的管理、发放以及交通、通信工具的配置。

（12）参与有关的路政行政复议。

（二）市（地）级公路管理机构

（1）贯彻执行国家有关公路路政管理的法律、法规、规章以及上级主管部门的指示、决定。

（2）根据省级公路管理机构制订的工作计划、工作指示，制定本单位的工作计划及实施措施。

（3）组织宣传与路政管理有关的法律、法规、规章，开展综合整治和专项治理等路政管理活动。

（4）协助起草本市路政管理方面的规范性文件草案，待批准后组织实施。

（5）负责协调、查处本辖区内的重大路政案件。

（6）审核本级管理的路政事宜。

（7）制订本市交通标志标线设置计划，报省级公路管理机构批准后组织实施，监理标志标线施工。

（8）参加本辖区内新建、改建公路路产及公路环境整治的验收工作。

（9）组织本辖区内路政管理人员的业务培训，组织对全市路政管理人员进行考核、评比、表彰。

（10）负责本辖区内路产建档工作及路政案件档案归档工作，上报路政统计报表。

（11）参与有关的路政行政复议。

（三）县（市）级公路管理机构

（1）贯彻执行国家关于公路路政管理的法律、法规、规章。

（2）具体负责本县路政执法工作，制订本县路政管理工作计划，并提出具体实施措施。

（3）组织路政管理人员上路巡查，负责受理、制止、查处违法侵占、污染、损坏、破坏公路、公路用地和公路附属设施的行为。

（4）审核本级管理的路政管理事宜。

（5）负责辖区内公路建筑控制区的控制，审核公路建筑控制区内的建设事宜。

（6）监督检查本辖区内的超限运输、试刹车管理。

（7）参加本辖区内新建、改建公路路产及公路环境整治的验收工作。

（8）负责路政管理档案的建档工作，按时上报路政管理报表。

（9）负责本辖区内施工作业现场的交通管理。

（10）负责对辖区内的路政管理人员的培训、考核工作。

（11）负责本级交通器材、设备和交通工具的管理和使用。

四、路政管理人员

（一）路政管理人员的概念与特征

路政管理人员，是指依法在路政管理机构中任职，从事路政管理工作，履行路政管理职能的工作人员。路政管理人员应爱岗敬业、恪尽职守、熟悉业务、清正廉洁、文明服务、秉公执法。

路政管理人员具有以下特征：

（1）任职于路政管理机构的路政管理人员是个人，而不是组织。

（2）路政管理人员享有实施路政管理的资格，即他依法具有路政管理职权和职责。

（3）路政管理人员以所在路政管理机构的名义实施路政管理，而不能以个人的名义。

（4）路政管理人员的行政行为所引起的法律效果由所在的路政管理机构承担。即路政管理人员做出的具体路政行为，侵犯了公民、法人或者其他组织的合法权益，由所在的路政管理机构负责赔偿。

（二）路政管理人员的法律地位

路政管理人员的法律地位，是指路政管理人员在路政法律关系中的地位，具体体现在路政管理人员与路政管理机构、路政管理相对人的关系中。

1．路政管理人员与路政管理机构的关系

路政管理人员与路政管理机构的关系是一种职务关系，其基本内容表现在：①路政管理人员的路政管理资格由路政管理机构赋予。路政管理机构对路政管理人员执行公务中的过错而造成他人损害的后果承担责任。②路政管理人员必须依照授权履行职责，否则将承担超越职权、滥用职权的法律责任。③路政管理人员在执行公务中有行政优益权，其职务活动受国家法律保护。

2．路政管理人员与路政管理相对人的关系

（1）管理与被管理的关系。路政管理人员以路政管理机构的名义依法对路政管理相对人进行路政管理，维护公路的合法权益。

（2）监督与被监督的关系。路政管理相对人有权对路政管理人员的路政管理活动是否合法进行监督，并可向有关国家机关提出控告或检举。路政管理人员在对路政管理相对人做出路政处罚决定时，要向当事人告知其有陈述申辩权、要求组织听证的权利、申请复议权、提起诉讼权、请求国家赔偿权等。

（三）路政管理人员的职责

路政管理人员代表路政管理机构行使路政管理职权，因而在公路路政管理方面与路政管理机构的职权是相一致的。

交通运输部《交通行政执法岗位规范》把公路路政执法岗位分解为路政案件查处员、路政审批管理员、公路设施管理员、施工现场交通管理员。

1. 路政案件查处员的岗位职责

（1）依照法律、法规和规章，维护辖区内的公路路产路权。

（2）坚持日常公路巡查，发现问题及时制止、查处。

（3）依法制止、查处管辖区内各种违法利用、侵占、污染、损坏和破坏公路、公路用地和公路附属设施的行为。

（4）依法控制公路建筑控制区。

（5）依法查处从地面、上空或地下穿（跨）越公路、公路设施的违法建筑。

（6）依法查处盗窃、毁坏管辖区内公路标志牌的案件。

（7）依法查处管辖区内违法开设道口的行为。

（8）依法查处管辖区内违法超限运输车辆和履带车、铁轮车以及可能损坏公路的其他运输机具。

（9）依法查处在管辖区内公路上违法试车的车辆。

（10）查处违法行为时，有权按简易程序进行当场处罚，对需要按一般程序处理的案件，负责立案、调查等工作，并提出处理意见。

（11）在查处路政违法案件中应对现场进行全面、细致、准确的勘查、取证，并按办案程序认真办理。

（12）按照一案一档要求，建立、健全路政案件查处档案。

（13）当事人申请复议时，负责案件档案复制后连同答辩状一同送交复议机关。

（14）参与公路路政管理有关法律、法规、规定的宣传活动。

2. 路政审批管理员的岗位职责

（1）按规定审批辖区内临时利用、占用公路、公路用地、公路附属设施的事宜。

（2）按规定权限审批辖区内从地面、上空或地下穿（跨）越公路的非公路设施事宜。

（3）按规定权限依法审批辖区内在公路开辟公路叉道口事宜。

（4）按规定权限依法审批在公路建筑控制区内临时建筑事宜。

（5）依法审批需在公路上行驶的履带车、铁轮车事宜。

（6）建立、健全路政审批档案。

（7）协助上级部门在本辖区内进行的路政审批工作。

（8）参与开展路政管理的有关法律、法规的宣传工作。

3. 公路设施管理员的职责岗位

（1）依照法律、法规和规章，维护辖区内的公路路产路权。

（2）依法对辖区内公路、公路用地、公路附属设施进行全面管理。

（3）依法对辖区内公路两侧建筑控制区进行全面管理。

（4）依法对辖区内公路设施进行全面调查、登记、绘图、建档。

（5）依法对辖区内公路路产及公路建筑控制区的非公路设施进行调查、登记、绘图、建档。

（6）坚持公路巡查，发现违反公路设施管理行为及时制止，可按简易程序进行处罚的当场处罚；需按一般程序处理的，告知路政案件查处员进行查处。

（7）定期拟订更新、补齐公路设施的计划。

（8）督促及时恢复被破坏、损坏的公路设施。

（9）参与公路路政管理有关法律、法规的宣传活动。

4. 施工现场交通管理员的岗位职责

（1）审批施工路段交通管理方案。

（2）维护施工现场的交通秩序。

（3）布置、检查施工交通标志、安全设施设置。

（4）对施工人员进行交通安全常识教育和安全、文明施工教育。

（5）及时疏导堵塞车辆。

（6）按照管理权限，处理或报告施工现场发生的有关纠纷。

第三节　公路路政管理的法律适用

一、路政管理法的渊源

路政管理法是由一系列的路政管理规范和原则组成，而这一系列的规范和原则又通过丰富的法律形式表现出来。按照制定主体、效力层次、制定程序的差别，可分为以下几种形式。

（一）宪法

宪法是国家的根本大法，是由国家最高权力机关即全国人民代表大会通过和修改的，具有最高法律效力的规范性文件，在我国法律体系中具有最高的法律地位和法律效力。它是制定一切法律的依据，任何法律不得与宪法相违背。宪法对全局性、根本性的行政法律问题做出原则性的规定，它通常需要通过配套法律予以具体化。我国宪法中大量的法律规范是行政法律规范。它是我国行政执法的依据。公路管理法规从属于宪法。宪法是公路管理法规产生的依据和法源。公路管理法规是宪法有关行政管理原则的具体化。《中华人民共和国宪法》规定："国家保护社会主义公有财产。禁止任何组织和个人用任何手段侵占或者破坏国家的和集体的财产。"为此，《公路法》第七条明确规定："公路受国家保护，任何单位和个人不得破坏、损坏或者非法占用公路、公路用地及公路附属设施。""任何单位和个人都有爱护公路、公路用地及公路附属设施的义务，有权检举和控告破坏、损坏公路、公路用地、公路附属设施和影响公路安全的行为。"

（二）法律

法律是指由国家最高权力机关及其常设机构，即全国人民代表大会及其常务委员会，依照法定程序所制定或批准的规范性文件。如八届人大第二十六次会议通过的《公路法》。法律的地位和效力低于宪法，高于其他规范性法律文件。它是制定其他规范性法律文件（如行政法规、地方性法规等）的依据。制定的规范性法律文件与法律相抵触的，一律无效。

（三）法规

根据我国有关法律规定，法规可分为行政法规、地方性法规两种。

行政法规是指国务院依照法定的程序制定和发布的有关国家行政管理活动的规范性法律文件的总称，一般采用条例、规定、办法等名称。对某一方面的行政工作做比较全面、系统的规定的规范性文件称之为条例，如2011年国务院发布的《中华人民共和国公路安全保护条例》；对某一方面的行政工作做部分规定的规范性文件称之为规定；对某一项行政工作做比较具体规定的规范性文件称之为办法。国务院发布的决定、命令，国务院和中共中央联合发布的决定、指示，凡是具有规范性的，都属规范性文件，与行政法规具有同等法律效力。

行政法规的法律地位和法律效力低于宪法和法律，因而行政法规的制定必须以宪法和法律为依据；行政法规的法律地位和法律效力又高于地方性法规及规章：它是制定地方性法规及规章的依据。

地方性法规是指省、自治区、直辖市以及省、自治区人民政府所在地的市和经国务院批准的较大的市的国家权力机关及其常设机构，根据本行政区域的具体情况和实际需要，在不与宪法、法律和行政法规相抵触的情况下，按法定程序所制定的规范性法律文件的总称。地方性法规通常称为条例、规定、办法、实施细则等，如《江苏省道路交通管理条例》。

地方性法规的效力，低于宪法、法律和行政法规，因此制定的地方性法规不得与宪法、法律和行政法规相抵触。地方性法规只在本行政区域内有效。

（四）规章

规章可分为部门规章和地方政府规章两种。

部门规章是指国务院各部委根据法律和国务院制定的行政法规、决定、命令，在本部门的权限内按照法定程序制定的规定、办法、实施细则、规则等规范性法律文件的总称。如交通运输部根据国务院发布的《中华人民共和国公路管理条例》而制定的《中华人民共和国公路管理条例实施细则》、2003年交通运输部发布的第2号令《路政管理规定》等，都属于部门规章。

地方政府规章是指省、自治区、直辖市以及省、自治区人民政府所在地的市和经国务院批准的较大的市的人民政府根据法律和国务院制定的行政法规按照法定程序制定的，适用于本地区行政管理工作的规范性法律文件的总称，通常称为规定、办法、实施细则等。地方性政府规章在本行政区域内，具有法律效力，如《沪宁高速公路江苏段管理办法》。

规章的法律效力低于法律、法规。路政管理机构在审理路政案件和复议机关处理路政复议案件时，一般应以法律、法规、规章为依据。根据《行政诉讼法》第五十二条、第五十三条规定，“人民法院审理行政案件，以法律和行政法规、地方性法规为依据。地方性法规适用于本行政区域内发生的行政案件。”“人民法院审理行政案件，参照国务院部、委根据法律和国务院的行政法规、决定、命令制定、发布的规章以及省、自治区、直辖市和省、自治区人民政府所在地的市和经国务院批准的较大的市人民政府根据法律和国务院的行政法规制定、发布的规章。”因此地方各级人民政府制定的规范性文件（除地方政府规章外），在处理路政案件、制作法律文书时，一般不能加以运用，只能作为公路管理机构宣传公路管理的有关规定。

（五）法律解释

由于法律规范有专门的名词、术语，又包含着丰富的社会生活实践和深刻的立法意图，为了不失本意地与具体情况相结合，就必须对法律规范进行解释。根据全国人大常委会《关于加强法律解释工作的决议》及有关法律、法规，有权做出法律解释的机关做出的法律解释，只要与被解释的规范性法律文件不相抵触，都具有法律效力。法律解释也是路政管理机构审理路政案件、处理路政复议案件的法律依据之一。

法律解释主要分以下几种：

（1）立法解释，即由全国人民代表大会常务委员会对宪法和法律做出的解释或对法律做出的补充规定。

（2）司法解释，指最高人民法院、最高人民检察院对于审判工作、检察工作中具体应用法律的有关问题做出的解释。如最高人民法院发布的《关于贯彻执行<中华人民共和国行政诉讼法>若干问题的解释》。

（3）行政解释，指国务院及其所属各部委对于法律具体应用问题进行的解释。国务院对自己发布的行政法规进行的解释或授权有关部委进行的解释、国务院各部委对自己发布的规章进行的解释均是行政解释。如交通运输部《交通运输部关于桥下空间有关问题的复函》（交函公路[2013]125号）。

（4）省、自治区、直辖市人大常委会有权对本省、自治区、直辖市的地方性法规进行解释或做出补充规定。

（5）省、自治区、直辖市人民政府有权对本省、自治区、直辖市的地方性法规的具体应用问题以及对自己发布的规章进行解释。

（6）省、自治区人民政府所在地的市和经国务院批准的较大的市的人大常委会，有权对自己发布的地方性法规进行解释。

（7）省、自治区人民政府所在地的市和经国务院批准的较大的市，有权对本市地方性法规的具体应用问题以及自己发布的规章进行解释。

二、路政管理法的效力

路政法规的效力，即路政法规的适用范围，可分为路政法规对人的效力、对事的效力、地域效力和时间效力等四个方面。

1. 对人的效力

路政法规对人的效力，是指路政法规对哪些人有效，即适用于哪些人。由于路政法规制定的机关不同，因此路政法规对人的效力要视具体情况而定。一般情况下，法律和国务院制定的行政法规及交通运输部制定的部门规章，对全国所有公民和组织都有效力，同时还适用于在我国境内的外国人及无国籍人以及外国组织。地方性法规、地方政府规章适用于本行政区域内的组织和公民，也适用于进入该行政区域的非本行政区域的公民或组织。

2. 对事的效力

路政法规对事的效力是指路政法规对哪些案件有效，即路政管理机构处理路政案件的范围。《路政管理规定》第五条对此做了具体规定，交通主管部门和公路管理机构共有8项职权。

3. 地域效力

路政法规的地域效力是指路政法规适用的地域范围。一般情况下，法律和国务院制定的行政法规和交通运输部制定的部门规章在全国范围内有效；涉及路政管理的地方性法规、地方政府规章在本行政区域内有效。值得指出的是，行政法规、部门规章、地方性法规、地方政府规章明确指明地域适用范围的，该法规或规章的地域效力按照法规、规章的规定确定。

4. 时间效力

路政法规的时间效力包括路政法规的生效时间、失效时间和溯及力三个方面。

路政法规的生效时间规定一般有两种情况：①自路政法规公布之日起生效。有的法规加以明确规定，有的法规不加规定，均应认定从公布之日起生效。如交通运输部2007年4月30日颁布的《关于印发交通文化建设示范单位管理办法的通知》。②由路政法规规定生效的具体时间。如1997年7月3日八届人大常委会第二十六会议通过的《公路法》规定："本法自1998年1月1日起施行。"

路政法规的失效时间规定一般有：①新法施行，旧法废止。如《公路安全保护条例》第七十七条规定："本条例自2011年7月1日起施行。1987年10月13日国务院发布的《中华人民共和国公路管理条例》同时废止。"②通过专门行政文件废止行政法规。如1991年4月交通运输部发布（91）交函工字第231号《关于停止执行〈超限运输车辆行驶公路管理规定〉的通知》，交通运输部1989年发布的《超限运输车辆行驶公路管理规定》即行失效。

路政法规的溯及力是指新公布实施的行政法规、行政规章、地方性法规、地方政府规章等对其颁布前的行为和事项是否适用的问题。一般情况下，路政法规不溯及既往，即路政法规对法规、规章公布前的行为不适用。

第四节　公路路政管理的业务内容

一、公路路产管理

公路路产包括：

（1）公路：路基、路面、桥梁、涵洞、隧道、渡口等。

（2）公路用地：县级以上地方人民政府确定的公路两侧边沟（截水沟、坡脚护坡道）外缘起不少于一米的公路用地。

（3）公路附属设施：为保护、养护公路和保障公路安全畅通所设置的公路防护、排水、养护、管理、服务、交通安全、渡运、监控、通信、收费等设施。

（4）公路绿化花木：公路绿化带的花草树木等。

其中，“公路”“公路用地”和“公路绿化花木”的内涵较为清晰不容易混淆。但“公路附属设施”的外延则比较开放，实践中容易造成混淆。

明确“公路路产”概念外延的意义在于：对公路路产造成损害和对非公路路产的建筑物、构筑物造成损害的索赔主体、赔偿标准不同，不能混淆。如：损坏非公路路产的建筑物和构筑物不适用《公路法》的规定，但可以适用其他法律，如依据《中华人民共和国物权法》的规定进行索赔。关于公路路产损坏索赔，本书后文相关章节将做论述。

（一）公路管理

公路管理，主要是对占用、挖掘公路的管理。

占用、挖掘公路会损坏公路完好，影响公路通行，因此要予以管理。

占用公路，指的是占用公路结构物，使其他用路人无法正常使用公路的情形。如占用公路路面进行自行车比赛、在公路路面上放置机械设备、在公路上进行晒谷物等。

挖掘公路，指的是挖掘公路结构物使其他用路人无法正常使用公路的情形。如挖掘公路以便安放电线杆、地下管线，挖掘公路探矿、挖掘公路以便修建其他道路等。

管理的方式主要有建立台账，实施许可，对擅自占用、挖掘公路的行为进行制止和处罚等。

（二）公路用地管理

公路用地管理，主要是指对占用、挖掘公路用地的管理。

占用、损害公路用地会对公路结构完整、功能完善造成损害，因此必须对占用、损害公路用地的行为进行管理。

管理的方式包括建立台账，对公路用地范围内架设、埋设管线、电缆等设施的行为实施许可，对擅自占用、损害公路用地的行为进行制止和处罚等。

（三）公路附属设施管理

公路附属设施如受损害，会影响公路的安全，因此必须加强管理。

管理的方式主要有建立台账，对损害公路附属设施的行为进行制止和处罚等。

公路附属设施管理重点是对公路交通标志、交通标线的管理。

《道路交通安全法》第二十五条第二款规定：“交通信号包括交通信号灯、交通标志、交通标线和交通警察的指挥。”其中，交通信号灯、交通标志、交通标线属于公路附属设施。

交通信号灯公路上较少使用，且其管理主体并未统一，故不是管理的重点。

而交通标志、交通标线的管理主体是统一的，且为了保障公路安全，政府对公路交通标志、交通标线的设置与维护十分重视，因此应重点对公路交通标志、交通标线实施管理。

根据《道路交通标志和标线》（GB5768—2009）的规定，交通标志分为主标志和辅助标志两大类。

主标志包括：警告标志、禁令标志、指示标志、指路标志、旅游区标志、作业区标志和告示标志。

交通标线按功能分为3类：指示标线、禁止标线和警告标线。

具体内容可参阅《道路交通标志和标线》（GB5768—2009）。

根据相关规定，新建、改建公路的交通标志、标线由施工单位负责设置，已交付使用的公路的交通标志、标线的更新、修改、设置由公路管理机构负责。

按照现行体制，公安机关交通管理部门不负责公路上交通标志、标线的设置与管理。

（四）公路绿化花木管理

公路绿化花木属于公路路产。公路绿化可以增加公路美感，并可以起到遮挡阳光保护路面、吸收降水稳定路基等作用，同时花木也具有一定的经济价值，应当予以管理。

对公路绿化花木管理，主要是通过建立台账方式，查清数目，动态监控，遇有病害虫害或者外力致损应及时栽培更新等。

二、公路建筑控制区管理

公路建筑控制区管理的目的，主要是为了保护公路的功能完善，减少公路行车时的视线障碍，为公路使用者提供安全的通行条件，同时也可以减少将来公路拓宽改造时的征地补偿费用，节约公路建设资金。

实施公路建筑控制区管理，主要通过行政许可的方式，辅以公路巡查、路政处罚等。

三、超限车辆行驶公路管理

超限车辆行驶公路会对公路造成损害，影响公路使用安全，因此必须加以管理。

对超限车辆行驶的管理方式，主要采取行政许可的方式，辅以公路巡查、路政处罚等。

具体可参阅本书第五章“超限运输管理”。

四、可能损害路面的机具行驶公路管理

可能损害路面的机具行驶公路会对公路造成损害，管理的方式包括行政许可和行政确认。

行政确认是指对农业机械因当地田间作业需要在公路上短距离行驶的确认。

可能损害路面的机具行驶公路经过许可后，必须采取有效的防护措施，减少或消除对公路的损害。

五、非公路标志管理

非公路标志，指公路标志以外的其他标志。非公路标志过多过滥容易对行车视觉信息造成干扰，降低通行效率、增加事故风险。对非公路标志的管理方式主要以行政许可为主。

经过许可后，可以在公路用地范围内设置公路标志以外的其他标志。

对违法设置非公路标志的，可依法处罚或责令限期拆除。逾期不拆除的，可以实施强制拆除，有关费用由设置者负担。

六、平交道口管理

增设公路平交道口，会对主线行车造成干扰，因此应予以管理。管理的方式包括行政许可等。只有经过许可后，方可增设平交道口。

七、管线与公路交叉管理

对管线与公路交叉实施管理，是为了避免管线侵入公路建筑限界，避免破坏公路结构稳定，同时也是为保障管线的运行安全。管理的方式主要是行政许可。

管线与公路交叉管理行政许可的标准主要依据公路工程技术标准及相关管线架设、埋设的技术规范。

八、路政内业管理

路政内业管理具体包括统计管理，档案管理，装备、经费、票据管理等。

（一）路政统计管理

实施路政统计，可以及时掌握路政工作动态，主要采取统计表的方式。

（二）路政档案管理

路政档案，是路政管理工作的书面记录。

路政档案，包括路产档案、路政许可档案、路政处罚档案、路政巡逻档案、路政复议与诉讼档案、街道化治理档案、文件档案等。其中，路产档案是重点，也是其他路政管理工作的基础。路产档案为其他路政管理工作提供物权和管理权支持。

（三）装备、经费、票据管理

路政装备指的是路政管理所使用的交通工具、通信工具、取证工具等；经费包括路政办公经费、人员经费、办案专项经费等。票据包括罚款票据、赔补偿费票据等。

第五节　公路路政管理方法

一、路政管理方法的概念

路政管理方法，是指能够保证路政管理活动朝着预定的方向发展，达到路政管理目的的各种专门的方式、手段、技术措施的总称。它是路政管理活动的主体作用于路政管理的客体的桥梁。路政管理机构实施路政管理活动时，必须运用一定的方法。路政管理活动的过程也就是各种管理方法的应用过程。

路政管理方法往往体现着路政管理机构及路政管理人员的工作能力和水平。科学的管理方法对于路政管理工作具有十分有益的指导作用，它有利于提高管理效能和管理权威。因此，研究和探讨路政管理方法，对于搞好路政管理工作，显得十分必要。

在路政管理活动中，由于管理对象的特点和条件的不同，路政管理方法也具有多方面的内容和形式，路政管理对象的多样性，决定了路政管理方法的多样性。

二、路政管理手段

管理手段是管理主体对客体实施管理的桥梁，传递着管理者对管理对象的作用，如果路政管理手段缺乏，就会削弱管理者对管理对象的控制从而无法实施路政管理活动，降低管理权威和效能。在路政管理中，管理手段主要有行政手段、经济手段、法律手段和技术手段。

1. 行政手段

所谓行政手段是指依靠路政管理机构的权威，运用各种行政的决定、命令、规章制度、工作程序、法律等手段，以鲜明的权威和服从为前提，直接左右被管理者的管理方法。行政手段具有权威性、强制性、无偿性、垂直性的特点。

行政手段的根本特点是依靠权威，用强制的手段，直接指挥下级的管理活动，行政手段依靠上级组织和领导人的权力和威信，以及下级的绝对服从，直接影响被管理者的意志，左右被管理者的行动；它要求保证下级和上级在行动上完全一致，使下级完全置于上级的直接控制和影响之下，这是行政手段的权威性。

一般地说，行政手段是实现管理功能的一个重要手段，没有这种行政命令，公路交通秩序就无法维持，任何一种社会活动，如果没有一定的权威和服从，都是不可能存在的。如果各人想干什么就干什么，那就不会有共同的目标和共同的行政。

按照行政手段的要求，各级路政管理机构和领导人的职责和权力范围是有严格规定的，各级路政管理机构之间的关系是明确的。行政手段可以使纵向信息传递比较迅速，各种管理措施发挥作用比较快；能够集中统一地使用和灵活地调动人力、财力和物力，迅速地解决路政管理中的主要矛盾，保证工作重点；能够有效地保证路政管理机构内部上下左右之间在路政管理上的一致性，以保证路政管理活动的有效开展。

科学的行政手段应该遵循客观规律、反映客观规律的要求，它要求各级路政管理机构的建立，必须符合事物发展的内在联系，要求各种行政手段的采用，必须符合路政管理对象的实际情况，保证行政活动按照客观规律办事。在强调行政手段对路政管理具有特别意义时，必须同时说明行政手段绝不是强迫命令、个人武断和瞎指挥，也绝不是以行政方法否定其他管理手段。

同任何具体事物一样，路政管理的行政手段也不可避免地有着它的局限性。片面使用这种方法，将会不利于路政管理相对人正常经济利益的获得；会使被管理者工作积极性受到一定的压抑；会影响路政机构对环境系统的适应性，容易产生管理活动的呆板和被动的情况，从而影响路政管理效果。

2. 经济手段

所谓路政管理的经济手段，是指在客观经济规律直接起支配作用的情况下。通过各种经济手段的运用。按照经济原则调节各种不同的经济利益的管理方法。经济手段具有间接性、关联性、平等性的特点。

经济手段的内容主要是发挥各种经济杠杆的作用。我国行政管理中运用的经济杠杆主要有价格、工资、资金、利息、货币、信贷、税收等。各种经济杠杆都反映和调节着一定的社会利益关系。它反映国家和社会的经济利益，调节着国家与集体、国家与个人之间的经济利益关系。

经济手段作为一种强调贯彻物质利益原则的方法，不可避免地具有它的局限性。我们不能依靠它来解决行政管理中许多需要严格规定或立刻采取措施的问题，在现代生产力迅速发展的条件下，物质利益刺激作用趋向逐步缩小，而且，在社会中，个人利益、局部利益要服从社会的整体利益。因此，经济手段在行政管理中的作用不是无限的。

3. 法律手段

所谓法律手段，是指通过各种法律、法规、规章等，调整路政管理中所发生的各种社会关系，保证和促进公路事业发展的管理方法。法律手段具有稳定性、权威性、规范性的特点。

路政管理的法律手段有一定的特点，由于法律、法规是由国家权力机关和行政机关所制定和颁布的，任何组织和个人都绝无例外地要遵守，这就是法律手段的权威性。各项法律、法规的实施，都得到国家强制力的保证，任何组织和个人都不允许对法律法规的执行进行阻挠，这就是法律手段的强制性。法律和法规都是用极其严格的语言，准确地阐明一定的含义，并且只允许做出一种解释，这就是法律手段的规范性。

法律手段也有其局限性。它同其他通过上层建筑的力量来改变社会经济基础的方法一样，对社会发展起到双重作用，既可以起到促进作用，也可起阻碍作用。如果各项法律法规和制度的实施不符合公路发展规律的需求，它就成为公路事业发展的严重障碍。此外，路政管理法只是上层建筑中属于法律的一部分，它只能在最有限的范围之内（合法与非法的范围之内）调整和控制人们的活动。在法律手段作用的范围之外，还有大量的各种关系的调整和管理工作要做。在路政管理活动中，法律手段的运用决不能代替其他手段的运用。因此，任何不适当地扩大法律手段作用范围的做法，都会对路政管理带来有害的后果。

路政管理的行政手段、经济手段和法律手段相辅相成、互相渗透，体现了路政管理科学化与法制化的统一。在实际工作中，这三种手段不能完全割裂开来。在路政管理中，不管是行政手段还是经济手段，最后都要通过法律手段。或者说，都要以法的形式表现出来，并对违法者予以必要的制裁。路政管理活动，都要制定和颁布普遍性的行为规则，即路政管理法律规范，通过路政管理人员的执法行为，化为具体的措施来实现。总之，所有这些都是通过法律手段实现的。以权代法，以言代法，都会使行政手段和经济手段变为瞎指挥。

三、路政管理方法的实施

现代路政管理方法的主要特点是效率化和科学化。在路政管理中，如果不争取地方政府的重视和支持，不与有关部门联系，不注重宣传，不借助群众的力量，只是独来独往，方式简单，一旦碰到实际问题，往往束手无策。反之，路政管理方法正确、科学、规范，就可不走弯路或少走弯路，收到“事半功倍”的效果。

（一）宣传先行

任何一项法规的施行，总是从宣传开始，路政管理法也不例外。要把人们无意识的自由交通行为，变为有意识的依法交通的自觉行动，需要广泛深入的宣传。不少路政违法行为是由于群众对路政管理的无知造成的。要改变这种状况，就必须增加路政管理法的透明度，达到家喻户晓、人人皆知的深度和广度。

1. 路政管理宣传要点

（1）依法治路，保障畅通。

（2）爱护公路，人人有责。

（3）护路光荣，毁路违法。

（4）侵犯公路，必受惩罚。

（5）经济要发展，路是先行官。

（6）若要富得快，先得路畅通。

（7）保护脚下路，留与后人走。

（8）加强路政管理，保护路产路权。

（9）贯彻公路法规，制止违法行为。

（10）人民公路人民建，人民公路人民管。

（11）国家造路为人民，人民理应爱护路。

（12）为了使您行车舒适，请您遵守公路法。

（13）公路边沟外lm内严禁种植作物。

（14）公路边沟外lm内严禁倾倒垃圾。

（15）公路边沟外lm内严禁堆放物料。

（16）××公路两侧各20m内严禁建房（国道）。

（17）××公路两侧各15m内严禁建房（省道）。

（18）××公路两侧各10m内严禁建房（县道）。

（19）公路两侧控制红线内现有房屋不得改建重建。

（20）不得在公路上试刹车。

（21）未经路政管理机构同意不得在公路上超限运输。

（22）严禁在公路上挖沟引水。

（23）严禁在公路边开山放炮。

2. 路政管理主要宣传形式

（1）文字宣传类，有标语、标志、布告、宣传稿、宣传手册等。这类宣传比较灵活，简单易行，是路政宣传普遍采用的形式。

（2）影视宣传类，有电影、电视剧、电视专题片、电视新闻发布会、电视讲话、电视新闻纪实、电视系列报道、电视知识竞赛、幻灯片等。这类宣传直接形象，覆盖面广，效果较好。

（3）广播宣传，有广播讲话、知识信箱、小品、广播剧等。这类宣传对广大农村效果较好。

（4）报纸宣传，有法规讲座、知识问答、新闻报道、知识竞赛等。这类形式影响较大。

（5）会议宣传，有茶话会、座谈会、咨询会等。这也会收到预期的效果。

（6）其他形式，如利用宣传车巡回宣传，宣传画、挂历、简报、贺年片等，也是简单易行的宣传方法。

（二）适当运用行政干预

行政干预是上级为了推行政令或完成某种任务，以指令方式具体规定下级做或不做某种行为，或者对下级的某种行为加以纠正或自行纠正。这里的行政干预，主要是指路政管理机构及其路政管理人员为完成路政管理任务，争取地方政府和领导的重视，通过政府的行政干预，实现路政管理目标。

政府作为国家机器的组成部分，是为经济基础服务的，其主要职能有指导、管理、服务、协调、监督、保卫六个方面。路政管理是现代行政管理的组成部分，现代行政机关规模庞大，单位众多，没有有效协调，就会各自为政。而政府的协调职能主要是协调政府部门之间、政府部门与企业之间的矛盾，以达到综合平衡，协调发展。由于路政管理工作政策性强、情况复杂、难度大，必须依靠当地政府的重视和支持，尤其是解决长期得不到解决的“钉子户”和“老大难”问题。因为路政管理中处理重大疑难问题，受干扰和制约的因素较多，单凭路政管理机构难以奏效。只有通过地方政府出面，统一思想，协调行动，才能得到解决。

干预可以是工作进行中的干预，也可以是事后的干预。通常多在工作进行中或事后进行。

争取政府和领导的重视，要注意正式沟通和非正式沟通两个方面。正式沟通，即是一种汇报型的沟通，是指路政管理机构和个人按照行政关系自下而上地向政府和领导汇报工作、传递信息。非正式沟通，是正式行政组织之外的沟通，一般以路政管理人员的交往关系为基础，通过各种各样的社会交往而产生。如路政管理人员与领导和有关人员的私人往来、日常社交、个人友谊、亲戚关系，非正式的聚会和闲谈等。

（三）加强行政沟通

在现代路政管理中，高效能的取得有赖于行政组织中人与人之间、人与组织之间、组织与组织之间的有效沟通。行政沟通有下行沟通、上行沟通和平行沟通，我们所研究的是平行沟通，即路政管理机构及路政管理人员为顺利完成路政管理任务，与平行的有关部门进行沟通，这种沟通以会商和协调为主，带有相互支持、相互促进的性质。由于当代行政复杂化和社会化的趋势日益显著，横向沟通也越来越重要。

路政管理工作具有广泛的群众性和社会性，关系到千家万户，牵涉到许多单位，如邮电、电力、水利、石油、农业、商业、铁路、乡镇企业等部门和单位，因此，路政管理工作必须取得沿线单位和人民群众的支持协助。

路政管理牵涉到许多管理部门。四通八达的公路将几个管理部门紧紧维系在一起，路政管理机构管理路产路权；公安交警部门管交通事故；土地管理部门管公路两侧的土地使用；城乡建设部门管建房审批；工商部门管集市贸易和设摊营业。各个管理部门都有自己的一套法规规章。每个法规代表我国法制建设的一个方面，它们都服务于依法治国这个总目标。由于我国的法制建设尚不完善，各项法规仍不配套，各个管理部门在管理时难免会出现偏差，因此，必须加强横向联系和部门协作，以协调解决这些矛盾。

由于道路交通体制改革后，路政管理与公安交通管理在职能和权力上的交叉，一定程度上束缚了路政管理工作的有效开展。因此，在现行体制下，可以与公安交通运输部门携起手来，协调行动，综合治理，以提高路政管理效率。

（四）注重舆论监督

舆论是指广泛流行的、消除个人观点误差的多数人的共同意见。在社会生活中，许多重大舆论的出现都来自人们的传播活动，舆论的形成是社会意识广泛交流的结果，而各种传播方式便构成舆论形成的多种渠道。新闻媒介如报纸、电视、广播等是公共舆论的表达途径，在我国，新闻媒介的监督是很有效力的，而且正在发挥越来越大的作用。路政管理中，运用行政手段、经济手段、法律手段都得不到解决的那些重大疑难问题，通过电视、报纸、广播等新闻媒介予以曝光，从而引起各级领导和有关部门的重视和社会各界的强烈反响，引起公众舆论，给违法者以舆论压力，使其自觉纠正违法行为。实践证明，路政管理中的许多疑难问题，通过舆论监督，往往能迎刃而解。

（五）经常性与突击性相结合

路政管理的经常性是就路政管理人员巡查公路的密度而言的，这是一种常规性的管理方法，目的在于及时发现问题和处理问题。

路政管理的突击性是指集中一定时间和一定力量对特定对象的专项管理。大规模的集中突击性管理，对于解决路政管理工作中的重点和难点，在方法上具有较好的可行性。

在路政管理实践中，突击性管理主要以专项整治活动的形式进行。专项整治活动必须是有组织有计划地进行，要制订方案，明确目标，组织发动，落实措施。

在路政管理中，必须把经常性和突击性的管理方法结合起来，把两者割裂开来或强调任何一方而忽视另一方的做法都是有害的。经常性的巡查管理，便于及时发现违法苗头，及时处理违法行为，使违法行为不再继续。

（六）典型示范，以点带面

典型是指最具有代表性的人或事物。纷繁复杂的客观事物，总是既包含个性，又包含共性的，共性指不同事物的共同性，个性是各个事物的特殊性。典型是针对同类事物中的共性而言的，路政管理的典型示范，即以具有代表性的先进单位、先进经验和做法作为路政管理系统内其他单位学习的典范，借以推动全面工作。榜样的力量是无穷的。抓住路政管理中的先进经验、先进事迹加以宣扬，就能为兄弟单位树立榜样，起到激励、教育、推动的作用，路政管理工作中典型示范的形式有：召开路政管理工作现场会；召开路政管理工作经验交流会；路政管理对口检查；路政管理模范人员的事迹介绍等。值得注意的是，路政管理中的典型示范应是能够代表管理活动前进方向并具有普遍意义的。

【本章小结】

本章从路政管理的概念入手，介绍了路政管理的特点，业务内容及意义，路政管理机构的概念特点、表现形式及各级公路管理机构的职责，路政管理人员的权利、义务及职责，路政管理法的渊源和法的效力，路政管理的业务内容和管理方法。学习路政管理，首先应明白什么是路政管理，路政管理的内容、意义和依据等。通过本章的学习，希望使读者对路政管理有一个清晰和明确的认识。

【案例分析】

2020年8月13日，遵义高管处湄潭路政执法二大队路政员巡查至G69银百高速道安段抄乐收费站外连接线时，发现高速公路连接线紧邻高速公路护栏处有一施工点。经路政员现场询问，该处负责人表示他们是当地村民，因房屋老旧、家庭人员增加，所以准备在该处建设房屋。

了解情况后，路政员告知该村民立即停止施工，并耐心为其讲解高速公路旁边建设房屋等构筑物和建筑物的相关法规，根据《贵州省高速公路管理条例》第三十条规定："除保护高速公路需要外，禁止在高速公路建筑控制区内修建、扩建建筑物和地面构筑物或者未经许可埋设管道、电缆等设施。在高速公路建筑控制区外修建、扩建的建筑物和地面构筑物以及其他设施不得遮挡高速公路标志，不得妨碍安全视距。"在符合高速公路保护相关法规后，还要到当地有关部门办理相关手续，手续齐全后才能修建。村民听完路政员的宣传讲解后，表示会积极配合路政员的工作。

本着为民服务，为民解忧的原则，路政员主动帮该村民测量距离，勘定房屋基础的大概位置，确保新建房屋既符合法规，又保证村民的合理需求。经过路政员的实地测量，确定新房建设符合高速公路管理相关法律法规，该村民表示心里"悬着的石头"终于落了地。

近年来，各地高速公路建设处于快速增长期，路政管理工作面对着更加复杂和艰巨的考验，对工作方式方法都提出了新要求。在这种情况下，路政管理人员应本着为民排忧解难的初心，践行以人为本的理念，转变工作作风，努力塑造"公路卫士"好形象，用心守护人民群众的出行安全，用情谱写忠诚公路事业的华彩篇章。

（案例来源：贵州省交通运输厅官网）

【练习题】

一、单项选择题

1. 《公路法》于（　　）年7月3日由第八届全国人民代表大会常务委员会第二十六次会议通过，自（　　）起实施。

A. 1997，1997年10月1日

B. 1998，1998年10月1日

C. 1997，1998年1月1日

D. 1998，1999年1月1日

2. 下列各项中，属于地方性法规的是（　　）。

A. 中华人民共和国公路法

B. 中华人民共和国公路安全保护条例

C. 河北省公路条例

D. 路政管理规定

3. 下列不属于“公路管理机构”的是（　　）。

A. 交通运输局　　B. 高速公路管理局

C. 路政大队　　D. 交通综合执法机构

4. 《湖北省公路路政管理条例》是由湖北省人大常委会制定的一部（　　）。

A. 行政法规　　B. 地方法规

C. 规章　　D. 规范性文件

5. 以下不属于交通行政执法主体类型的有（　　）。

A. 交通行政机关

B. 交通行政机关的执法部门

C. 法律法规授权的组织

D. 交通行政机关依法委托的事业组织

6. 下列不属于公路附属设施的是（　　）。

A. 交通安全设施　　B. 服务区

C. 养护料场　　D. 经批准设置的公益广告

二、多项选择题

1. 下列属于路政管理职责的是（　　）。

A. 宣传、贯彻公路管理的法律法规和规章

B. 保护路产

C. 实施路政巡查

D. 调解民事纠纷

2. 根据公路法规定，有权对公路实施行政管理的单位有（　　）。

A. 省交通厅　　B. 市交通局

C. 县交通局　　D. 乡人民政府

3. 《公路法》中的“公路”包括（　　）。

A. 公路桥梁　　B. 公路隧道

C. 公路管理机构　　D. 公路渡口

4. 以下法律效力由高到低排序正确的是（　　）。

A. 法律、行政法规、部门规章

B. 法律、部门规章、地方性法规

C. 宪法、法律、行政法规

D. 法律、部门规章、行政法规

三、简答题

1. 什么是路政管理？它有何特点？

2. 路政管理的内容有哪些?

3. 路政管理有什么重要意义?

4. 路政机构的形式有哪些?

5. 路政管理人员的权利义务有哪些?

6. 路政管理法有哪些渊源?

7. 如何理解路政管理法的效力?

8. 路政管理手段有哪几种?

9. 路政管理方法如何实施?

10. 张某挖掘乡道，被乡政府发现，乡政府决定对张某处以罚款，依据《公路法》的相关规定，乡政府的做法是否合法?

11. 公路上有摆摊设点造成交通堵塞，路政人员可以进行管理；公路路口有汽车争道抢行造成交通堵塞，路政人员却不能管理。同样造成交通堵塞的后果，为什么路政人员的处理方式不同？试从公路路政管理目的的角度进行分析。

第二章

Chapter 2

公路路产路权管理

【学习目标】

1. 掌握公路占用及挖掘公路的管理措施。
2. 了解影响公路畅通和安全的行为。
3. 熟悉特定车辆行驶管理及公路附属设施的管理。
4. 了解公路平面交叉道口的管理、管（杆）线与公路交叉管理、交通标志标线管理和非交通标志标线管理。
5. 理解路产赔（补）偿费收取的作用和依据。

第一节　占用、挖掘公路的管理

任意占用、挖掘公路，不仅影响公路的完好、安全、畅通，而且会影响公路的路容路貌，降低公路的有效使用年限，有时，甚至会影响交通安全，造成交通事故和交通意外，引起与路政管理机构之间的不必要的民事诉讼。因此，在一般情况下，不允许占用、挖掘公路。

《公路法》第四十四条规定："任何单位和个人不得擅自占用、挖掘公路。因修建铁路、机场、电站、通信设施、水利工程和进行其他建设工程需要占用、挖掘公路或者使公路改线的，建设单位应当事先征得有关交通主管部门的同意，占用、挖掘公路或者使公路改线的建设单位应当按照不低于该段公路原有的技术标准予以修复、改建或给予相应的经济补偿。"因此，对公路的占用、挖掘是有限制的，不得擅自占用、挖掘公路。因公路建设需要占用、挖掘公路的，建设单位应事先征得交通主管部门的同意，予以修复或给予相应的经济补偿。对于因修建铁路、机场、电站、通信设施、水利工程等建设工程确实需要占用、挖掘或者使用公路改线的，现行的法律条款从国家建设的全局出发，为了协调好各种工程建设之间的关系，保证各项建设工程的顺利进行，没有一律予以禁止，而是采取了附条件允许的方式，即建设单位应当事先征得交通主管部门的同意。影响交通安全的，还需要征得有关公安机关的同意。

在路政管理实践中，对挖掘、占用公路的审批可按如下步骤进行：

（1）申请。建设单位需要挖掘、占用公路的，需向路政管理机构提出申请，填写挖掘、占用公路申请表。申请表包括申请挖掘地点、申请理由、施工期限、挖掘种类及数量等内容，建设单位同时还须向路政管理机构提供与项目有关的文件、施工计划和施工平面图等。

（2）审核。路政管理机构在审核挖掘、占用公路的申请表时，对具有下列情况之一的，应暂缓批准或者不予批准：

1）主要干线公路一般禁止挖掘。

2）新建、改建的公路或高等级公路5年内原则上不得挖掘路面。

3）公路重要交叉道口，交通量大的地段，一般禁止挖掘。

4）节假日或其他重要时期，如元旦、五一国际劳动节、国庆节、春运期间，一般不批准占用、挖掘道路。

5）其他严重影响交通秩序的。

（3）颁发许可证。路政管理机构对建设单位的申请进行审核后，认为申请符合规定要求的，颁发许可证，并与申请单位签订协议，明确以下内容：申请单位应按核定的路段、期限、范围进行施工；缴纳公路路产损失赔偿费，并要接受路政管理人员的检查与监督。申请单位在施工期间，应采取有效措施，设置必要的安全设施和交通标志，维护车辆和行人的安全通行；申请单位应对因施工而引起的人员财产损失承担法律责任；建设工程占用、挖掘公路会影响到交通安全时，还需征得有关公安机关的同意，未经公安机关同意，不能占用、挖掘公路。

对于占用、挖掘公路或者使公路改线的，建设单位应当承担相应的义务。主要是：对于占用、挖掘公路的，建设单位要予以修复或改建，并且不低于该段公路原有的技术标准要求。对于不进行修复或改建的，可以给予相应的经济补偿，再由有关部门组织公路的修复或改建工作，以保证公路符合原有技术标准。

《公路法》第七十六条规定，擅自挖掘、占用公路的，由交通主管部门责令停止违法行为，并可处以3万元以下的罚款。

第二节　影响公路畅通和安全行为的管理

一、对跨越、穿越公路及在公路用地内进行修建、架设或埋设设施行为的管理

由于在公路上空或公路下方修建跨越、穿越公路的桥梁、渡槽、渠道、涵洞或者架设、埋设管线等设施，以及在公路用地范围内架设、埋设管线和电缆等设施，可能直接或者间接影响公路的畅通和安全，因此《公路法》对上述行为的管理做出了专门规定。

《公路法》第四十五条规定：“跨越、穿越公路修建桥梁、渡槽或者架设、埋设管线和电缆等设施的，应当事先经有关交通主管部门同意。影响交通安全的，还需征得有关公安机关的同意；所修建、架设或者埋设的设施应当符合公路工程技术标准的要求。对公路造成损坏的，应当按照损坏程度给予补偿。”根据这一规定，对跨越、穿越公路及在公路用地内进行修建，架设或埋设设施行为的管理，要做好以下几个方面的工作。

1．建立审批制度

为了保障公路的畅通与安全，建设单位在施工之前，应当向有关交通主管部门提出申请，经批准同意后，方可施工。对于施工行为影响交通安全的，建设单位还需征得有关公安机关的同意。

2．明确施工要求

无论是跨越、穿越公路修建桥梁、渡槽或架设、埋设管线和电缆等设施，还是在公路用地范围内架设、埋设管线和电缆等设施，都应当符合《公路工程技术标准》和《公路路线设计规范》对管线与公路交叉做出的专门规定，管线与公路交叉必须符合建筑限界两侧的边界线及净空高度要求。

3．给予经济补偿

无论是跨越、穿越公路，还是在公路用地内进行设施的修建，架设，对公路造成损坏的，应当给予补偿。

《公路法》第七十六条规定，对违反上述规定，未经同意或者未按照《公路工程技术标准》的要求修建桥梁、渡槽或者架设、埋设管线和电缆等设施的，由交通主管部门责令停止违法行为，并可处以3万元以下的罚款。

二、对损坏、污染公路、影响公路畅通、危及公路畅通、危及公路安全行为的管理

在实际生活中，损坏、污染公路和影响公路畅通的行为随处可见。例如在公路路面与路肩

上堆放杂物、晒粮、打场，在公路用地上种植作物、挖掘取土、挖沟引水等，不仅影响了公路的畅通与安全，而且也影响环境保护和投资环境。因此，应切实加强对损坏、污染公路及影响公路畅通的行为。《公路法》第四十六条规定："任何单位和个人不得在公路上及公路用地范围内摆摊设点、堆放物品、倾倒垃圾、设置障碍、挖沟引水、利用公路边沟排放污物或者进行其他损坏、污染公路和影响公路畅通的活动。"这里所说的公路用地，按照《公路法》第三十四条的规定，是指由县级以上地方人民政府确定的公路两侧边沟外缘起不少于1m的地方，对损坏、污染公路、影响公路畅通、危及公路安全行为的管理，要做好以下几方面的工作：

（1）禁止损坏公路的行为。为了保证公路的畅通与安全，对于那些擅自挖掘公路、利用公路路面排水、在公路用地范围内挖沟引水排水的行为，应严格予以禁止。

（2）禁止污染公路的行为。在公路上倾倒垃圾，利用公路边沟排污物等行为，都对公路造成了污染，进而会影响公路的畅通与安全，应当予以禁止。

（3）禁止影响公路畅通的行为，在公路上及公路用地范围内摆摊设点、堆放物品、设置障碍等，直接影响了公路的畅通，应当予以禁止。

《公路法》第七十七条规定，造成路面损坏、污染或者影响公路畅通的，由交通主管部门责令其停止违法行为，并可处以5 000元以下的罚款。

三、对可能危及公路、公路桥梁、公路隧道、公路渡口安全行为的管理

公路桥梁、公路渡口、公路隧道是公路重要组成部分，特别是大中型公路桥梁、渡口、隧道对连接、贯通公路网络具有十分重要的意义。一条公路的桥梁被损或坍塌，会影响整条公路的畅通。因此，对大中型公路桥梁、渡口、隧道制定特别的保护措施是十分必要的。为了保证公路、公路桥梁、公路隧道、公路渡口的安全，避免危及公路、公路桥梁、公路隧道、公路渡口安全行为的发生，《公路法》第四十七条规定："在大中型公路桥梁和渡口周围200m、公路隧道上方和洞口外100m范围内，以及在公路两侧一定距离内，不得挖砂、采石、取土、倾倒废弃物，不得进行爆破作业及其他危及公路、公路桥梁、公路隧道、公路渡口安全的活动。在前款范围内因抢险、防汛需要修筑堤坝、压缩或者拓宽河床的应当事先报经省、自治区、直辖市人民政府交通主管部门会同行政主管部门批准，并采取有效的保护有关的公路、公路桥梁、公路隧道、公路渡口安全的措施。"

《公路法》明确禁止在大中型公路桥梁周围200m范围内，渡口周围200m范围内，隧道上方和洞外100m范围内，和公路两侧一定距离内，从事危害公路安全的行为，其行为主要有：挖砂、采石、取土、倾倒废弃物、爆破作业。因为挖砂、采石、爆破作业可能对公路、公路桥梁、公路隧道和公路渡口周围的地质构造造成影响，危及公路及上述设施的安全。《公路法》同时还规定了在特殊情况下实施特定行为的程序和应采取的措施。在特殊情况下，如因抢险、防汛需要，事先须报经省、自治区、直辖市人民政府交通主管部门会同行政主管部门批准，可以实施修筑堤坝、压缩或者拓宽河床的行为。但须注意：①只有经过两个以上主管部门共同批准，才能实施上述行为。②非因抢险、防汛需要而进行的修筑堤坝、压缩或者拓

宽河床作业，不得批准。③虽因抢险、防汛需要，但所进行的作业不是必需的修筑堤坝、压缩或者拓宽河床，不得批准。④要采取切实有效的保护措施，以保证公路、公路桥梁、公路隧道、公路渡口安全检查。

《公路法》规定的大中型公路桥梁，根据JTG B01—2003《公路工程技术标准》规定是指多孔跨径总长大于30m以上，单孔跨径大于或等于20m以上的桥梁，其划分标准见表2-1。

表2-1　桥梁涵洞按跨径分类表

桥涵分类	多孔跨径总长L/m	单孔跨径L/m
特大桥	L≥1 000	L≥150
大桥	100≤L＜1 000	40≤L＜150
中桥	30＜L＜100	20≤L＜40
小桥	8≤L≤30	5≤L＜20
涵洞	—	L＜5

值得指出的是，对于公路两侧一定距离内，《公路法》没有做出解释，可参照《公路安全保护条例》中相关规定。

《公路法》第七十六条规定，从事危害公路安全的作业的，由交通主管部门责令停止违法行为，并可处以3万元以下的罚款。

第三节　特定车辆行驶管理

一、铁轮车、履带车及其他可能损害公路路面的机具行驶公路的管理

由于铁轮车、履带车在公路上行驶，会给公路路面造成严重损害，因此，《公路法》第四十八条规定："除农业机械因当地田间作业需要在公路上短距离行驶外，铁轮车、履带车和其他可能损害公路路面的机具，不得在公路上行驶。确需行驶的，必须经县级以上地方人民政府交通主管部门同意，采取有效的防护措施，并按照公安机关指定的时间、路线行驶。对公路造成损害的，应当按照损坏程度给予补偿。"

根据以上规定，在一般情况下，铁轮车、履带车和其他可能损害公路路面的机具，不得在公路上行驶，但《公路法》对农业机械行驶公路做出了例外规定，即农业机械因当地田间作业需要，可以在公路上短距离行驶。这是因为，如果一律禁止，会给农业生产带来极大的不便，但农业机械在公路上行驶，应当符合法律规定的条件：

（1）必须是农用机械。

（2）必须是因当地田间作业需要。

（3）必须是短距离行驶，具体标准有待于交通运输部制定。

（4）必须是农业劳动确实需要的。

除此以外的农业机械，不得在公路上行驶。特殊情况下，可能会损害公路路面的机具确实需

要在公路上行驶的，首先，须经县级以上地方人民政府交通主管部门同意；其次，要采取有效的防护措施。如可用草袋、稻草或木板等垫铺；再次，要按照公安机关指定的时间和路线行驶，以减少对公路交通的影响；第四，因通行给公路造成损坏的，应当按照损坏程度给予补偿。

《公路法》第七十六条规定，铁轮车、履带车和其他可能损害路面的机具擅自在公路上行驶的，由交通主管部门责令停止违法行为，并可处以3万元以下的罚款。

二、超限运输车辆行驶公路的管理

超限运输车辆行驶公路管理的内容，详见本书第五章“超限运输管理”。

三、公路试刹车管理

长期、大量地重复对某一公路路段进行试刹车，对公路路面的破坏是十分明显的，会形成车辙或坑塘，影响交通安全，因此，《公路法》第五十一条规定：“机动车制造和其他单位不得将公路作为检验机动车制动性的试车场地。”本条规定是禁止性规定，法律没有规定例外情况，禁止将公路作为检验机动车制动性能的试车场地。《公路法》第七十七条规定，将公路作为试车场地的，由交通主管部门责令停止违法行为，并可处以5 000元以下的罚款。

第四节　公路附属设施的管理

公路附属设施是指为保护、养护公路和保障公路安全畅通，所设置的公路防护、排水、养护、管理、服务、交通安全、渡运、监控，通信、收费等设施、设备以及专用建筑物、构筑物，是形成公路，尤其是高等级公路通行能力的重要保障。公路附属设施可分为公路安全设施、公路交通管理设施、公路防护设施、公路服务设施等几种。

一、公路安全设施

公路安全设施主要包括：

（1）高速公路和一级公路上供行人、自行车等横向跨越的跨线桥或地下通道。

（2）高速公路和一级公路上的分车道护栏、防护网、各级公路的高路堤、桥头引道，极限最小半径、陡坡等地段设置的护栏、禁止桩等。

（3）各级公路上为保证夜间行车安全和畅通而设置的反光标志及其他照明设备。

（4）公路为诱导驾驶人员视线，保证行车安全而标明公路边缘及线形的诱导标志和标线。

（5）在视线不良的急弯和交叉处，为配合其他保证行车安全措施而设置的标志，如反光镜或强制分车带等。

二、公路交通管理设施

公路交通管理设施主要包括：

（1）按照国家标准GB 5768—2009《道路交通标志和标线》在公路上设置的道路交通标志和交通标线。

7. 文字说明

对图上不便表示的符号，应做简要文字说明。

8. 测绘时态度认真

由于现场图是分析、鉴定路产索赔案件责任的现场勘查记录，是处理路产损失赔偿案件的依据。因此，要求路政管理人员测绘时要严肃认真，绝不允许草率从事，更不得弄虚作假。

三、路产索赔案件现场图的基本规格

要使路产损失索赔案件现场图图形准确、图面清晰，符合使用和存档要求，必须按路政部门制定的现场图基本规格绘制。具体要求如下。

（一）图幅

按现行路政规定图幅16开纸或A4纸（格式如图2-1所示）。

<table>
<tr><td colspan="5"></td></tr>
<tr><td rowspan="4"></td><td colspan="2" rowspan="2">××公路 K××+×××
（或××路×××段）</td><td>比　例</td><td></td></tr>
<tr><td>肇事日期</td><td></td></tr>
<tr><td>绘　制</td><td></td><td>见证人</td><td rowspan="2">路政管理机构
（盖章）</td></tr>
<tr><td>审　核</td><td></td><td>肇事人</td></tr>
</table>

图 2-1　路政管理案件现场图格式

（二）比例尺

测绘现场图时，必须把道路、地物、违法构筑物、车辆等实际尺寸缩小若干比例之后画在图上。这种缩小的比例关系，为现场图的比例尺。图上某一线段长度l与地面上相应线段的水平距离L之比m为缩小比例。即

$$m = l/L$$

例如：地面上两点间的水平距离是10m，在图上以0.1m（10cm）的长度表示，则这张图的比例尺就是$m = 0.1\text{m}/10\text{m} = 1/100$，常记为1:100。

（三）线型

现场图中的各种图例符号是由不同形式、不同粗细的线条所构成，每种线条都有不同的用途和意义（见表2-3）。

表2-3　各种线型标准式样

序　号	名　称	线　型	宽度/mm	适 用 范 围
1	标准实线		b（0.4～1.2）	一般可见轮廓线（包括车辆、房屋设施、桥渠等的轮廓线）
2	粗实线		>b	公路线形、图框线、标题框等
3	中实线		b/2～b/3	标志牌、指路牌、信号灯、电杆、树木等非比例符号
4	虚线		b/2	运动中的车辆轮廓线、行驶、行走路线
5	细实线		b/4	尺寸界线、尺寸线、边坡线、车辆翻滚路线
6	点画线	5mm 10～20mm	b/4	公路中心线
7	折断线		b/4	假设断开部分的边线
8	指示线		b/4	指示某一部分并加以说明的标志线

（四）尺寸标准

现场图除了绘出案发区内的地物、道路、车辆、构筑物等形状外，还必须准确、完整、清晰地注明有关的尺寸数据，如道路宽度、弯道半径、损坏路产设施尺寸，漏滴、倒洒出柴油、硫酸等对路面有损毁的化学物品的面积，刹车、拖引损毁路面的长度等，作为分析赔偿路产损失的主要依据。应当注意的是，在测绘损坏路面案件现场图时，不仅要测绘出实际损坏的面积，而且按路面修复工程的要求测出实际赔偿面积，即包括实际损坏的路面面积，再加上修复时所需清除的面积。

尺寸标注的一般规则：

（1）图上所标的尺寸数字应是地面物体的实际尺寸，与图的比例无关。

（2）在现场图中，公路的里程桩是以km为单位，这里统一以m为单位，在注解中应注明尺寸单位。

（五）定向

1．现场图方向的确定

阅读和使用现场图，都要确定它的方向。现场图上方向的表示方法是在图上画出指北针的符号。

案发现场图采用磁北方向为基本方向。磁北方向可以用指北针（又叫袖珍经纬仪，黑色针尖指北）标出。

2．方位角

以磁北起顺时针方向转动，以指北针测量。

（六）图例符号

图例符号按其用途划分：有地物符号、交通元素符号、动态符号、道路安全设施符号四种。

1．地物符号（见表 2-4）。

表2-4　地物符号

名　称	符　号	名　称	符　号	名　称	符　号
建筑物	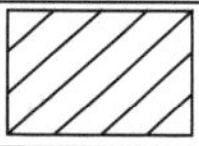	树　木		反光镜	
护　栏		道路分隔带绿化地	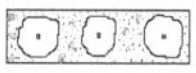	田　地	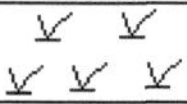
铁　道		隔离栏		障碍物	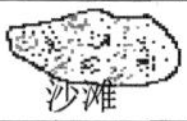
道　路	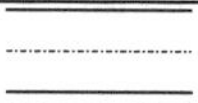	围墙篱笆		水　塘	
小　道	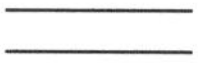	草　地	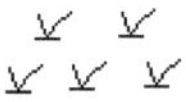	道路照明	
边　坡	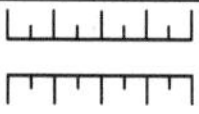	里程碑		公共车站	
人行横道	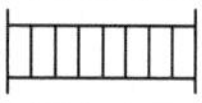	电　杆		桥　梁	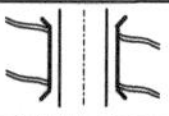
河　道		邮　筒		指路牌	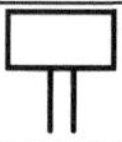

表示地物的符号分为比例符号、非比例符号和注记符号三种。

（1）比例符号。现场图上对房屋、道路、桥涵、路边构筑物等的绘制，其图例符号应按图纸确定的比例尺绘在图上，它既表明地物的位置，也表明了地物的形状和大小。

（2）非比例符号。当地物很小或没有必要按实际尺寸缩绘的地物，如里程碑、电杆、树木等，采用一种特定的符号表示即可。

（3）注记符号。现场图上用文字或数字标明的地名、公路走向等。

2．交通元素符号

交通元素符号主要包括各种车辆、行人及倒、洒落物品等的表示符号，一般应按比例缩绘（见表2-5）。

表2-5　交通元素符号

名　称	符　号	名　称	符　号	名　称	符　号
载重车	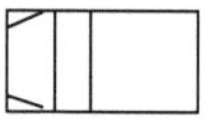	摩托车（倒地）		人力三轮车	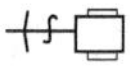
小轿车	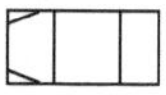	摩托车（行走）	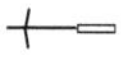	吊车	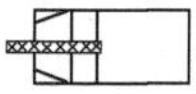
大客车	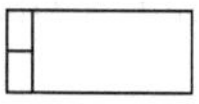	自行车（倒地）		行人位置	
运动中的车辆位置		自行车（行走）		死伤人员	

（续）

名　称	符　号	名　称	符　号	名　称	符　号
车辆挂擦碰撞痕迹	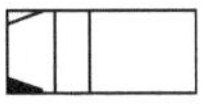	人力车	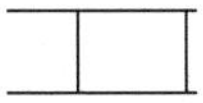	血迹	
拖挂车		畜力车	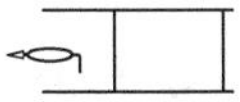	遗留物位置	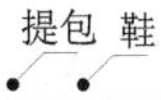
三轮汽车	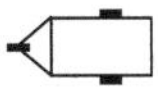	拖拉机	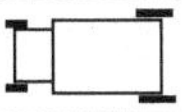	吉普车	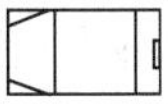
侧三轮摩托车	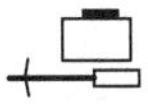	手扶拖拉机	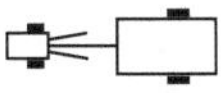		

3. 动态符号

动态符号包括车辆行驶经过的路线、刹车痕迹、车辆翻滚的路线以及各种情况下产生的车辆碰撞与刮擦接触点、对路产设施损坏程度的符号记录。正确标注这些符号对正确分析路产索赔案件过程的鉴定结论有很大的作用。

4. 路产设施符号

路产设施符号包括：表示道路上的安全设施、养护设施、通信设施、监控设施等图例，如路面交通标志、标线，中央分隔带防撞栏、隔离栅以及收费亭设施、电动栏杆、金额显示牌、闭路电视、摄像机、紧急电话、配电箱等设施。

四、现场草图测绘步骤

测绘现场草图是路政案件现场勘查的重要内容，要求在勘查结束时当场出图。由于勘查过程时间较短，要把现场复杂的情况全面、准确地反映在图面上，绘图者必须具有一定的业务水平和熟练的测绘技能。现将测绘步骤介绍如下。

1. 了解概况

测绘前应首先对现场状况进行初步观察，对现场的地形、地物、道路状况、车辆、路产设施损失情况等要有一个轮廓印象。并了解案发现场的概况，判断哪些是与案件有关的，哪些是间接的，哪些是与案件无关，从而确认案发中心，确认损毁设施等测绘对象。

2. 确定草图比例尺

根据案件发生现场范围的大小，选定图纸合适的缩小比例。草图的图形也应大致按选定的比例绘图，一幅图内不能出现两种不同的比例尺。比例确定后依据现场情况，进行图面构思，使图面布置恰当、不偏不倚。

3. 画出路形

测量出道路宽度和中心线，再用指北针量出公路走向，然后将路形绘制到图上去。

4. 画出各种图例

依照现场图测量方法，将现场车辆、路产设施的毁坏情况及位置以图例标在图上。

5. 绘出地物

测量地物及路产设施位置，用图例标在图上。

6. 文字说明

对一些与案件有关的情况，又难以用图形表示出来的，则应用文字说明。先选定文字说明在图上书写的位置，逐条整齐书写，以保证图面整洁和阅读方便。

7. 画附加图

根据案发现场和地形、道路的复杂程度，可按要求的图式绘制附加图，作为分析案发原因的补充资料。

8. 核对

现场图测绘记录是调查和取证的依据，它必须由两名以上的路政管理人员共同进行。在执行取证时应向被调查人员出示证件，现场图应真实反映案发事实，同时要注明勘测绘图时间、地点和调查人、被调查人、记录人的姓名，经核对无误后，由他们分别签字。

对有些重大或特大路政路产索赔案件，需绘制正式现场比例图。比例图可根据现场草图的图形和尺寸数据绘制。绘图前应选定图幅及比例尺，然后打底稿，再描黑或加深。

【本章小结】

本章介绍了路政管理的内容，包括占用和挖掘公路的管理、影响公路畅通和安全行为的管理、特定车辆行驶管理、公路附属设施的管理、公路平面交叉道口的管理、公路平面交叉道口的管理、管（杆）线与公路交叉管理、公路交通标志标线管理和非交通标志标线管理；明确了路产损失赔（补）偿费的性质和路产索赔案件现场图的路产索赔案件现场图的基本规格和测绘步骤。

【案例分析】

案例一：

2009年4月24日，云南省楚雄州中级人民法院终审判决A保险股份有限公司临沧中心支公司（简称：A保险临沧支公司）在第三者责任险保险责任限额内赔偿原告昆瑞高速公路路政管理支队昆楚路政大队（简称：昆楚大队）各项财产损失4万元并承担二审案件受理费，判决罗某赔偿原告昆楚路政大队各项损失19.55万元。据悉，这是云南省首个路政管理单位依据《公路法》规定，以民事主体身份将造成路产损坏的当事人和保险公司告上法庭，追缴保险公司逃避第三者责任险赔付，挽回公路路产损失的案例。

2007年4月10日，罗某驾驶云S×××××货车运送水果。该货车行至昆楚高速公路K76+700m处时肇事，造成了公路路产损失、车上货物受损及人员受伤的重大交通事故。昆楚大队依照法定程序对罗某驾驶的大货车肇事造成的路产损失进行核算，为23.55万元，罗某对损害路产事实表示认可。A保险临沧支公司接报后受理了此案，随后赔偿了罗某及其妻汤某医药费和货物损失。

事故发生后，昆楚大队对罗某进行路产损失追偿，罗某声称经济困难无力赔付损坏路产费用，后经该大队调查，其家庭条件确实较为困难。于是，昆楚大队向A保险临沧支公司提出第三者责任范围的理赔要求，但遭到该公司拒绝。

纠纷原因：2006年5月18日，罗某购买了赵某的云S×××××货车，并经过公证机构公证“购车协议”，但该车辆一直未过户。2007年3月17日，A保险临沧支公司业务员动员汤某购买车辆保险，汤某说没带够现钱，业务员说自己先垫付部分保险费，到6月底偿还给他。于是汤某为云S×××××购买了包括第三者责任险在内的车辆保险，业务员为其开具了保险卡和保险单。事故发生后，2008年3月6日汤某向A保险临沧支公司索赔了医药费和货物损失费后，书面声明放弃其他（包括第三者责任险）的索赔，此声明是保险公司人员写好后让汤某照着抄写的。

昆楚大队在对罗某追偿无果和A保险临沧支公司拒赔时，遂向禄丰县人民法院提起诉讼。

2008年12月，昆楚大队将罗某、汤某、A保险临沧中心支公司、包括云S×××××货车原车主赵某告上了法庭，请求法院判决以上被告赔偿各项其财产损失23.55万元。

庭审时，罗某、汤某说他们承认赔偿责任，但无经济能力承担赔偿责任。赵某说，云S×××××牌号车已经卖给了罗某，车主事实上已变成罗某，车子交付后，罗某在检审时没通知本人办理过户手续，故不负任何责任。

A保险临沧支公司辩称：根据“合同相对性原则”，本公司在本案中不是适格的当事人；本公司与汤某之间签订的是商业保险而非“强制保险”，故不应当承担保险责任。

针对A保险临沧支公司的辩称理由，昆楚大队认为，作为追偿路产的法定机构，投保人汤某表明放弃第三者保险赔偿，怠于行使对保险公司债权，已经损害了该大队的合法权益，可以以自己名义代位行使对保险公司的债权。

禄丰县人民法院审理认为，损害国家的、集体的财产或者其他人财产的，应当恢复原状或者折价赔偿。罗某驾车行为与昆楚大队财产损失有直接因果关系，罗某应当承担此事故的赔偿责任。赵某已将货车卖给罗某，但未办理车辆过户手续，作为动产的机动车，所有权自交付即已转移，赵某作为卖方已失去对该机动车的支配，故不应当承担此事故的损害赔偿责任。汤某向保险人书面声明放弃第三者责任险的索赔，损害了第三者的合法利益，其民事行为无效。一审法院判决：罗某赔偿昆楚大队各项财产损失18.55万元，A保险临沧支公司在第三者责任险限额内赔偿昆楚大队各项财产损失5万元，赵某、汤某不承担民事赔偿责任。

一审宣判后，罗某等没有异议，但A保险临沧支公司不服，将昆楚大队、赵某、罗某、汤某等上诉至楚雄州中级人民法院。

该公司的上诉理由为：一是罗某从赵某手中购买该货车时并没有办理过户手续，所有权没有转移，所以被上诉人赵某作为车辆登记所有权人不能免除民事责任。二是云S×××××货车所有权人未发生转移，被上诉人汤某既不是该车所有权人也不是该车的买受人，因此该车与汤某没有直接的保险利益关系，根据《保险法》汤某与本公司签订的保险合同是无效合同，针对无效合同，本公司不承担保险责任，没有保险的义务，汤某放弃索赔的行为也是一个无效行为，所以本公司没有损害到昆楚大队的利益也没有赔付该大队保险金的义务。在庭审最后陈述时，保险公司提出若二审法院认定本公司应承担保险责任，则按照保险合同的约定，应扣除20%的免赔责任。

针对保险公司的上诉理由，昆楚大队答辩要点：一是根据《物权法》动产交付所有权转移规定，罗某是云S×××××货车所有人。二是汤某和罗某是夫妻关系，汤某购买保险的标的物指定为云S×××××货车，所以对该车具有直接的保险利益；三是A保险临沧中心支公司在签订保险合同时未尽说明义务，案发后又要求汤某放弃第三者保险赔偿对其有欺诈行为，若导致保险合同无效也必须承担缔约过失责任。

二审争议的焦点是：A保险临沧支公司是否承担保险责任，赵某是否应承担责任。

楚雄州中级法院审理确认：云S×××××货车是罗某与汤某夫妻二人的共同财产，汤某与该车有直接的保险利益关系，罗某是汤某允许的合法驾驶人，属被告保险人。A保险临沧中心支公司应对罗某给第三者造成的损害，直接向该第三者赔偿保险金。汤某书面声明放弃第三者责任险的索赔损害了昆楚路政大队的合法利益，该行为无效。赵某已将车卖给罗某，动产所有权自交付即已转移，故不承担赔偿责任。但根据《机动车第三者责任保险条款》规定，A保险临沧支公司要求责任限额内20%免赔率免赔理由成立，予以支持。判决A保险临沧支公司赔偿昆楚大队各项财产损失4万元，罗某赔偿19.55万元。

至此，二审法院做出上述判决，历经半年之久的路产路权索赔案终于画上了句号。

（案例来源：云南法制报）

案例二：

2011年11月，何某驾驶摩托车行驶至华容县北景港镇八一村胡某家门前时，未按操作规范安全驾驶，撞到肖某（已故）、胡某建在路肩水泥墩护栏（护栏占用部分路面）上，造成水泥墩及护栏被撞倒脱离原建地，何某本人当场死亡。事故发生后，华容县公安局交通警察大队做出事故认定，受害人何某应负事故主要责任，胡某家的石墩护栏占用道路路面负事故次要责任。受害人何某因事故死亡，其家人的经济损失共计为435 538.85元。

法院认为，何某驾驶摩托车，未按操作规范安全驾驶，负事故的主要责任；胡某建设的水泥墩及栏杆占用了公路路面，妨碍了通行，对事故发生负次要过错责任；根据2010年华容县人民政府就燃油税改革出台《华容县成品油价格和税费改革相关机构调整及人员安置工作方案》文件，规定华容县农村公路路政管理机关为华容县农村公路路政执法大队，因而其作为负责农村公路路政行政管理机关，对胡某占道违法建筑未尽查处职责，对何某死亡事故既有行政责任，亦应依法承担相应民事侵权责任。岳阳市华容县人民法院一审判决，何某承担70%责任；胡某、华容县农村公路执法大队承担30%责任，其中胡某承担20%责任，赔偿91 107.8元；华容县农村公路路政执法大队承担10%责任，赔偿45 553.9元。

（案例来源：湖南法院网）

案例三：

有一平板拖车在××高速公路开往××方向，在匝道K14+80m处发生故障，该车货物撒落路面，车辆撞毁防撞栏5条，防撞栏立柱6条，毁坏导向标志牌4块，毁坏沥青混凝土路面2.97m^2（图2-2）。

图 2-2　案例三示意图

依现场勘查情况，分别绘制案发现场草图（图2-3）和现场比例图（图2-4）。

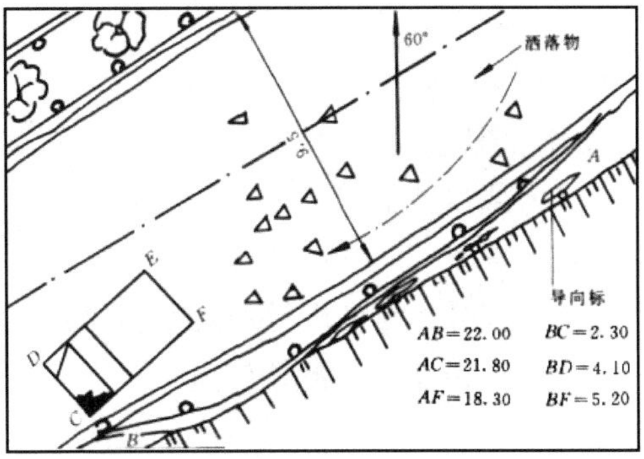

图 2-3　案发现场草图示例（尺寸单位 m）

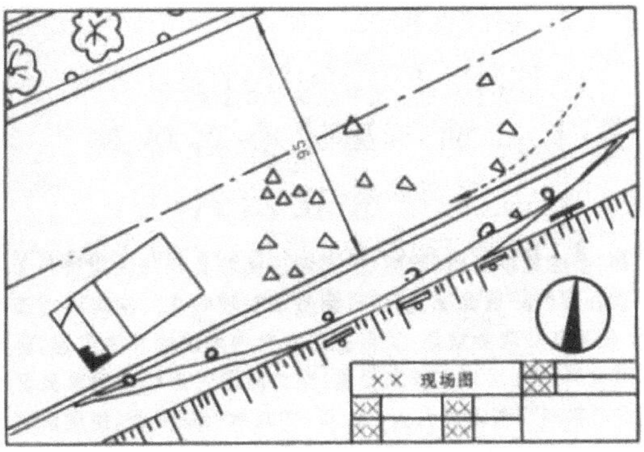

图 2-4　现场比例图示例（尺寸单位 m）

【练习题】

一、单项选择题

1. 《公路法》规定：“造成公路损坏，未报告的，由交通主管部门处（　　）元以下的罚款。”

A. 500　　B. 1 000　　C. 2 000　　D. 3 000

2. 在大中型公路桥梁和渡口周围（　　）m、公路隧道上方和洞口外100m范围内，以及在公路两侧一定距离内，不得挖砂、采石、取土、倾倒废弃物，不得进行爆破作业及其他危及公路、公路桥梁、公路隧道、公路渡口安全的活动。

A. 50　　B. 100　　C. 150　　D. 200

3. 公路受国家保护，任何单位和个人不得破坏、损坏或者非法占用公路、公路用地及（　　）。

A. 公路建筑控制区　　B. 公路桥涵　　C. 公路附属设施　　D. 服务区

4. 《公路法》第八十五条规定，对公路造成损害应当依法承担（　　）。

A. 民事责任　　B. 行政责任　　C. 刑事责任　　D. 国家责任

5. 违反《公路法》第四十四条第一款规定，未经同意擅自占用、挖掘公路的，由交通主管部门责令停止违法行为，可以处（　　）以下的罚款。

A. 10 000元　　B. 20 000元　　C. 30 000元　　D. 50 000元

6. 违反《公路法》第四十八条规定，铁轮车、履带车和其他可能损害路面的机具擅自在公路上行驶的，可以处（　　）以下的罚款。

A. 10 000元　　B. 20 000元　　C. 30 000元　　D. 50 000元

7. 下列选项中，（　　）不是公路交通标志。

A. 服务区指示牌　　B. 国道上的高速公路收费站预告标牌

C. 确认车距标牌　　D. 交通设施生产厂家介绍标牌

8. 某长江大桥附近某村办企业准备在长江的河床上挖沙搞开发，其作业与桥墩的距离（　　）。

A. 没有限制　　B. 至少50m　　C. 至少100m　　D. 至少200m

二、多项选择题

1. 路政案件现场示意图的要素包括（　　）。

A. 方向标及具体地点　　B. 图例

C. 案情摘要　　D. 当事人签字

2. 路政管理机构收取的路产损失赔偿费的使用规定是（　　）。

A. 主要用于损坏路产修复　　B. 部分作为路政人员的上路补贴

C. 少量弥补路政管理经费不足　　D. 剩余部分上缴国库

三、简答题

1. 占用挖掘公路管理应注意什么？

2. 管理影响公路畅通和安全的行为有哪些？

3. 公路平面交叉道口的管理应注意哪些方面？

4. 管（杆）线与公路交叉有哪些规定？

5. 交通标志标线管理和非交通标志标线管理设置应注意哪些方面？

四、案例分析题

1. 某公路路政执法大队做出规定，凡是因违法行为造成公路损坏的，一律要求责任人支付赔偿费，不允许责任人自行修复。试分析该规定的合法性与合理性。

2. 王某深夜驾车行驶在高速公路上，突然发现前方公路上有一团黑影，王某认为是石头，急忙躲避，结果汽车撞到了公路护栏上，造成公路护栏损坏。路政人员赶到现场后，发现王某认为是石头的物体其实是一个黑色塑料袋。路政人员要求王某支付赔偿费。王某拒绝赔偿，理由是其行为是紧急避险，责任不该由其承担。并称高速公路管理机构应当赔偿他修车的费用。试述王某的说法是否合理、合法。

五、绘图题

某月某日，一辆小轿车行至武黄高速公路武汉至黄石方向K32km处时，与前方行驶的一辆大货车追尾相撞，大货车前行至K32+050m处停在行车道和停车道之间，小轿车撞上中央隔离带防撞钢板后侧翻，横在K32+080m的超车道上，车中2人受伤，轿车的右前部与货车的左后部为接触点。请根据题中所提供的情况，绘制该路政案件的现场示意草图。

第三章

Chapter 3

路政管理行为

【学习目标】

1. 了解路政管理行为的特征、路政监督方法。
2. 熟悉路政行为的分类。
3. 掌握路政许可的种类和程序。
4. 熟悉路政合同中双方的权利义务。
5. 了解路政监督的方法和路政强制执行。

第一节 概 述

一、路政管理行为的概念及其特征

路政管理行为又称路政行为，是指路政管理机构根据国家法律、法规、规章的规定实施路政管理，产生法律后果的行为。路政行为既包括抽象行为，也包括具体行为；既包括直接产生法律后果的行为，也包括间接产生法律后果的行为。

路政行为具有以下几个特征：

（1）路政行为是路政管理机构所做的行为，具有强制性与单方性的特点。路政管理机构所做的路政行为，路政管理相对人必须履行，否则路政管理机构可以强制执行或申请人民法院强制执行。路政管理机构行使路政管理的职权，对路政管理相对人进行路政管理，无需征得相对人的同意，是单方性的行为。

（2）路政行为必须依法进行，应是一种合法行为。路政行为的合法性包括三个方面的含义：①实施路政行为的主体必须是路政管理机构，其他任何组织或个人都无权进行路政管理。②路政管理机构必须在法律规定范围内进行路政管理，超越职权、滥用职权的行为都是无效行为，都不是合法的路政行为。③路政行为的内容，形式必须符合法律、法规、规章的规定。

（3）路政行为是路政管理机构进行路政管理能产生法律后果的行为。路政管理机构所进行的一切活动并非都是路政行为，不发生法律后果的事实行为和不发生路政管理法律后果的其他法律行为都不是路政行为。

二、路政行为分类

（1）路政行为按照行为的方式与作用不同，可以分为抽象的路政行为和具体的路政行为。

抽象的路政行为是指国家机关、交通主管部门及路政管理机构在行使行政职能过程中，制定和发布具有普遍性行为规则的行为，如制定法律、法规，规章的行为。抽象的路政行为不对具体的人和事做出决定或处罚，而是确认路政管理机构对何种人在怎样的情况下将采取何种具体行为的一般规则。抽象的路政行为具有普遍的适用效力，即抽象的路政行为要求任何人都必须加以遵守。如《公路法》要求所有的路政管理相对人均能遵守。

具体的路政行为是指路政管理机构在路政管理活动中对路政管理相对人的具体事实进行处理、处罚的行为。具体的路政行为以抽象的路政行为为依据。具体的路政行为一般包括路政许可、路政处罚行为、路政强制行为、路政监督行为等。

（2）路政行为以受法律规范拘束的程度为标准，可分为羁束路政行为和自由裁量路政行为。

羁束路政行为，是指路政法律规范对其范围、条件、标准、形式、程序等做了较详细、具体、明确规定的路政行为。路政管理机构实施羁束路政行为，必须严格依法按照规定的范围、条件、标准、形式、程序等进行，没有自行斟酌、选择、裁量的余地。如果路政管理机构违反羁束规定，就构成违法行为，承担违法的后果。

自由裁量路政行为，是指路政法律规范仅对行为目的、行为范围等做一原则性规定，而将行为的具体条件、标准、幅度、方式等留给路政机关自行选择、决定的行政行为。如《公路法》第七十五条规定："违反本法第二十五条规定，未经有关交通主管部门批准擅自施工的，交通主管部门可以责令停止施工，并可以处5万元以下的罚款。"因此，违反《公路法》第二十五条的规定，路政管理机构只要给予的是5万元以下的罚款，就未违反公路法的规定，是合法的的路政行为。

三、路政行为的成立条件

（一）路政管理行为的主体是路政管理机构

根据《公路法》和《行政处罚法》的规定，有权实施路政管理的机构是交通主管部门、受委托的公路管理机构、地方性法规授权的路政管理机构，其他组织无权实施路政管理。

（二）路政行为必须是路政管理机构的真实意思表示

意思表示，从法律上来说，是指行为人将自己的内心意思表示于外部的行为。意思表示真实是指行为人的内心真实意思与意思表示相一致。具体到路政管理行为来说，路政行为的意思表示是指路政管理机构通过路政管理人员将自己的内心意思表示为外部的行为，如对违法行为进行路政处罚。路政行为的意思表示真实是指路政管理人员做出的处罚与路政管理机构的真实意思相一致。路政管理机构对当事人实施路政处罚，要由路政管理人员来执行，即路政管理机构的意思要由路政管理人员来表示，因此在路政管理活动中. 就涉及路政管理人员做出的处罚是否表示了路政管理机构的真实意思的问题。

在路政管理实践中，路政管理人员做出的处罚与路政管理机构真实意思不一致的情况主要表现在：①路政管理人员在受到某种外界因素的影响下（如被胁迫、被伪造的证据蒙骗）做出的处罚，则该路政行为无效。②路政管理人员超越职权、滥用职权所做出的路政行为，该行为无效。《公路法》《公路安全保护条例》规定了交通主管部门、公路管理机构在路政管理中的职权，《路政管理规定》则对路政管理职权进一步具体化，明确了公路管理机构路政管理职权。按照行政处罚法的规定，路政管理必须严格依照法律、法规、规章的规定，滥用职权或超越职权的行为都是无效的。

超越职权是指路政管理人员超越了法律、法规授予的权限，实施了其无权实施的路政行为。在路政管理实践中。超越职权的情况主要表现在：①内容上的越权。如对跨县（市）、跨地（市）的路政案件管辖，下级路政管理机构行使了上级路政管理机构的职权；行使其他行政机关的职权；超越地域管辖范围；超越委托权限实施具体行政行为等。②程序上的越权。表现在超出了法律、法规规定的有效期限；未按照法律规定的程序实施具体行政行为等。

滥用职权是指路政管理人员行使职权时，背离法律法规的基本原则，其所实施的路政行为虽然形式上在其职权范围内，但其内容与法律设定该职权的用意与目的不一致。滥用职权主要表现在：①以权谋私。在实施具体路政处罚时，利用职权实现自己的个人目的或者为自己熟悉的人谋取私利。②惧怕权势。在上级主管部门或上级其他部门、领导打招呼、递条子后，实施路政处罚不严格依照法律、法规规定，降低标准，迁就处罚。③故意拖延。《行政复议法》第十七条规定：行政复议机关收到行政复议申请后，应当在5日内进行审查，对不符合本法规定的行政复议申请，决定不予受理，并书面告知申请人……"，有的路政人员故意拖延办理，迟迟不做答复，使申请单位或个人利益受到损失。

（三）路政行为的内容必须符合法律法规的规定

路政行为的内容必须符合法律法规的规定，是指路政行为确认的当事人享有的权利及应承担的义务以及权利义务的幅度范围都必须在法律法规规定的范围内。它主要表现在两个方面。

1. 事实方面

要求做到事实清楚，证据充分。要正确认识事实的两个基本要素：自然要素和法律拟制要素。自然要素是每一个路政案件都必须具备的要素，包括当事人、动机、目的、时间、地点、手段、后果等七要素。法律拟制要素是法律规范规定的认定事实的标准。通过法律拟制要素与自然要素的对比来正确认定案件的事实。具体要达到：①案件的事实要有相应的证据证明，要广泛收集证据。②全面审查证据，各项证据真实、可靠。③各项证据相互联系、协调一致，证明案件事实。

在路政管理实践中，事实不清、证据不足的情况有：①证据不全，所收集证据不能充分证明案件事实。②取证不合法，无证明力。如《行政处罚法》《交通行政处罚程序规定》都要求调查与收集证据由两名以上行政执法人员共同进行，但有的地方路政管理机构因路政管理工作点多面广、量大人少，一人单独作战，造成证据无效。③确定处罚对象的错误。④判定责任的错误。⑤确定案件性质的错误。⑥确认违法事实程度的错误。

2. 法律方面

要求做到适用法律、法规正确，具体要做到：

（1）准确掌握法律适用的规则。在路政行政管理中，有些行为往往受不同层级或不同部门几个法律规范的调整，而且客观上还存在着规范不一致、相互冲突的情况，因此路政管理机构在处理路政案件时，要正确适用法律，要正确掌握法律适用的规则。法律适用的规则主要有：一是低层次规范服从高层次规范的规则。法律规范的效力是从法律、行政法规、地方性法规、规章由高到低排列。如果高、低层次的法律规范对同一问题都做了规定，那么应审查低层次的法规是否与高层次的法律规范相抵触，不抵触应该同时适用；若相抵触，则应适用高层次的规范，不能适用低层次的规范。二是特别法优于普通法。当某一项普通法与特别法都有规定时，应优先适用特别法。三是后法优于前法。当规定某一事项的新旧法并存，而且规定一致时，一般应优先适用新法。四是地域效力规则。五是不溯及既往规则等。

（2）正确认定案件事实的性质再选择适用法律法规。例如，对一个在建筑控制范围内的建筑，首先要确认其是永久性建筑还是临时性建筑，永久性的建筑要进行路政处罚，临时性的建筑应责令当事人补办手续。

（3）正确适用法律、法规。在实践中，适用法律、法规错误主要表现在：①适用法律法规条款错误。如对擅自挖掘、占用公路的处罚应适用的是《公路法》第七十六条第一款，而有的法律文书误写成《公路安全保护条例》第七十六条第一款。②应同时适用两个或两个以上法律、法规，而仅适用其中某一个法律、法规。③应同时适用法律、法规中的两个或两个以上条款，而仅适用其中某一项条款。④越权处罚，下级机关行使了应由上级机关行使的处罚权。⑤处罚有失公正。⑥适用尚未生效的法律规范。⑦使用了与事实不相符的法律规范。

（四）路政处罚、处理程序必须符合法律法规规定

《交通行政处罚程序规定》及其他有关法律、法规对路政管理程序做了规定，在实践中必须严格依照规定处理路政案件，路政行为才能有效。具体要求做到：①路政法律文书符合法定形式。②路政行为符合法定方式。③路政处理符合法定程序。④路政行为的实施符合法定手续。

在路政管理活动中，必须克服两种倾向：一是认为路政处罚、处理程序过于烦琐，不如执行行政命令干脆爽快，清理整顿违法建筑迅速有效，立竿见影；另一种认为路政案件证据看得见，摸得着，取证容易。因此，对路政案件的证据看在眼里记在心里，不去取证，先做处罚。这两种认识反映了路政管理人员法治观念不强，法律意识淡薄，因而有必要提高路政管理人员的思想认识，树立依法行政的观念，自觉将路政管理活动纳入法制轨道。

在实践中，违反法定程序主要表现在：①处罚在先，取证在后或不取证即予处罚。②在《处罚决定书》《复议决定书》中不向当事人告知复议权、起诉权。③不在法定时间内做出答复或决定。④不符合法定步骤。

四、路政行为无效、撤销与废止

（1）路政行为无效。是指不具备路政行为的有效条件，不能产生预期法律后果的行为。路政行为无效的法律后果有：

1）路政行为一经确认无效，由该行为而产生的法律后果消失、恢复原来状态。

2）违法行政导致路政行为无效，造成他人损害的，路政管理机构应予以行政赔偿。《国家赔偿法》第二条规定："国家机关和国家机关工作人员违法行使职权侵犯公民、法人和其他组织的合法权益造成损害的，受害人有依照本法取得国家赔偿的权利。"同时，第七条第三款又规定："法律、法规授权的组织在行使授予的行政权力时侵犯公民、法人和其他组织的合法权益造成损害的，被授权的组织为赔偿义务机关。"

（2）撤销。撤销是指已经生效的路政行为，由于行为合法要件缺损或行为不适应，路政管理机构可以撤销。如果是路政管理机构的过错，由此给相对人造成的损失应由路政机构予

以赔偿。对于路政案件，有权宣布撤销的是上一级路政管理机构和最初做出决定的路政管理机构。

（3）废止。废止是指已经生效的路政行为，由于情况变化，不宜再继续存在而宣布废止。使该行为消失效力。废止的原因很多，有时是客观形势发生变化，有的是法律、法规、政策发生变化，原行为必须废止。路政行为的废止，可由原路政管理机构采取，也可由上级机关采取。由此给相对人所造成的损失或相对人已经履行的义务，路政主体不负赔（补）偿责任。

第二节 路政许可

一、路政许可的概念和特征

路政许可是指路政管理机构依据路政管理相对人的申请，根据路政法规的规定，准许路政管理相对人从事某一项活动的具体行政行为。如准许超限运输车辆行驶。路政许可的特征是：

（1）路政许可是一种依据路政管理相对人的申请而做出的具体行政行为。路政管理相对人没有申请，路政管理机构不能主动做出许可。

（2）路政许可是一种事前行为。路政管理相对人必须在事先向路政管理机构提出申请，经路政管理机构准许后路政管理相对人才能实施许可行为，否则就违反了路政法规，路政管理机构对此应做出处罚。

（3）路政许可必须有法律、法规、规章的明确规定，法律许可是路政许可的前提，法律、法规、规章中规定的严禁、禁止的行为，则路政管理机构不能许可。例如，《公路法》第五十条规定："超过公路、公路桥梁、公路隧道或者汽车渡船限载、限高、限宽、限长标准的车辆，不得在有限定标准的公路、公路桥梁上或者公路隧道内行驶，不得使用汽车渡船。超过公路或者公路桥梁限载标准确需行驶的，必须经县级以上地方人民政府交通主管部门批准。"因此路政管理机构才有权依照桥梁、隧道限载的实际情况，准许一定吨位的超限车辆通行。而根据《公路安全保护条例》第二十二条规定："禁止利用公路桥梁进行牵拉、吊装等危及公路桥梁安全的施工作业。"因此路政管理机构对此申请无权予以批准。

（4）路政许可是单方行为。它虽然以路政管理相对人的申请为前提，但准许与否，路政管理机构无需征得路政管理相对人的同意。

（5）路政许可是一种要式行为。路政管理相对人要取得许可，必须向路政管理机构提出申请和报送有关材料，路政管理机构经审查认为路政管理相对人的申请符合条件，则颁发许可证，载明许可机关、被许可人姓名或单位名称、许可行为的性质、范围、期限等，并与申请人签订有关协议。

二、路政许可的范围

按照《路政管理规定》的规定，路政许可的范围有：

（1）占用、挖掘公路。

（2）修建、跨越、穿越公路，或者架设、埋设管线等设施；在公路用地范围内架设、埋设管线和电缆等。

（3）在规定范围内修筑堤坝压缩或者拓宽河床。

（4）铁轮车、履带车行驶公路。

（5）超限运输车辆行驶公路。

（6）设置非公路交通标志。

（7）增设公路平面交叉道口。

（8）在建设控制区内埋设管线、电缆等设施。

（9）更新砍伐公路用地上的树木。

三、路政许可的程序

（一）提出申请

路政管理相对人必须向有权颁发许可证的路政管理机构提出申请并提供必要的资料和手续。

（二）审查申请

路政管理机构接到申请后，应按申请的要求及所附的材料进行审查。审查应在法定期限内进行，不得无故拖延。对符合规定的，应准予申请，颁发许可证；对不符合规定的，不批准申请，做出不发许可证的书面决定。

（三）颁发许可证

许可证要以书面形式，加盖发证机关印章，附有编号。许可证须对被许可的内容做出具体明确的规定，要标明许可期限，确定许可证的有效期限。许可证要在法定的期限内颁发。

为了保证路政管理相对人严格按许可的事项执行，路政管理机构应加强许可事项的监督检查，及时纠正偏差，防止损害路产路权的事项发生。

四、路政许可的无效、失效和撤销

路政许可一经批准发给许可证，该项许可便具有法律效力，其他人不得侵犯许可证持有人的权力，路政管理机构非经法定程序不得对其许可权加以剥夺。但是，某些情况的出现，会引起路政许可的无效、失效与撤销。

（一）路政许可的无效

路政许可的无效，是指由于某些情况，路政许可自始至终不存在效力。这些情况主要有：

（1）无权机关颁发的路政许可，或有权机关的主管人员违法违规所颁发的路政许可，是无效的许可。如某路政管理员收取贿赂而给予路政许可，其许可自然无效。

（2）申请人不具备被许可的条件，却被赋予许可，是无效的许可。

（3）申请人以欺骗手段取得的路政许可，是无效的许可。

（二）路政许可的失效

路政许可的失效不等同于无效，它不是自始至终没有效力，而是自路政许可失效之日起丧失其法律效力。路政许可失效的情形主要有：

（1）路政许可法定期限届满，路政许可自动失效。如《超限运输通行证》时间规定为7天，超过7天就自行失效。

（2）路政许可的活动完成而使路政许可失效。例如《挖掘公路许可证》，只限于挖掘期间使用，一旦工程修复完毕，其许可证也自行失效。

（三）路政许可的撤销

路政许可的撤销，是因为许可证持有人不履行有关的法定义务，而由许可机关撤销该项路政许可。

路政许可的撤销不同于无效和失效，路政管理机构在此起着决定性的作用。它实际上是对违法者的一种惩罚，所以必须依法行使。

第三节 路 政 合 同

一、路政合同的概念及特征

路政合同是指路政管理机构为有效实施路政管理而依法与路政管理相对人签订的协议。如超限运输协议。路政合同具有国家行政管理的特点，又具有一般合同的特点，路政合同的签订必须遵循行政合同缔结的三个规则：①出于行政的需要。路政管理线长人少，路政合同的签订是为了切实有效地实施路政管理，使更多的路政管理相对人自觉遵守路政管理法规。②不超越行政权限。路政合同的签订必须在路政管理机构的职权范围之内。③内容和范围为国家法律法规所允许，也就是说凡是国家法律法规明确禁止的内容和范围，路政管理机构不得与路政管理相对人签订路政合同。

路政合同具有下列特征：

（1）路政合同的双方当事人中，必有一方是路政管理机构。

（2）签订路政合同的双方当事人地位不平等。签订路政合同的双方当事人——路政管理机构与路政管理相对人是管理与被管理的关系，路政合同中的某些条款路政管理相对人必须无条件地遵守，双方不能协商；而在民事法律关系中，双方当事人的主体地位是平等的，不存在管理与被管理的关系，所有合同条款双方当事人都能进行协商。

（3）路政合同的成立必须是双方当事人意思表示一致。虽然路政管理相对人必须无条件服从某些条款，但也必须是路政管理相对人承诺这些条款，路政管理机构不能以行政命令强迫当事人签订路政合同。否则，签订的路政合同无效。

（4）在路政合同履行、变更或解除中，路政管理机构享有优先权。路政合同虽然以双方当事人意思表示一致为成立要件，但在路政合同的履行、变更或解除中，路政管理机构具有优先权，表现在路政管理机构根据法律事实的出现或国家行政管理的需要，可以依法变更或解除路政合同；而在民事法律关系中，双方当事人签订的合同依法成立后即有法律约束力，非以法定理由不得变更或解除合同，一方未经对方同意，也不能单独变更或解除合同。

二、路政合同中双方的权利

路政合同一经签订即发生法律效力，对合同双方当事人的权利义务有了规定。路政合同中双方当事人的权利义务是一致的，路政管理机构享有的权利即路政管理相对人需履行的义务；反之，路政管理相对人享有的权利也是路政管理机构需履行的义务。

（一）路政管理机构的权利

路政管理机构的权利主要有：

（1）路政管理机构对路政合同的履行具有监督权和指挥权。路政管理机构与路政管理相对人签订合同后，便具有双重身份：既是合同的一方，受合同的约束，同时又代表国家行使路政管理的权力，并非无条件地受合同约束。路政管理机构在执行合同过程中，为切实有效地履行路政管理职责，因而对路政合同的履行具有监督权和指挥权。

（2）路政管理机构有单方面变更或解除合同的权利。在路政合同履行过程中，路政管理机构可根据法律事实的出现（如桥梁损坏，限载降级）或国家法律、法规变更解除合同，不必取得路政管理相对人的同意。

（3）路政管理机构有权对不履行或不适当履行合同规定义务的路政管理相对人进行制裁，如路政管理相对人不依照协议规定的载重标准超限运输，路政管理机构有权对路政管理相对人追缴公路路产损坏赔偿费，并可处以3万元以下的罚款。

（二）路政管理相对人的权利

路政管理相对人的权利主要有：

（1）路政管理相对人有获得损害赔偿的权利。如果由于路政管理机构的过错，造成路政管理相对人遭受不应有的损失的，路政管理机构应予以赔偿。如果由于路政管理法或政策的变更，以及公众利益的需要，致使合同在执行中变更、解除，因而给相对一方当事人造成损害的，即使路政管理机构一方当事人没有任何过错，也应当给予补偿。

（2）要求享受优惠和照顾的权利。路政管理相对人订立路政合同除了满足自己的经济利益或民事权益外，还要服从满足国家和社会需要这个总的要求，要在合同中接受一些不同于民事合同或经济合同的条款，受到一些相对来说是不对等条件的限制。因此，为了顺利履行合同义务，也为了获得对某些不对等待遇的补偿，它有权利要求路政管理机构一方当事人给予某些法律法规政策允许范围内的优惠或照顾。

三、路政合同中双方的义务

（一）路政管理机构的义务

路政管理机构的义务主要有：

（1）保证兑现其应给予合同相对一方当事人的优惠或照顾的义务。在路政合同中规定的优惠照顾条件，对于相对一方当事人履行合同义务极其重要，也是路政管理机构一方当事人吸引相对一方当事人的有利条件。因此，一旦以合同形式将其确定下来，路政管理机构一方当事人就有义务保证其兑现，不允许随意更改或打折扣。

（2）给予相对一方当事人物质损害赔偿的义务。

（二）路政管理相对人的义务

路政管理相对人的义务主要有：

（1）路政管理相对人有按照合同规定的条件、期限认真履行合同的义务。

（2）路政管理相对人有接受路政管理机构监督和指挥的义务。

第四节　路 政 监 督

一、路政监督的概念

路政监督是指路政管理机构对路政管理相对人遵守路政管理法律规范所进行的监督检查活动，是路政管理机构对路政系统外部相对人实施的一种路政行为，主要表现形式是上路检查。

路政监督是路政管理机构对相对人实施的一种控制力，这种控制力来自路政监督权本身的特殊属性。路政监督的目的在于防止和纠正相对人的违法行为，保障路政管理法的实施和执行，规定相对人在法律允许的范围内活动。

二、路政监督的特点

（一）路政监督内容的实体性和程序性

路政管理内容的实体性，是指路政监督主体对相对人行使实体权利、履行实体义务是否遵守法律法规的规定所实施的监督检查。如路政管理机构对超限运输车辆的装载及行驶情况进行监督检查，就是对路政管理相对人行使某种实体权利、履行某种实体义务的监督。

路政监督内容的程序性，是指路政监督主体对路政管理相对人行使权利或履行义务是否遵循了法定程序进行的监督检查。

（二）路政监督与路政处理具有联结性

路政监督在路政管理过程中，处于路政立法和路政处理的中间环节，因此，多数情况下，路政监督与路政处理具有联结性。

路政监督是路政处理的前置阶段，毫无疑问，无监督检查，也就无以确认路政管理相对人的某种申请是否符合路政管理法规定的条件，也就无法做出许可的处理；无监督检查，也就无以发现或确认路政管理相对人的某种行为是否违法，也就无法做出路政处罚决定。路政监督与路政处理这种联结性恰恰说明路政监督是路政处理的前置阶段。从某种意义上讲，路政监督比路政处理（路政许可、路政处罚、路政执行等）更为重要，因为没有路政监督检查，路政处理的各种手段就失去实施的前提条件。

路政监督既可以实施于路政处理之前，也可实施于其后，二者在路政管理过程中相互联结。例如，路政管理机构对超限运输承运单位的申请予以审查，这是做出路政许可处理决定之前的监督检查；做出路政许可之后，对超限运输车辆的行驶情况和装载情况仍可进行监督检查，这是做出路政处理之后的监督。

路政监督和路政处理的联结性正是达到路政监督目的的保证。

三、路政监督方法

路政监督的方法又称路政监督的手段或方式。常见的路政监督方法有检查、审查、调查、检验、鉴定、勘验等。

1. 检查

检查是一种最常用的监督方法。检查有很多形式，如综合检查、专题检查，全面检查、抽样检查，定期检查、临时检查等。综合检查是对管理对象的多个领域进行检查，专题检查是仅对某一管理领域进行检查。全面检查是对检查客体各方面所进行的检查，抽样检查是选择检查客体的某些部分、某些要素进行采样的检查，根据采样的检查情况来判断整个客体的情况。定期检查是时隔一定期限进行的检查，临时检查有两种情况：一是路政主体为了防止某些单位、个人弄虚作假而采取不提前通知所进行的突然性检查；二是在路政主体发现管理对象存在某些问题或发生了某种事故后临时决定进行的检查。

2. 调查

调查是路政主体通过各种信息渠道发现相对方存在某种问题后，为证实和查明相应问题，而以各种方式从相对方或其他个人、组织处收集有关该问题的证据和信息，了解相关情况的背景材料、问题的发生过程，以得出该问题的存在与否和问题大小、轻重等结论。就调查的种类而言，有一般调查、专案调查、联合调查、专题调查、现场调查等。调查可以通过询问、讯问、鉴定、勘验、审查文件等各种方式进行。调查可事先通知相对方，也可事前不通知相对方；可公开进行，也可秘密进行。但最后的调查结论必须告知相对方，并听取相对方的申辩意见。

3. 查验

查验是路政主体对相对方某种证件或物品进行检查、核对，以确定相应证件、物品的真伪和从中发现相关的问题，以实现路政监督的目的。

4. 检验

检验是路政主体或路政主体委托其他技术性机构对相对方的某种物品进行检查、鉴别或化验，以确定相应物品的成分、构成要素是否符合标准等。

5. 鉴定

鉴定是指路政主体或路政主体委托其他技术性机构对相对方的某种物品或材料、证件等进行鉴别、评定，以确定真伪、优劣，或确定其性质成分等。

6. 勘验

勘验是路政主体或路政主体委托其他组织对行政相对方实施某行为的场地进行实地查看，了解相应行为的现场情况，以确定有关个人、组织是否参与了相应行为以及参与者的责任情况。

7. 统计

这是路政主体通过统计数据了解相对方情况的一种监督方法。如统计有关控制区内建筑的数量、跨越公路的通信线路数量等。凡负有统计义务的相对方必须如实按期上报统计资料。路政机关通过对统计资料的分析，掌握情况，发现问题，以便采取补救措施，保证路政管理目标的实现。

第五节　路政强制执行

一、路政管理机构的强制执行

路政强制执行是指个人、组织不履行法律规定的义务，路政管理机构依法强制其履行义务的行政行为。

路政强制执行以个人、组织不履行义务为前提。如果个人、组织履行了义务就不引起强制执行。只有个人、组织不履行义务时。路政管理机构才可做出强制执行的决定。不履行义务有两种情况，一种是从事法律所禁止的行为，如在公路上设置广告牌；另一种是不履行规定必须履行的义务，如应缴占道费而不缴。

在采取路政强制执行以前，必须做出路政强制执行的决定，由于路政强制执行必须是要式行为，在采取具体行动以前，应由路政管理机构按法定程序做出路政强制执行的决定，以作为采取强制措施的依据。

根据上述特点，路政管理机构要做出路政强制执行的决定，必须具备下列条件：

（1）个人或组织因法律规定或因路政决定必须承担某一义务。

（2）个人或组织有不履行义务的故意，而不是客观上的不履行。

（3）在当事人不履行义务时，法律规定可以采取强制执行措施。

（4）做出或执行强制执行决定的必须是有权做出路政强制执行决定的路政管理机构。

如《公路法》第七十九条规定，“违反本法第五十四条规定，在公路用地范围内设置公路标志以外的其他标志的，由交通主管部门责令限期拆除，可以处二万元以下的罚款；逾期不拆除的，由交通主管部门拆除，有关费用由设置者负担。”具体流程如图3-1所示。

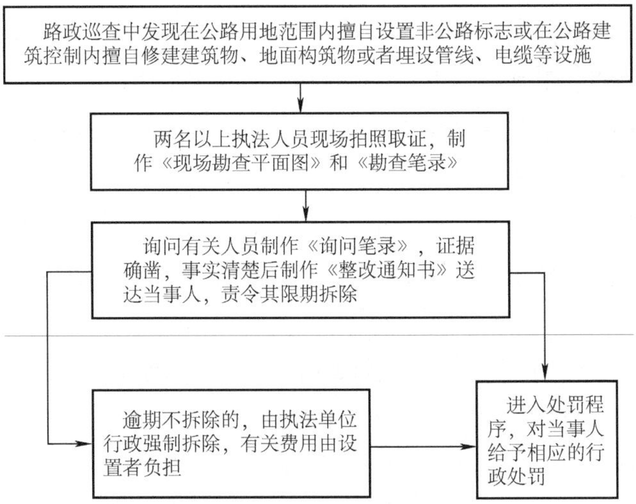

图 3-1 路政强制拆除流程图

二、申请人民法院强制执行

申请人民法院强制执行，是指相对人逾期拒不履行或不完全履行路政管理机构所做出的行政处罚和其他行政处理决定，路政管理机构依法申请人民法院强制执行的一种行政强制执行制度。这是路政管理行政强制执行的主要途径，在《公路法》中有明确的规定。

（一）申请人民法院强制执行的意义

申请人民法院强制执行，对于维护路政管理机构依法做出的行政处罚和行政处理决定，提高路政管理机构的权威，维护路政管理法的尊严具有十分重要的意义，具体表现在以下几个方面：

（1）能够保证依法行使职权。路政管理机构在实施路政管理活动中，对拒不履行义务的当事人，依法申请人民法院强制执行，能够保证路政处罚决定和路政处理决定完全彻底予以执行，保证路政管理机构依法行使职权。

（2）能够提高路政管理权威。路政管理机构所做的处罚和处理决定，是一种具体的行政行为，如果得不到执行，就会损害国家的行政管理和路政管理机构的威信，影响路政管理权威。

（3）能够维护路政管理法的尊严。人民法院根据路政管理机构提出的强制执行申请。而制作的一系列法律文书，都具有法律的约束力，任何行政主体和行政相对人都必须严格遵守，负有义务的当事人必须自觉履行其义务，以维护路政管理法的尊严。

（4）能够监督路政管理机构依法行使职权。人民法院接到路政管理机构要求强制执行的申请后，应审查路政决定是否合法，如果是不合法的，则退回原申请单位，同时发出司法建议，起到监督路政管理机构、促使其依法行政、改进和提高行政工作的效益。

（二）申请人民法院强制执行的条件

申请人民法院强制执行是行政强制执行中比较严厉的方法。路政管理机构做出路政处罚和处理决定后，要耐心做好相对人的思想工作，促使其能够主动及时地履行义务，对拒不执行的，则申请人民法院强制执行。申请时应考虑以下几个条件：

（1）强制执行的内容必须是路政管理机构对相对人做出的处罚和其他处理决定，其标志是路政处罚决定书中列明的义务内容。

（2）强制执行的对象必须是负有行政义务的相对人，没有行政义务的人或相对人的直系亲属都不能成为申请人民法院强制执行的对象。这是责任自负、不株连无辜的法制原则在路政活动中的体现。

（3）在时间上必须逾期，即路政管理机构所做的处罚和处理决定已经产生执行效力，而且超过了路政管理法中所规定的自行履行的时间范围。

（4）必须是路政相对人有能力履行而拒不履行的，这是路政管理机构申请人民法院强制执行的一个必不可少的条件。如果当事人由于不可抗力的原因暂时不能履行的，或由于天灾人祸等不可抗力的原因，义务人实际上已不可能履行义务的，路政管理机构一般不宜申请人民法院强制执行。

（三）强制执行申请的审查

人民法院在接到路政管理机构强制执行的申请后，主要从三个方面进行审查：

（1）审查主体。审查该路政管理机构是否可以做出所申请强制执行的处罚和处理决定，路政管理机构是否有越权行为。

（2）审查内容。审查路政管理机构所做的行政处罚和行政处理决定是否合法，即事实是否清楚、证据是否充分、适用法律法规是否正确。

（3）审查对象。审查申请强制执行的对象是否是拒不履行义务的当事人，有否逾期。

路政管理机构依法申请人民法院强制执行时，应当提交申请执行书，据以执行的法律文书和其他必须提交的材料，如果人民法院发现据以执行的法律文书确有错误，经院长批准，不予执行，并将申请材料退回申请人。路政管理机构向第一审人民法院申请执行生效的处罚、复议决定的期限为三个月，申请执行的期限从法律文书规定期间的最后一日起计算。人民法院通过审查上述内容后，若发现路政管理机构有越权行为，或所做的处罚与法律抵触，则退回原申请的路政管理机构，并同时发出司法建议。若通过审查认为是合法的，则依法予以强制执行。

【本章小结】

本章内容包括路政管理行为的一般知识及路政合同、路政许可、路政监督及路政强制执行。

在路政管理行为中，介绍了路政行为的种类；路政行为的成立条件中重点介绍了滥用职权和超越职权的区别，路政行为的内容合法的条件；路政行为无效、撤销与废止。

路政许可种类在《公路法》中有明确的法律，应遵循申请、审查、批准的许可程序。

路政合同不同于一般的合同，因此路政合同中双方的权利义务与一般的民事合同有一定的差别。

常见的路政监督方法有检查、审查、调查、检验、鉴定、勘验等。

路政管理机构的强制执行包括路政管理机构的强制执行和申请人民法院强制执行，各适用于何种情形法律都有明确的规定。

【案例分析】

[案情简介] 被申请人张×未经公路主管部门批准，在佛坪县佛两公路14km+300m处私设一处宽6m的平交道口，用于下河采沙。2009年4月4日，佛坪县农村公路管理局依据《公路法》第八十条、《陕西公路路政管理条例》第三十五条的规定分别对张×作出行政处罚决定和行政处理决定，责令被申请人张×：1. 立即停止违法行为，恢复公路原状。2. 缴纳平交道口开设费8 000元。3. 对张×处以10 000元罚款（限2009年4月20日前缴纳）。处罚决定和处理决定送达后，张×未在法定期限内申请复议或提起行政诉讼，也未履行相应义务。2009年8月13日申请人佛坪县农村公路管理局申请法院强制执行。

[审判结果] 佛坪县人民法院审查认为，申请人做出的行政处罚决定书及行政处理决定书认定被申请人违法设立平交道口的事实清楚，证据充分，适用法律准确，程序合法。依照《中华人民共和国行政诉讼法》第六十六条的规定，裁定准予执行申请人做出的行政处罚决定和行政处理决定。

[案例评析] 本案是一起行政机关申请法院执行其做出的具体行政行为的非诉行政执行案件。该类案件在受理后，人民法院应当对行政机关做出的具体行政行为进行合法性审查，以保障行政相对人合法权益，监督行政机关依法行政。行政机关责令行政相对人恢复原状是一项具体行政行为。具体行政行为是国家行政机关依法就特定事项对特定公民、法人和其他组织权利义务所做出的单方行政职权行为。判断一个行政行为是否为具体行政行为，关键是看行政行为是否对特定公民、法人或其他组织权利义务产生实质性影响。本案中，公路主管部门的处理决定书责令张×恢复原状，显然给张×设定了义务。对行政处理决定这一具体行政行为，张×没有在法定期限内申请复议或提起行政诉讼，也未履行义务，公路管理部门当然可以申请法院执行，没有必要提起民事诉讼。《中华人民共和国行政处罚法》第二十三条规定，行政机关实施行政处罚时，应当责令当事人改正或限期改正违法行为。行政处罚决定重在对张×违法行为的惩罚，而行政处理决定中恢复原状则是对张×违法行为所造成的违法现状的修复，是依据《公路法》第八十条（未经批准在公路上设平面交叉道口的，由交通主管部门责令恢复原状，处5万元以下罚款）的规定对行政处罚法第二十三条中“改正违法行为”的具体落实。两个决定的着眼点不同，但都是具体行政行为，故法院裁定准予执行恢复原状的处理决定正确。

（资料来源：陕西法院网）

【练习题】

一、单项选择题

1. 下列可以撤销行政许可的情形是（　　）。

A. 行政许可有效期届满未延续的

B. 因不可抗力导致行政许可事项无法实施的

C. 违反法定程序做出准予行政许可决定的

D. 被许可的法人依法终止的

2. 行政机关做出准予行政许可的决定，应当自做出决定之日起（　　）内向申请人颁发、送达行政许可证件。

A. 3日　　B. 5日　　C. 10日　　D. 15日

3. 被许可人以欺骗、贿赂等不正当手段取得行政许可的（　　）。

A. 应当撤销　　B. 可以撤销　　C. 不予撤销

4. 行政许可采取统一办理的，办理的时间一般不超过（　　）日。

A. 10　　B. 30　　C. 45　　D. 90

5. 公民、法人或者其他组织依法取得的行政许可，下列说法错误的是（　　）。

A. 行政机关可以依法变更或者撤回已经生效的行政许可

B. 行政机关不得擅自改变已经生效的行政许可

C. 法律、法规规定依照法定条件和程序可以转让

D. 行政机关可以随时撤销

6. 需要立即清除道路、河道、航道或者公共场所的遗洒物、障碍物或者污染物，当事人不能清除的，行政机关可以决定立即实施（　　）。

A. 查封　　B. 扣押　　C. 冻结　　D. 代履行

7. 没有行政强制执行权的行政机关申请人民法院强制执行的期限是自当事人法定履行期限届满之日起（　　）个月内。

A. 1　　B. 2　　C. 3　　D. 6

8. 以下不属于行政强制措施的是（　　）。

A. 限制公民人身自由　　B. 查封场所、设施或者财物

C. 扣押财物　　D. 责令停产停业

二、多项选择题

1. 下列属于公路行政许可事项的是（　　）。

A. 占用、挖掘公路

B. 在公路建筑控制区或者公路用地范围内架设、埋设管线或者电缆等设施

C. 跨越、穿越公路修建桥梁、渡槽

D. 在公路、公路用地范围内及公路附属设施上设置广告、标牌等非公路标志

2. 《路政管理规定》第十五条规定：在公路上增设平面交叉道口，事先向交通主管部门或公路管理机构提交申请书和设计图或平面布置图，申请书的内容包括（　　）。

A. 主要事由　　B. 地点（公路名称、桩号）

C. 施工期限　　D. 安全保障措施

3. 行政许可的程序有（　　）。

A. 受理申请　　B. 审查　　C. 勘查　　D. 做出决定

4. 设定行政许可，应当规定行政许可的（　　）。

A. 实施机关　　B. 条件　　C. 程序　　D. 期限

5. 因工程建设需要占用、挖掘公路或者使公路改线的，建设单位应做到（　　）。

A. 事先征得有关交通主管部门同意

B. 须征得建设工程所在地乡镇政府同意

C. 影响交通安全的，还须征得有关公安机关同意

D. 按照不低于该段公路原有的技术标准予以修复、改建或者给予相应的经济补偿

6. 跨越、穿越公路修建桥梁、渡槽或者架设、埋设管线等设施物，建设方应履行的义务是（　　）。

A. 应当事先经有关交通主管部门同意，影响交通安全的，还须征得有关公安机关同意

B. 修建、架设或者埋设的设施应当符合公路工程技术标准要求

C. 对公路造成损坏的，应当按照损坏程度给予补偿

D. 缴纳路面占用费

7. 公路路政管理行政执法和行政监督工作遵循（　　）的原则。

A. 有法可依　　B. 有法必依　　C. 执法必严　　D. 违法必究

8. 某企业擅自在公路建筑控制区内埋设电缆，管段路政管理机构依法责令其限期拆除，该企业置之不理，路政管理机构可以（　　），有关费用由（　　）承担。

A. 向法院申请强制执行；该企业　　B. 直接强制拆除；该企业

C. 向法院申请强制执行；路政机构　　D. 直接强制拆除；路政机构

三、简答题

1. 路政管理行为的成立条件是什么?

2. 路政管理行为可分为哪些类型?

3. 路政合同有何特点?

4. 路政许可的种类有何规定?

5. 路政强制执行分哪些类别? 各适用于何种情形?

四、案例分析题

1. 公路沿线某村村民委员会主任张某经常看到有村民横穿公路，而路上行驶的车辆车速过快，非常容易发生事故，便向管辖该路段的某公路路政执法大队提出申请，请求在村头设立限速标志。公路路政执法大队答复：根据《公路法》规定，只受理在公路用地范围内设置公路标志以外的其他标志的申请，限速标志属于公路标志，依法不予受理。试析公路路政执法大队的答复是否合法，是否合理。

2. 某交通行政执法大队在公路上实施路政监督检查时，发现村民李某在公路建筑控制区内埋设管线。执法人员当即制止，并要求李某补办手续。李某说，你们怎么办都可以，只要让我埋设管线就行，但李某未提交申请。交通行政执法大队经讨论后认为，李某埋设管线的位置不影响公路安全和畅通。次日，执法人员给李某送来一份路政许可决定书，允许李某埋设管线。交通行政执法大队将此事作为执法人员主动上门办证、方便群众办好事的典型大力宣传。试分析交通行政执法大队的做法是否合法。

第四章

Chapter 4

公路建筑控制区管理

【学习目标】

1. 掌握公路建筑控制区的概念。
2. 了解公路建筑控制区范围、建筑控制区管理的必要性。
3. 掌握公路建筑控制区的管理措施。

第一节 概 述

公路，是指公路主管部门验收认定，通行于城间、乡间、城乡间，供汽车行驶的公共设施道路。公路还包括了正在测设布线、施工中的公路。这里的“验收”是指对工程质量是否符合国家规定的公路工程技术标准进行鉴定和评估；“认定”是指对该项工程是否达到计划任务和规定的技术指标进行认可。只要验收认定通过，该项工程至少为合格工程，就表明可以交付使用。验收和认定不是判断是否是公路的前提。在《公路安全保护条例》实施之前，人们对公路的法律认定认识上有歧义，因此《公路安全保护条例》第十二条规定：新建、改建公路的建筑控制区的范围，应当自公路初步设计批准之日起30日内，由公路沿线县级以上地方人民政府依照本条例划定并公告。

建筑，一般是指主要供人们进行生产、生活或其他活动的房屋和场所，如工业建筑、农业建筑、民用建筑等。构筑物，是指人们一般不直接在内进行生产和生活活动的建筑物，如水沟、水渠等，这些皆称为工程设施。从建筑物的结构、使用时间、使用性质等可分为永久性建筑和临时性建筑。永久性建筑是指采用耐久性建筑材料构筑、使用期两年以上的建筑物。耐久性建筑材料主要是指钢、钢筋混凝土、砖等，临时性建筑指的是采用非耐久性建筑材料构筑或使用期两年以下的建筑物。建筑材料采用竹片、木杆、土坯、稻草，或用砖石干砌、一层以下无永久性基础的简易建筑物，隔离栅、透景及半透景围墙，以及可拆卸的铁皮建筑物等，一般可视为临时性建筑。

公路建筑区是指公路两侧规定范围内禁止修建永久性建筑的限界，这个限界应以建筑物的滴水为准。日本《道路法》和《高速汽车国道法》分别称公路建筑控制区为“道路预留区域”和“特别沿道区域”。建筑控制区范围的大小随公路技术等级的高低而不同。我国《公路安全保护条例》规定，建筑控制区的范围从公路用地外缘向外的距离标准为：国道不少于20m；省道不少于15m；县道不少于10m；乡道不少于5m。属于高速公路的，公路建筑控制区的范围从公路用地外缘起向外的距离标准不少于30m。公路弯道内侧、互通立交以及平面交叉道口的建筑控制区范围根据安全视距等要求确定。

值得探讨的是，对于公路两侧建筑控制区范围的划分标准各种观点比较多，归纳起来，主要有以下四种：

（1）行政等级论。这种意见认为，公路两侧建筑控制区范围应根据公路行政等级的不同而不同，行政等级越高，控制区的范围也越大。因为公路行政等级越高，其在国民经济、国防和人民生活中的地位越高，拓宽的可能性也越大，所以，红线控制区域应大一些。这种划分方法有利于保证国道等主干道的使用质量，充分发挥它们的使用效益，尤其是对于技术等级较低的国、省道公路的拓宽改造具有积极意义；同时，还有利于同一行政等级公路在不同技术等级区段控制距离的一致性和稳定性。其不足之处在于，会出现具体执法比较困难，对于因技术等级较高无再拓宽可能性的公路，有否必要再控制这么宽；而对于经济较发达地区的县乡公路的拓宽改造，会增加政策处理的难度和拆迁费用。

（2）技术等级论。这种意见认为，建筑控制区范围应根据技术等级的高低来确定，技术等级越高，红线范围越窄。因为技术等级较高的公路，尤其是高速公路和汽车专用公路，今后拓宽的可能性均不大，而技术等级较低的公路，尤其是行政等级高技术等级低的公路，其拓宽的可能性较大。这种方法的优点在于对控制区范围比较有效，尤其是行政等级高而技术等级低的公路拓宽，留有较大余地。其缺点是不能体现公路主干道控制红线的意义。

（3）行政等级与技术等级结合论。这种意见认为，公路两侧建筑控制区范围应根据同一公路的行政等级与技术等级相结合的方法，对于同一公路行政等级高而技术等级低的，建筑控制区范围要宽；行政等级低而技术等级高的公路，建筑控制区范围应适中；行政等级和技术等级均较低或较高的，建筑控制区的范围可小一些。理由是在一定条件下，公路技术等级越高，其拓宽的可能性越小；公路行政等级越高，在大多数情况下，其技术等级也较高。这种划分方法比较科学，但划分太复杂，在执行时，较难操作。

（4）中心线论。这种意见认为，公路建筑控制区范围以行政等级公路中心线为基准向两侧延伸一定范围。这种划分方法便于准确丈量建筑控制区范围，尤其是边沟田路不清等情况，而且在整条公路线上，建筑控制区不会因公路的宽窄而凹凸不平。这种方法的缺点在于，对行政等级低而技术等级高的公路，会出现建筑控制区范围过窄的矛盾，而且对于同一行政等级公路、不同技术等级的区段，会出现建筑控制区范围宽窄不一致，不利于执法的统一性。

第二节　建筑控制区管理的必要性

近年来，随着城乡经济的发展，第三产业和个体经济发展迅速。“大路大富，小路小富，无路不富，高速公路快富”的观念深入人心。许多人在“要想富，紧靠路”思想支配下，在公路两侧建筑控制区内修建住宅、饭店、旅社、商店、工厂、仓库、停车场、加油站、修理厂等，而且此风愈演愈烈，尤其是位于城乡结合部的公路两侧，这种情况更为严重，有些路段已呈街道化态势。

公路两侧建筑控制区管理，牵涉面广，制约因素多，是路政管理工作的一大难题，在某种程度上已成了社会问题。

一、影响建筑控制区的危害性

（1）严重影响公路的使用质量。公路是国民经济赖以发展的基础设施，公路交通对经济和社会发展影响较大，而公路效益的发挥又依赖于路政管理工作的好坏。公路两侧设摊开店，影响行车视线和行车速度，常常发生交通阻塞而成了卡脖子地段。汽车的行驶速度也大大降低，远不能达到该公路等级所要求的设计车速，公路也不能达到同等级公路的技术要求。通俗地说，就是会出现一级公路当二级公路用，二级公路当三级公路用的降级恶果，严重影响公路效益的充分发挥。

（2）严重阻碍公路的进一步扩建和改建，增加国家对公路建设的投资。随着经济的发展和社会的进步，社会各部门和人民群众对公路的需求越来越大，国家对公路建设投资比例也会日益增多，但远远不能满足新建公路的需要，只能在原有公路基础上进行扩建和改建，这就是国家控制公路两侧建筑控制区内建筑的立足点之一。如果不对公路两侧建筑控制区进行有效控制，势必会造成大量建筑物拥向公路两侧，严重影响公路的进一步扩建和局部路段的改建；增加扩建时因迁移房屋等要花费的大笔资金；还会增加政策处理的难度，影响扩建改建工程的顺利进行。

（3）严重妨碍路政管理工作的有效开展　公路两侧建筑控制区范围内的违法建筑的查处工作，难度大、牵涉面广、制约因素多，是整个路政管理工作的重点和难点。如果缺乏对公路两侧建筑控制区的有效控制，也就不可能从根本上杜绝违法建筑的产生。而对既成事实的违法建筑再拆除，不仅牵涉大量的人力物力，而且往往阻力重重。有的单位和个人甚至会胡搅蛮缠，围攻殴打路政管理人员，严重影响路政管理工作的正常开展。

（4）增加养护工作量和难度。公路两侧的建筑，绝大多数与公路接坡，有的接坡阻塞了公路边沟，影响公路排水，导致公路损坏，同时，由于在公路两侧建房，势必会出现在公路上乱堆物料等，增加养护工作量和难度。

（5）影响路容路貌。在公路两侧开店、设厂，各种乱七八糟的招牌和五花八门的广告，使公路成了集市贸易的场所，影响公路的整洁。

（6）威胁行车安全。紧靠公路两侧建房、开店、设厂，影响驾驶员的行车视线，妨碍车辆通行，增加了发生交通事故的可能性。

二、造成上述危害的原因

（1）没有处理好发展商品经济和加强路政管理的正确关系，缺乏全局思想，是导致违法建筑蔓延的根本原因。随着经济社会的发展，第三产业发展迅速，三资企业大幅度增长，公路沿线经济开发区已成为新的热点。由于缺乏全局思想，对加强路政管理和发展经济的辩证关系认识不清，片面强调地方利益而忽视了公路的社会效益和整体经济利益，行政干预明显，以致违法建筑林立，街道化态势严重，从而恶化公路环境，制约公路社会效益的充分发挥，影响投资环境，导致社会整体经济效益下降。

（2）公路沿线建设审批管理体制混乱，有关部门各行其是，缺乏有效管理，是造成违法建筑蔓延的主要原因。公路沿线建设，涉及国土、城建、城市规划、公路路政、公安交通等管理部门和乡镇政府，当前各地在执行《公路安全保护条例》及其他法律法规时，一些管理部门各行其是，互不协调。相当多的乡镇政府各自为政，越权审批，而对公路两侧建筑控制区担任管理任务的路政管理机构却无法管理，致使对公路两侧违法建筑的预防能力大大降低，这是造成公路两侧建筑控制区违法建筑蔓延、管理失控的主要原因。

（3）路政管理机构缺乏强有力的调控手段、缺乏超前管理，是导致违法建筑蔓延的重要原因。由于公路两侧建筑控制区范围内的土地所有权、使用权和管理权的分离，以及路政管理法规所赋予的权力有限，对违法建筑的宏观调控手段较弱，尤其是行政干预下产生的违法建筑。公路管理机构也未能把投资立项、经费等权力与路政管理结合起来，导致宏观调控手段弱化。

（4）法制观念淡薄，缺乏护路意识是导致违法建筑蔓延的一个因素。“靠路吃路”被看作一条十分有利的致富门路，加上小农经济意识的影响和公路法制观念淡薄，公路沿线一些居民纷纷将住宅改建为商店、饭店、旅社、停车场、修理铺等。有的地方还以支持第三产业为由，以借用土地的方式，批准兴建了众多的“临时建筑”作为经营场所。在经济较为发达的农村，农民收入普遍较高，农民住宅建设大幅度增加，由于实行土地承包责任制，宅基地调整极为困难，因而公路沿线的许多农民，千方百计把房屋迁至公路两侧开店经商。

第三节　公路建筑控制区的管理措施

为防止公路沿线的建筑向公路紧靠和延伸，避免出现公路街道化现象，充分发挥公路的社会经济效益，努力为经济建设服务，必须加强对公路两侧建筑控制区的控制和预防，强化管理措施。

一、加快立法步伐，加大调整范围

现行的路政管理法规对公路两侧建筑控制区的调整范围有限，力度不足，如对汽车专用公路、公路复线，以及公路与城镇规划，各种开发区等的调整，对违法建筑的拆除，不听劝阻违建部分的处置等均不完善。因此，必须加快立法步伐，加大调整范围，为行政执法提供依据。如编制城市、村庄集镇规划，审批建设项目，办理土地征用等必须符合行政管理法律法规的要求；在公路沿线扩建、新建城（村）镇，建造集市贸易区、开发区、商业区，应选在公路一侧某一路段进行，单向垂直与公路连接并修铺道，并规定与公路的距离（应大于《公路安全保护条例》第十一条规定的距离）；沿公路已经形成的集镇，不得再沿公路发展，公路已绕过集镇的，不得再沿路建房；新建或改建的公路复线，其两侧建筑控制区范围与原公路行政等级相同等。

二、树立超前意识，加强源头管理

（1）把好审批关，建立与国土、城建、工商以及沿线乡（镇）的联合审批制度，克服有关部门互不协调、各行其道的弊端，把好审批关，对不符合法律、法规、规章制度的，必须坚决予以纠正。

（2）建立乡（镇）协调网络，落实责任制。为把管理的触角伸到沿线乡（镇），发挥乡（镇）行政管理的积极性和责任感，可聘请沿线乡（镇）国土管理员、城市规划员等为路政协管员；并通过县（市）政府与沿线乡（镇）政府签订红线控制责任书，事后由行政部门予以检查考核，根据责任书确定的目标任务的完成情况，可给予一定的物质奖励，以杜绝违法建筑的产生。

（3）提前介入。一方面，我们要适应市场经济的新形式，努力争取各级政府的支持，参与经济技术开发区的规划，提前介入，把经济技术开发区的规划与公路建筑控制区有机结合起来，妥善解决公路建筑控制区与规划之间的矛盾。另一方面，我们要通过公路规划或计划提前掌握辖区内公路改造后的新走向，在公路布线、施工开始时就进行控制，避免“公路造到哪里，房子就建到哪里”的被动局面。

（4）加强巡查。加强巡逻检查，是发现和纠正公路两侧建筑控制区内违法建筑产生和蔓延的有效方法，也是加强公路两侧建筑控制区管理的根本保证。这是因为，公路沿线的农民住宅、小型饭店、旅馆等建筑物，建造速度较快，少则几天，多的也不过几十天，如果不加强现场巡逻检查，对于那些未经审批任意建房的行为，不能及时发现，更无法有效制止和纠正。因此，要及时发现和纠正违法行为，必须加强源头管理和现场跟踪管理，把违法建筑制止于萌芽之中。

三、运用行政和经济手段，加强宏观调控

行政手段和经济手段是路政管理的重要手段和方法。公路两侧建筑区的管理控制工作涉及面广，利害关系多，公路管理机构要充分运用计划和资金调控权，发挥经济杠杆的作用。加强宏观调控，以实行公路投资与路政管理挂钩，对于路政管理搞得好、建筑控制区符合规定的县、市，予以优先立项和优先落实建设资金；对那些只要资金搞建设，不搞建筑控制的地方，不给公路建设项目和资金。这是加强建筑控制区管理的有效手段，也是克服“重建轻管、重养轻管”的有效途径。

四、注意政策界限，加大查处力度

注意政策界限的关键是要正确认定违法建筑。如果是先有公路或公路先拓宽、后营造建筑的，属于违法建筑；在公路两侧建筑红线内符合当时规定的老旧房子，在原有基础上改建、重建、扩建的，也属于违法建筑。对于认定的违法建筑，应依法拆除。对于在公路建筑控制区划定前已经合法修建的建筑，应根据经济发展、公路建设及交通安全需要，制订计划分批予以拆除。当前应首先拆除严重影响公路交通，危及行车安全的建筑物。拆除此类建筑物，公路管理机构可按照规定给予适当补偿。

【本章小结】

本章介绍了公路建筑控制区的一般理论，分析了违法建筑产生的原因，建筑控制区管理的必要性以及加强公路建筑控制区管理的措施。

【案例分析】

2015年12月，某公路局路政大队在日常巡查路况时，发现有人在国道207线×××km+800m处右侧公路建筑控制区内兴建房屋。经现场调查、勘验，此建筑物为村民张×所建，是拆除20世纪80年代初修建的土砖房后再准备在原地址新建，拟建成后做居住房使用。该建筑无任何修建审批手续，该建筑长15m，宽10m，砖混结构，整个房屋靠路侧的边缘与公路外沟外缘平行，房屋距公路水沟外缘只有12m。

处理结果：张×在原地址修建的地面建筑物属违法建筑，当事人应立即停工并对已建成的部分进行自行拆除。如逾期未拆除的，公路局将组织力量强制进行拆除，有关费用由当事人承担。如需对老房子进行改造，房屋选址必须从公路用地外缘起向外的距离不得少于20m处修建。

公路建筑控制区是公路两侧对建筑物和构筑物建设进行控制管理以保障出行安全和公路畅通的区域。1987年10月13日国务院发布的《公路管理条例》规定：“在公路两侧修建永久性工程设施，其建筑物边缘与公路边沟外缘的间距为：国道不少于20m，省道不少于15m，县道不少于10m，乡道不少于5m。”这是在行政法规层面关于公路建筑控制区管理的最早规定。1998年1月1日施行的《公路法》，正式引入公路建筑控制区的概念，并从划定规则、距离范围、管理要求等方面对建筑控制区做出具体规定。

1998年颁布的《公路法》第五十六条规定，除公路防护、养护需要的以外，禁止在公路两侧的建筑控制区内修建建筑物和地面构筑物。由于《公路法》第五十六条并不具有溯及力，因此，对于《公路法》生效前建筑控制区内已有的临时建筑物和建筑控制区划定前已有的建筑物，不宜在《公路法》生效后强行拆移，应当允许其按照批准时的时间要求保留，超过时间要求后，应当拆迁。2011年实施的《公路安全保护条例》第十三条也明确规定，公路建筑控制区划定前已经合法修建的建筑物不得扩建。

在本案中，张×于20世纪80年代初修建的土砖房，是在《公路法》生效前就已有的建筑物，因此不属于违法建筑，应当予以保留。但2015年12月，张×将原房屋拆除后新建房屋，修建标准应当适用新的法律条款。国务院《公路安全保护条例》自2011年7月1日起施行。根据该《条例》第十一条之规定，公路建筑控制区的范围，从公路用地外缘起向外的距离标准为国道不少于20m。同时，根据该《条例》第十三条之规定，公路建筑控制区划定前已经合法修建的建筑物不得扩建。因此，如需对老房子进行改造，应退到国道用地外缘20m以外。

（案例来源：鼎城公路信息网）

【练习题】

一、单项选择题

1. 新建、改建的公路两侧建筑控制区范围自公路建设项目开工建设之日起（　　）日内，由公路沿线县级以上人民政府按规定划定。

A. 10　　B. 15　　C. 20　　D. 30

2. 公路建筑控制区范围从（　　）起算。

A. 公路用地外缘　　B. 公路边沟外缘

C. 公路路肩外缘　　D. 公路边线外缘

3. 根据《公路安全保护条例》规定，新建学校与公路建筑控制区边界外缘的距离应当符合：县道、乡道不少于（　　）m。

A. 30　　B. 10　　C. 20　　D. 15

二、简答题

1. 建筑控制区的作用是什么?

2. 为什么要加强对建筑控制区的管理?

3. 建筑控制区的管理措施有哪些?

三、案例分析题

某村“五保户”王大爷的祖屋在高速公路一侧距公路边沟外缘仅25m。2012年，其住房因遭暴雨袭击全部垮塌，当地政府给予他5万元的建房补助款。2013年年初，王大爷到乡土管所办理土地许可手续后，请人在原宅基上开始施工建房。路政人员巡逻发现后，及时予以制止。

问:

1. 王大爷在其原宅基地上新建房屋，是否需要路政部门审批?（　　）

A. 需要　　B. 不需要

2. 如果王大爷提前向路政部门提出建房申请，根据有关法律法规规定，路政部门能否批准?（　　）

A. 不能　　B. 可以

C. 收费后予以许可　　D. 特殊照顾予以批准

3. 依照有关法规和规章，王大爷的损失应由谁承担?（　　）

A. 乡国土所　　B. 乡政府

C. 路政部门　　D. 自行负责

第五章

Chapter 5

超限运输管理

【学习目标】

1. 理解超限运输的含义。
2. 掌握超限与超载的区别和联系。
3. 熟悉超限运输的申请及审批程序。
4. 掌握超限运输管理的主要内容。

第一节 概 述

一、超限运输的含义

所谓超限运输，根据《超限车辆行驶公路管理规定》，有下列情形之一的运输车辆即为超限运输车辆：

（1）车货总高度从地面算起4m以上（集装箱车货总高度从地面算起4.2m以上）。

（2）车货总长18m以上。

（3）车货总宽度2.5m以上。

（4）单车、半挂列车、全挂列车车货总质量40 000kg以上；集装箱半挂列车车货总质量46 000kg以上。

（5）车辆轴载质量在下列规定值以上：

单轴（每侧单轮胎）载质量6 000kg。

单轴（每侧双轮胎）载质量10 000kg。

双联轴（每侧单轮胎）载质量10 000kg。

双联轴（每侧各一单轮胎、双轮胎）载质量14 000kg。

双联轴（每侧双轮胎）载质量18 000kg。

三联轴（每侧单轮胎）载质量12 000kg。

三联轴（每侧双轮胎）载质量22 000kg。

全国统一治理超限超载期间，认定车辆超限超载的标准：二轴车辆，其车货总重超过20t的；三轴车辆，其车货总重超过30t的；四轴车辆，其车货总重超过40t的；五轴车辆，其车货总重超过50t的；六轴及六轴以上车辆，其车货总重超过55t的；虽未超过上述五种，但车辆装载质量超过行驶证核定质量的。

考虑到技术标准的差别和测量误差，实践中可将标准放宽5%，即超限率在5%以内的可以不予处罚。

二、车辆超限与超载的区别

根据《道路交通安全法》里的规定，可以将超载理解为：车辆装载质量超过行驶证上核定的载质量，即车辆超载。而根据《公路法》的规定，车辆超限运输是指运输车辆在公路上行驶时，其轴载质量、车货总质量及装载的长、宽、高等尺寸指数超过国家规定的公路允许限值标准。

两者的主要区别在于以下几点。

1. 法源和法律依据不同

超载源于《道路交通安全法》第四十八条的规定："机动车载物应当符合核定的载质量，严禁超载。"而超限源于《公路法》第四十九、五十条的规定。

2. 依据的技术参数标准不同

判定车辆是否超载的技术参数标准是由车辆出厂时的安全装载能力确定；而判定车辆是否超限的技术参数是以公路的设计承受能力为标准确定。

3. 客体对象不同

超载既有货物超载，也有客运超载；超限只存在货物运输中。

4. 执法主体不同

根据《道路交通安全法》《公路法》的相关规定，超载的执法主体是公安机关；超限的执法主体是公路管理机构。

5. 法律责任不同

《道路交通安全法》第九十二条第二款规定：“货运机动车超过核定载质量的，处200元以上500元以下罚款；超过核定载质量30%或者违反规定载客的，处500元以上2 000元以下罚款。”因此超载只需承担行政责任。超限的法律责任是3万元以下罚款，造成公路损害的，同时承担民事赔偿责任。所以超限需承担行政和民事法律上的双重责任。

6. 危害的对象不同

超载危害的是车辆和道路交通安全；而超限危害的是公路安全。

7. 目的不同

限制超载是为了人身和财产安全；而治理超限是为了维护公路的正常使用而不被损害。

三、超限运输的危害性

（1）超限运输严重破坏公路及公路桥梁的设计使用寿命。根据《公路工程技术标准》的规定，我国公路路面的设计荷载为单轴双轮荷载100kN，公路若按这个荷载承载，在理论上，公路的使用寿命接近设计年限。但若车辆作用于路面的实际荷载超过路面的设计荷载，那么公路的使用寿命将大大缩短。根据《公路沥青路面设计规范》和《公路水泥路面设计规范》进行理论计算，将车辆实际轴载换算为标准轴载，当车辆轴载质量超过标准轴载质量一倍时，车辆行驶沥青路面一次相当于标准车辆行驶256次；车辆行驶水泥路面一次相当于标准车辆行驶65 536次，可见，超限运输车辆对路面的损坏是呈几何级数增加的。研究的结果和实践也表明，轴载的超限会使水泥路面的使用年限缩短40%左右，沥青路面缩短20%～30%左右。

据科学估算，同样一条公路，超限车辆行驶一次对地面造成的损坏是非超限车辆的30倍。如果一条公路的设计使用寿命为15年，在超限运输增加后，也许3～5年它的使用期限就到了，可见超限对公路、桥梁破坏非常大。

（2）超限运输破坏运输市场秩序。由于运输市场运力供大于求，竞争激烈。承运者为争揽货源，竞相降低运输价格，使社会必要运输价格低于正常运价水平。为了弥补降价造成的经济损失，车主采用多装和逃避交通规费的办法获得补偿，使运力过剩的矛盾更加突出，拉不到货的车主则以更低的运价争揽货源，又以更多的超载来减少亏损。于是陷入一个“超载——运力过剩——压价——再超载”的循环往复、越演越烈的怪圈，出现了运价低于成本等不符合市场经济规律的现象。同时，因为竞相超限运输，部分汽车制造厂家被利益驱动，迎合市场，非法生产“大吨小标”汽车和非法进行汽车改装，使超限运输呈规模化，进一步加剧超限运输，在一定程度上又增加了运输市场的无序竞争。

（3）超限运输危及行车安全。每一部货运车辆出厂时，车辆的技术性能都是依该车具体的核定吨位而定。当车辆超限时，车辆的技术状况及安全性能大大降低，车辆的行驶稳定性、制动性能、悬挂承荷能力、转向可靠度极差（有些可能将为零），极易引发交通安全事故。另一方面，汽车长时间超负荷工作，磨损加剧，车辆使用寿命大大缩短。

第二节　超限运输车辆行驶公路的审批

适当发展大吨位重型汽车，对于提高公路运输经济效益是无可非议的，应该予以支持。但是，如果超越我国的经济能力和公路基础设施的实际技术状况，盲目提高轴载质量，片面追求汽车运输的经济效益，势必会导致社会经济效益失衡。因此，对大吨位重型汽车行驶公路的管理，就显得十分必要。

超限运输车辆行驶公路的审批，可按下列程序办理。

一、提出申请

超限运输车辆行驶公路前，必须由超限运输单位先向有权颁发“超限运输车辆通行证”的机关提出申请。国家规定承运单位必须向省级路政管理机构提出申请，也有的省（自治区、直辖市）是由市（地）路政管理机构负责审核，超限运输承运单位在向有权机构提出申请时，必须提供以下资料和证件：

货物的品名、重量、外形尺寸及必要的总体轮廓图（军用品除外）；运输车辆的厂牌型号、自重、轴重、轴距、轮数、轮胎单位压力、载货时总的外形尺寸等有关资料；货物运输的起讫点，所经过的路线和运输时间；车辆行驶证；养路费、车辆购置附加费等公路规费缴讫证件；车辆侧面全景照片；车辆的单位运价或总运费的凭证。

承运单位提出申请时，必须填写“超限运输行驶公路申请单”。

二、审查申请

路政管理机构接到承运单位的申请后应予审查。审查的内容包括三个方面：

（1）掌握超限运输车辆的基本情况。主要是指超限运输车辆的厂牌、型号、自重、载重、车货总重、外形尺寸、轮数、轴距、轴载质量的分配情况，车头和挂车的组成情况，以及速度、制动、调节等有关技术性能。

（2）掌握运输货物的基本情况。例如货物的名称、体积等。如是装载锅炉等设备，应进一步了解该设备的技术参数等情况，这方面的资料由承运单位和运输设备的厂矿提供。

（3）掌握超限运输车辆所经路线的公路、桥梁的基本技术状况。这些基本状况，可以从两方面考虑：一是原始资料，指桥梁的基本几何尺寸、设计荷载、修建历史等；二是使用情况，主要是指桥梁建成后历年来的养护维修情况及现有结构的完整程度。这两方面的资料，可以从技术档案和现场调查获得。

三、选定运输路线

路政管理机构经审查后，应尽可能为超限运输车辆行驶公路创造条件。各级路政管理机构应组织有关人员进行勘测，选定运输线路，验算桥路的承载能力，制定通过方案，并与承运单位签订运输协议，对运输线路、桥梁采取必要的加固或改建措施。

线路的确定原则：

（1）有经批准的正式设计文件，施工质量良好，使用时间不长的公路，可直接使用设计荷载，当运输车辆的轴载质量超过规定限值，而未超过公路和公路构造物计算荷载的轴载质量时，可以允许通过。

（2）无设计资料的公路，可根据实际跨径和断面尺寸，比照有关标准慎重确定。

（3）通过验算确定方案。

（4）按各级设计荷载标准设计的桥梁，当桥梁技术状况属于三类时，必须经加固或大修后，方能允许通过相当于该级设计荷载标准的超限运输车辆；当桥梁技术状况属于四类时，必须经过改建方能允许通过与该桥设计荷载相应的超限运输车辆。

（5）超限运输车辆只能在三级以上（含三级）公路上进行，低于三级公路技术标准的路段，一般不得进行超限运输。

四、核发超限运输车辆通行证

路政管理机构批准超限运输车辆行驶公路时，应签发“超限运输车辆通行证”。通行证由省级路政管理机构统一印制。其内容应包括：承运单位、车牌号、载重、货总重、尺寸、所经过路线、通行时间及轴重等基本情况。

承运单位必须持通行证在路政管理机构批准的路线和时间内进行运输。冶金、机械、电力、石油、化工等部门建厂选址应充分考虑桥梁、道路的承载能力和条件，提前一两年与交通运输部或省级公路主管部门联系，以便有足够的时间采取有效的公路技术改造及运输安全措施。

为方便用户，加强服务与管理，对于大件运输（如集装箱运输）专业单位，路政管理机构可以与承运单位签订合同。

第三节 超限运输车辆行驶公路现场管理

超限运输车辆行驶公路现场管理，是路政管理工作的重要内容之一，也是路政管理机构及路政管理人员的工作职责。加强对超限运输车辆行驶公路的现场管理，加强检查督促，是有效管理超限运输车辆行驶公路的根本保证，现场管理的目的在于防止和纠正承运单位及其驾驶员的违法行为，保障路政管理法的顺利执行，规范管理相对人在法规、规章允许的范围内活动。

超限运输车辆行驶公路现场管理的主要内容，包括以下几个方面。

一、判别是否超限运输车辆

公路警察、路政管理员在公路上巡查时，对于迎面驶来的车辆，如何判断它是超限车辆，实际工作中，可以从以下几个方面考虑：

（1）从车型判断。有可能成为超限车辆的国产车种类有：黄河、汉阳、上海、交通、北京、红岩等，进口车种类有三菱、日野、奔驰、五十铃等。

（2）从车辆外形判断。超限运输车辆的结构形式有集装箱车、平板半挂车、自卸车、汽车起重机、汽车列车等。

（3）从轴数判断。有可能成为超限运输的轴数一般为3轴以上。

二、检查两证一单

“两证一单”是指行驶证、超限运输通行证和货物运单。检查内容有：检查有没有超限运输通行证，如果有通行证，再检查通行证是否按规定格式填写，有否空白；检查通行证中规定的行驶路线是否与实际行驶路线相符；检查通行证中填写的时间有否超过规定期限；检查通行证承运单位是否与行驶证中的单位相同；检查通行证有否涂改；检查通行证中的货重是否与运单中的货重相符；检查通行证中填写的号牌是否与实际相符；检查超限运输车辆有否违反路政管理法及有关规定等。

三、监测轴重和总重

近几年来，国际上进行了大量的车辆实际称重，其目的是为了检查车辆的轴重和总重是否超过各国规定的容许限值。在实施过程中，也出现了一些问题，如有的驾驶员将不合法的超限车绕道行驶以避开监测站，有的是在深夜偷偷通过。面对这些问题，有些国家在所有的时间称重监测车辆的轴重和总重。采用的量测手段，世界各国进行了广泛的研究和试验，有用路面平台或桥梁作为称重的机构装置，有用电子仪器量测动态下的车辆轴重和总重，多数方法是切实可行的。

我国公路管理机构对超限运输车辆的管理和研究刚刚起步。在量测手段方面一直处于缺乏甚至空白状态。随着《超限运输车辆行驶公路管理规定》的实施，以及现场巡查管理的需要，应该进行相关的试验研究，必要时也可以从国外引进一些先进量测仪器，以适应对超限运输车辆管理的需要。

四、违反规定的处罚

为保证超限运输车辆行驶公路管理规定的实施，《公路法》《公路安全保护条例》等对违反超限运输规定的行为，都制定了必要的罚则。主要有以下几种：

（1）责令改正。

（2）补办手续。

（3）赔偿损失。

（4）罚款。

（5）吊销车辆营运证。

五、做好现场登记工作

路政管理员、公路警察在对超限运输车辆进行现场管理时，应把检查车辆、纠正违章、做出处理等情况进行记录，便于统计工作量，及时掌握超限运输车辆行驶公路管理动态，为采取管理措施和上级机关制定法规、规章和政策提供依据。现场登记的内容应包括时间、路段、车辆号牌、车辆类型、自重、载重、货重、车货外廓尺寸、超限状况、违法内容、处理情况等。

六、通行和加固措施

各级公路管理机构应尽可能地为超限运输车辆行驶公路创造条件，对运输线路和桥梁采取必要的加固措施，按各级设计荷载标准设计的桥梁的技术状况属于三类时，必须经加固或大修后，方能允许通过相当于该设计荷载标准的超限运输车辆，超限运输车辆通过措施和加固措施有：

（1）牵引过桥。当超限运输车过桥困难时，可以考虑将车头与挂车拆开，于桥头引道上放置车头，或另设卷扬机，将挂车牵引过桥。

（2）拆散超重设备。当桥梁采取多种措施，超重车都无法通过，或者加固的经济代价太大时，应尽量将超重设备拆散，以减轻重量。如果是变压器，可放掉大部分冷却油后过桥。

（3）严格限制多车过桥。超重车过桥时，一般要进行短时间的交通管制，严格限制其他车辆、行人同时通过，以减轻桥梁的负担。

（4）桥上严禁车辆变速、制动。要求做到低速（一般为5km/h）慢行，匀速通过，以减少对桥梁的冲击。

（5）居中行驶。靠桥梁边部位置行驶，是荷载横向分布的最不利位置。而靠中线行驶时，利用荷载横向分布，以避免个别位置、个别构件应力过大。

（6）加强桥梁上部构造强度。对于较小跨径的梁式桥或拱桥，于原桥面上另行搭设临时结构层（如钢梁、木梁等），部分或全部承担车辆的重量，将荷载直接传递给墩台，以减少原桥上部构造的受力，这是较简单的办法。此时，桥面加高后，应在桥头两端铺设跳板或其他垫层，调顺纵坡，保证超限车顺利通过。

（7）分散荷重。为减小跨中弯矩，可铺设临时桥面面层，将重轴荷重分布到跨中以外。临时桥面的支承点，应尽量布设远离跨中，以减少原梁上部结构的弯矩。

（8）减少原桥跨径。梁式桥在桥下加设排架，作业临时墩，以减少原桥跨径，提高桥梁承载能力。

（9）进行结构加固。桥梁的薄弱部位和构件的加固，要经过详细验算，根据需要分别采取补强或加设辅助支撑等措施，妥善地予以加固。

（10）加强下部构造的强度。采取上述措施时，受力状况有不同程度的改变，要予以认真对待：对墩台以及受弯的轻型构件，凡易引起倾覆、沉陷或其他破坏的，要注意全面、妥善地制订加固方案，避免造成意外事故；若为特殊结构，则应根据其特点，相应地制订加固方案。

路政管理机构为保障超限运输车辆安全通过，采取技术保护措施和修复损坏部分所发生的费用，应由承运单位承担，费用结算可采取预算包干或事后结算的方式。

【本章小结】

本章简要介绍了超限运输的含义，详细分析了超限与超载的区别和联系；阐述了超限运输的申请及审批程序；介绍了超限运输管理的主要内容。

【案例分析】

2015年×月×日，福建省永春县公路路政管理所路政员在路政巡查中，发现了一部涉嫌违法超限运输的车辆。路政员在出示证件表明身份后，依法要求承运人接受调查处理，但承运人却一直不协助执法人员的调查和检查工作，拒不驾驶车辆接受超限检测仪检测，且将车辆停放一边后，擅自离开现场。

近来一些超限运输车辆的车主认为，只要不经检测，公路管理者就无证据来索赔和进行处罚了。在此情况下，一位有驾驶证的路政员就驾驶该车辆进行检测，经检测，该车车货总重22.18t，其中第二轴（单轴每侧双轮胎）载重16.48t，轴载超限6.48t，据此，路政员就将该车停放在指定的地点，以进一步调查处理。事后，涉嫌超限运输的承运人李某，认为路政管理机构的行为侵犯了其合法的权益，进行了以下陈述和申辩：

1. 《福建省行政执法程序规定》第二十四条第一款第三项规定：现场勘验检查，应通知当事人或其代理人到场，当事人或其代理人拒不到场的，可邀请在场的其他人员一至二人见证。而路政所在其本人不在场，且未邀请在场的其他人员见证的情况下，所做的检测结果有失公正，应认定为无效行为。

2. 该车在前方已接受了另一路政所的超限检测仪检测，检测结果为该车辆并无超限，即当事人并无从事违法超限运输行为。现在的这台超限检测仪检测结果不准确，不能作为认定超限事实的证据。

3. 公路路政管理机构扣押其车辆，无法律、法规依据，属违法行政行为。

该路政所尊重当事人的陈述和申辩权利，充分听取当事人的意见后，对当事人提出的事实、理由和证据认真进行了复核。经复核认为，当事人提出的事实、理由和证据不能成立。理由有：

1. 《公路法》第七十条规定：交通主管部门、公路管理机构负有管理和保护公路的责任，有权检查、制止各种侵占、损坏公路、公路用地、公路附属设施及其他违法行为。根据《超限运输车辆行驶公路管理规定》第四条规定，超限运输管理工作由公路管理机构具体负责，所以路政管理机构具有对涉嫌违法超限运输行为调查、检查、处理等法定权利。

2. 《行政处罚法》第三十七条规定，行政机关在调查或者进行检查时，当事人应如实回答询问，并协助调查或检查，不得阻挠。因此，当事人李某具有接受调查、检查的义务和配合路政执法人员执行公务的法定义务。在李某不履行法定义务并擅自离开现场的情况下，路政人员依法对涉嫌超限运输的车辆进行检测，是依法行使职权的行为。

3. 当时在检测现场，有行使交通行政管理权的行政执法人员、公路管理机构的管理人员，还有一名武警战士见证。超限检测单上除有两名执法人员签名外，还有见证人签名作证。李某陈述，其在前方已接受了另一路政所的超限检测，当时检测结果为没超限，这不能说明其现在必然也没超限。因为，一方面，李某在接受前方检测后至又被检查的途中，不排除有再加装货物从事违法超限运输的可能；另一方面，通过检测仪的车速及是否走偏直接影响着检测精度，通过检测仪的要求是：居中并以每小时3至5km的速度匀速不停止通过。

4. 此次用于检测的超限检测仪具有合法的出厂合格证书，并于近日经泉州市技术监督局年检审合格，路政员王某驾驶该车通过检测时，正常地以每小时4km的速度匀速通过，符合检测仪检测精度要求，因此，该检测结果应为合法、有效。

5. 《公路法》第八十五第二款、《福建省公路路政管理条例》第二十三条规定，对公路造成损害的车辆，在接受公路管理机构的调查、处理后方得驶离。因此，公路管理机构将涉嫌违法超限运输的车辆停放在指定的地点，以进一步调查、处理是完全合法的。

该路政所遵循合法、客观、全面、及时的取证原则，又搜集到当事人的购物单等其他证据，与超限检测单构成了李某确有从事违法超限运输的证据。在事实和证据面前，李某供认了其在途中又加装了6t水泥，企图多挣点运费的事实。至此，一起违法超限运输案已事实清楚，证据确凿。公路管理机构依法做出了责令补偿公路路产损失的决定，交通主管部门相应做出适当数额罚款的行政处罚决定。违法承运人李某自愿支付了等价的路产补偿费后，又自愿履行了罚款处罚的法律义务。

（案例来源：福建省高速公路路政支队）

【练习题】

一、单项选择题

1. 在公路上行驶的车辆车货总长度不能超过（　　）m。

A. 15　　B. 16　　C. 17　　D. 18

2. 在公路上行驶的车辆车货总宽度不能超过（　　）m。

A. 2　　B. 2.5　　C. 2.8　　D. 3

3. 在公路上行驶的集装箱车辆车货总高度从地面算起不能超过（　　）m。

A. 3.5　　B. 4　　C. 4.2　　D. 4.5

4. 单车、半挂列车、全挂列车车货总质量40 000kg以上；集装箱半挂列车车货总质量（　　）kg以上为超限车辆。

A. 40 000　　B. 42 000　　C. 46 000　　D. 50 000

5. 对于车货总重在100 000kg（不含100 000kg）以上的超限运输，承运人应在起运之前（　　）提出书面申请。

A. 1个月　　B. 2个月　　C. 3个月　　D. 6个月

6. 四级公路、等外公路和技术状况低于（　　）的桥梁，不得进行超限运输。

A. 二类　　B. 三类　　C. 四类　　D. 五类

7. 违反《公路法》第四十九条规定，车辆在公路上擅自超限行驶的，处（　　）以下的罚款。

A. 10 000 元　　B. 20 000 元

C. 30 000 元　　D. 50 000 元

8. 《公路法》第四十九条规定：“在公路上行驶的车辆的轴载质量应当符合（　　）要求。”

A.《公路路线设计规范》　　B.《公路路基设计规范》

C.《公路工程技术标准》　　D.《公路路政管理规定（试行）》

二、多项选择题

1. 《超限运输车辆行驶公路管理规定》第七条规定：“承运人向公路管理机构申请超限运输车辆行驶公路时，除递交书面申请外，还应当提供（　　）。”

A. 货物名称、重量、外廓尺寸及必要的总体轮廓图

B. 运输车辆的厂牌型号、自载质量、轴距、轮数、轮胎单位压力、载货时总的外廓尺寸等有关资料

C. 货物运输的起讫点、拟经过的路线和运输时间

D. 车辆行驶证

2. 不属于超限运输车辆的是（　　）。

A. 装载货物超出车厢宽度 20cm 的“解放”牌微型货车

B. 车货总高 3.9m 的半挂货车

C. 车宽 5m 的未载货的特种挂车

D. 车厢里乘坐了 20 人的“解放”牌 5t 货车

3. 超限运输车辆通过桥梁时，应遵守（　　）规定行驶。

A. 时速不得超过 5km　　B. 匀速居中行驶

C. 严禁在桥上制动和变速　　D. 尽量缓慢行驶

三、思考题

1. 什么是超限运输?

2. 简要回答超限与超载的区别和联系。

3. 简要回答超限运输审批程序。

4. 超限运输管理的主要内容是什么?

四、案例分析题

1. 一辆特种起重车车高4.5m，在一级公路上行驶时被路政人员制止。驾驶员被告知，因其驾驶的车辆超过《超限运输车辆行驶公路管理规定》第3条限高4m的规定，要对其实施处罚，试分析路政人员所说处罚的理由是否成立。

2. 李某驾驶货车上路被路政人员检查，经检测，李某驾驶的货车总高4.5m。路政人员责令李某补办手续。李某说办手续太麻烦，他不想办。路政人员说不补办手续就罚款，李某问哪个花费少一些，路政人员回答办手续少一些，李某说那就办手续。接着李某交了钱，路

政人员开了收据，没有出具其他文书，告诉李某可以继续驾驶。试分析路政人员的做法是否合法，是否合理。

3．2011年7月19日0时许，34岁的张某驾驶一辆重型半挂牵引车运载砂石料，行驶至怀柔区宝山镇宝山寺白河桥上时，因车辆严重超载110余t致使该桥梁垮塌。北京市公安局怀柔分局交通支队认定，张某承担此次事故全部责任。怀柔区价格认证中心鉴定，被毁桥梁价值1 556万余元。

2012年7月，张某因犯交通肇事罪被怀柔区法院判处有期徒刑4年，并赔偿北京市交通委员会路政局怀柔公路分局经济损失1 556万余元，车主曹某父子负连带赔偿责任。

法院认为，张某违反交通运输管理法规驾驶车辆，发生重大事故，致使公私财产遭受重大损失，属情节特别恶劣，其行为已构成交通肇事罪。鉴于张某自愿认罪，依法对其可从轻处罚。另外，张某的犯罪行为给怀柔公路分局造成经济损失，应承担赔偿责任。张某受雇用，在履行曹某父子所交付的工作任务途中发生重大事故，造成严重损失，故对此事故所造成的经济损失，三人均应承担连带赔偿责任。

问题：

（1）案例中的张某及其雇主需赔偿路政部门1 556万余元有什么法律依据？

（2）结合案例谈谈超限运输有哪些危害？

第六章

Chapter 6

高速公路

【学习目标】

1. 了解高速公路的概念。
2. 掌握高速公路路政管理的特点。
3. 熟悉高速公路路政管理的内容。

第一节　概　　述

一、公路的分级

公路是国家的重要基础设施，公路发展水平是一个国家或地区经济发展水平与社会进步的一个重要标志。国家为加快公路事业的发展先后制定了一系列行之有效的方针政策，从各方面调动建设公路的积极性，使我国公路建设得到蓬勃的发展，形成以首都北京、各省市自治区所在地为中心，连接各地市州县的四通八达的公路交通网。

在中华人民共和国交通运输部2004年1月29日发布的《公路工程技术标准》（JTG B01—2003）中，根据功能和适应的交通量将公路分为高速公路、一级公路、二级公路、三级公路、四级公路五个等级。

其中，高速公路为专供汽车分向、分车道行驶并应全部控制出入的多车道公路。

四车道高速公路应能适应将各种汽车折合成小客车的年平均日交通量25 000～55 000辆。

六车道高速公路应能适应将各种汽车折合成小客车的年平均日交通量45 000～80 000辆。

八车道高速公路应能适应将各种汽车折合成小客车的年平均日交通量60 000～100 000辆。

车辆在高速公路上行驶，一般每小时为80～120km；对在特别困难地区修建的高速公路，行车速度允许为每小时60km。这在一般等级的普通公路上，一般情况下无法达到上述行驶速度。

1962年11月联合国欧洲经济委员会运输部在日内瓦召开会议，对高速公路做出如下定义：所谓高速公路，是利用分离的车行道往返行驶交通的道路。它的两个车行道用中央隔带分开；与其他任何铁路、公路不允许有平面交叉；禁止从路侧的任何地方直接进入公路；禁止汽车以外的任何交通工具出入。

二、高速公路的特征

（一）全部立体交叉，全部控制出入

高速公路实行的是一种封闭型管理，各种车辆只能在具有互通式立交的匝道进出。

所谓控制出入，有两个含义：

从狭义上讲，一是只准汽车在规定的一些交叉口进出高速公路，不准任何单位和个人将道路接入高速公路；二是除全定向的互通式立体交叉外，汽车进入或驶出高速公路时必须是向右转行驶，不许向左转出入（日本、英国等交通规则规定的是靠左行驶，正好相反）。也就是说，在高速公路上不允许有平面交叉存在。

从广义上讲：一是只准符合规定要求的汽车（车速、车高、轴重等符合要求）进入高速公路，其他车辆、行人和牲畜不允许进入；二是不准高速公路两侧有害气体或光线等进入高速公路，以免影响行车安全和正常运行。这两点讲的是“完全控制出入”，完全排除横向干扰。但在人烟稀少、横向干扰很小的地区、交通量也不大的路段，为减少投资而适当设置部分平面交叉，这就叫“部分控制出入”。

当然这些条件也不是绝对的，例如有些国家的高速公路考虑到战时需要，在一些路段不设中央分隔带，以便紧急时可充当飞机跑道用。我国沈大高速公路也有一段可以作为飞机跑道用。

（二）汽车专用，限速通行

高速公路不允许出现混合交通。对进入高速公路的车辆与车速有严格限制，避免了车辆混流。高速公路管理规定：凡非机动车辆或由于车速较低可能形成危险和妨碍交通的车辆（包括机动脚踏车、拖拉机以及装载特别货物的车辆等），都不得进入高速公路。为了防止车辆因车速差别过大，在同方向行驶时发生超车次数增加，为此高速公路划分有行车道与超车道、快车道与慢车道，并对各类车辆在不同车道上的速度加以限制。一般规定时速低于60km的车辆不得上路，最高时速不宜超过120km。在遇有各种不利气象，如雪、风、雾，以及灾害和事故时，行车应严格按有关交通管理机构的可变信息标志或限速标志的指示行驶。

（三）设中央分隔带，分道行驶

高速公路的分隔行驶采取了以下做法：一是在路面中央设分隔带，实行车道分离、渠化，从而隔绝相向对流行驶车辆接触、相撞；二是对于同向行驶车辆至少设两个以上的车道，并用画线方式将车道分为主车道和超车道，或快车道和慢车道，以减少由于车速差发生超车时带来的干扰。同时，在一些特殊路段设置爬坡车道（爬坡车道是指单向仅一个车道的坡段）、加（减）速车道、集散道路辅助车道，使一些车辆在局部路段分离。有调查资料表明，有分隔带的四车道公路要比无隔离带的公路事故率降低45%～65%。

（四）技术标准高

高速公路在路基、纵、横、平、路面、桥梁等人工构造物方面的技术标准都比较高，同时还尽可能地避免了长直线形路段，采用大半径曲线形，根据地形以圆曲线或缓和曲线为主，增加了路线美感，更有利于行车舒适安全。

（五）有完善的交通设施与服务设施

为了满足现代化管理和旅客、驾驶员、乘务人员在车辆运行中的生理和营运活动需要，高速公路具有较完善的车辆检验维修、车辆添加、救助、食宿、休息、娱乐、信息传递等综合服务设施系统，为车辆高速运行提供了技术上、物资供应上的保证条件，使道路不仅具备了运输人与物的功能，而且成为一个能源、信息传递的多功能载体，真正起到了交通运输大动脉的作用。

三、高速公路行车的特性

（一）交通流量大

原有的一般公路已不适应发展了的汽车运输量需要，兴建高速公路，它能承担高于一般公路几倍的交通量。

（二）行车时速高

高速公路设计行车时速，比一般公路要高二至四倍，高速公路设计时速80～120km，而普通公路只有40～60km。时速低于60km的车辆不能进入高速公路。

（三）经济效益高

由于高速公路缩短运输时间，减少燃料消耗、机械磨损，延长车辆使用寿命，降低运输成本。以目前我国公路运输成本和汽车耗油水平计算，年运量1 500t，行驶100km高速公路，每年即可节省运费7 500万元、汽柴油2 100t。如果汽车运输向大型化、拖挂化、集装箱化方向发展，大吨位的汽车增加，效益还将增大。

鉴于此，高速公路的路政管理的任务上就比一般公路艰巨得多。这是因为：全封闭的高速公路在横向交通上（尤其是农用路、排灌渠道方面）给沿线群众带来诸多不便，客观上造成了农村个人、集体与国家利益之间的矛盾，加之群众对高速公路缺乏理解，在路政管理中这种矛盾表现得相当突出，如损坏封闭的铁丝网、行人上路、沿铁丝网设点加汽补胎、堆集障碍物等现象。其次是高速公路上的设施价值比一般公路都较高，路产赔偿费相应也高，执行起来困难就多一些。

第二节　高速公路路政管理

一、高速公路路政管理概述

高速公路的路政管理就其一般属性而言与一般公路是相同的，因其采用全封闭、全立交、渠化通行、控制出入的管理方式，其违法占压及毁盗设施等现象随社会文明程度的提高及通行时间的增长逐步减少。但随之增加的却是安全设施的损坏与破坏，故障车辆的牵引拖带，事故现场的救援施工作业及恶劣气象条件下的交通管制、环保监督等一系列较新的内容。于是便带来了高速公路与一般公路在路政管理观念、管理手段、管理方法上的诸多不同，概括起来有以下三个方面。

（一）高速公路路政管理的职责向多元化拓展

高速公路的路政管理除要保证路产设施完整、维护路权不受侵犯外，还应包括行车秩序，提供路面信息，清理排除路上障碍，参与抢险救护，以及养护维修时提供安全疏导服务等其他管理功能。也就是说高速公路路政管理的客体已更多地转移到高速公路的使用者身上，从而拓展了路政管理的外延。只有这样才能充分发挥高速公路路政管理的职能，真正体现高速公路的经济效益与社会效益。

（二）高速公路路政管理的重点由监管向服务转移

高速公路运营管理的目的是最大限度地吸引车流，向过往车主提供优质的服务。这种服务与被服务关系是由收费公路所形成的管理者与使用者间的权利义务关系决定的。因此，向使用者提供及时的服务，提倡路政管理的服务意识也是高速公路路政管理的宗旨。路政管理水平的高低不仅直接影响着高速公路的通过能力，也决定着高速公路的声誉，在现代高速公路管理中具有举足轻重的作用。

（三）高速公路路政管理是一种全新的动态管理

一般公路的路政管理主要是对公路、公路用地、公路设施及活动在这些范围内的所有客体行为的静态管理。而高速公路的动态管理，是指路政工作在其职权范围内，要依据路上管理要素的变化实行昼夜不间断的全天候管理。

二、高速公路路政管理的特点

高速公路的路政管理作为一门专业化的行政管理，它除了具有普通行政管理的一般规律外，还具有社会性、政策性与复杂性、特定性特点，是一门相互联系的系统工程。

（一）社会性

交通是人类生存的基本条件之一。人类生存的基本方式是衣、食、住、行、用，而“行”即交通。交通运输业的社会存在决定了路政管理的社会性。人类生产和生活是离不开公路交通的。如果修了路不管路、不护路、不爱路，会使路不能使用、不能发挥效益，经济也没法搞活。作为国家或地区主要运输通道的高速公路，具有较强的社会公用性和开放性。因此，路政管理涉及各行各业，与广大人民群众、千家万户有着密切联系。另外公路线长、点多，连接城镇乡村，牵涉沿线工业、农业、邮电、通信、水利电力、国土、治安、工商、文教、卫生、环保等部门，路政管理必然要与这些部门进行联系，以求得这些部门支持配合，才能增强群众自觉遵守公路管理法规的意识，提高广大群众、驾乘人员的爱路护路意识。

（二）政策性

路政管理的政策性是由路政工作的法律强制作用所决定的。路政管理是代表国家履行公路管理职能的一种行政司法活动，是国家行政管理的一部分。路政管理法规，从公路行政管理、社会生活及国民经济发展需要的全局出发，依照有关方面的法律关系、行为规范、法律责任等，对保障路产路权、侵害公路权益做了明确规定，是人和车在路上的行为规范标准，是体现国家意志和具有普遍意义的行为规范准则，它的实施得到国家机器强制力的保证。路政管理活动直接影响一些机构和一部分人的权益，有时还有直接的经济利益关系，所以具有极强的政策性。

（三）复杂性

路政管理工作涉及法律、法规、管理体制、管理机构等诸多方面。其管理内容既互相联系、互相依赖，又互相制约、互相交叉。它们之间有相辅相成、千丝万缕的关系，且涉及面广、牵涉面大，既有内在的完整性，又有外部因素的客观性。路政管理中存在的应用、配合、协调处理工作中的问题是相当复杂的，尤其是路政管理工作的社会性，决定了这些工作要涉及许多单位、部门和各种问题。例如路政管理的方法和手段，取决于管理对象的性质，通过实施各种法律、法规、规章制度，需要处理所发生的各种关系。处理路政管理中的问题，不仅与其他领域的工作交织在一起，而且公路交通运输部门在管理过程中，路政管理还与其他管理并存，而其他管理又与路政管理不相同，它们之间也存在内部协调、平衡和配合问题，这就决定了路政管理工作的复杂性。

（四）特定性

除具有上述特点外，高速公路的路政管理还具有它的特定性。这是因为高速公路在规范、标准上具有更高的要求。特别是随着交通量的增加，超负荷承载的加重，给高速公路路权的维护带来一系列困难，因为大交通量的各种车辆对公路路产构成威胁，超限车和不合要求的机动车辆都会对路面造成破坏，从而降低道路的使用寿命。

高速公路是一个全封闭的系统，实行全面的多维管理和昼夜开放连续营运，管理的主要工作是在系统内，主要对象又是高速公路上的汽车流，因此高速公路路政管理是一种全天候、全方位、全区域的路上跟踪管理。这就决定了高速公路路政管理的方式具有它的特定性。

三、高速公路路政管理内容

高速公路路政管理，就其内容而言，与一般公路的路政管理的基本内容是一致的，主要内容是：保护路产、维护路权、保障交通安全畅通。但是，对于高速公路而言，上述路政管理内容又被赋予新的内涵和外延。

公路路政管理的主要内容如下。

（一）保护路产

路政管理基本内容是保护路产完好，以保障车辆安全畅通，按照《公路法》《公路安全保护条例》《路政管理规定》及相关法规，对于保护路产具体内容归纳如下；

（1）依法制止和查处非法占用、挖掘公路及毁坏和破坏公路路基、路面、桥梁、隧道、涵洞、排水设施、防护构造物、花草林木、苗圃等违法行为。

（2）依法制止和查处非法在大中型公路桥梁和渡口周围200m、公路隧道上方和洞口外100m以内，以及公路两侧一定距离内挖砂、采石、取土、倾倒废弃物等违法活动。

（3）依法禁止和查处危及公路、桥梁、隧道、渡口安全的爆破作业以及其他影响行车安全的活动。

（4）依法制止和查处损坏、擅自移动、涂改公路防护、排水、养护、管理、服务、交通安全、渡运、监控、通信、收费、专用构造物、建筑物等设施和设备的违法活动。

（5）依法禁止和查处在公路上及公路用地范围内摆设摊点、堆放物品、倾倒垃圾、设置障碍、挖沟引水、排放污物、污染公路环境，影响公路畅通的行为。

（二）维护路权

路政管理的第二项内容是维护路权不受侵犯。内容是：控制公路两侧建筑红线、审理跨越、穿越公路的各种管线和渠道，审理各种道路与公路交叉，审理废弃公路的产权归属问题。具体来说，在公路用地和所属空间范围内，依法建设下列构造物时，必须符合公路工程技术标准要求，事先要经过有关交通主管部门同意；影响交通安全的，还需征得有关公安机关的同意。如：

（1）在公路用地范围内，架设、埋设各种管线、电缆等设施。

（2）跨越、穿越公路建设跨线桥梁、渡槽或架设各种管线或电缆等构造物。

（3）修建铁路、机场、电站、通信设施、水利工程或进行其他建设，需要占用、挖掘公路或者使公路改线的。

（4）因抢险、防汛需要修堤坝、压缩或者拓宽河床危及公路、桥梁、隧道安全的。

在公路用地和空间范围内，建设上述项目时，致使占用、挖掘、损害公路时，建设单位应当按照不低于该段公路原有技术标准予以修复、改建或视损坏程度给予经济补偿。

（三）维持公路工作秩序，保障车辆安全通行

维持公路工作正常秩序，保障车辆安全通行，这是路政管理日常工作的主要内容。按照《公路法》规定，其具体内容如下：

（1）原则上禁止有损害公路路面的履带车、铁轮车等在公路上通行；经过当地县以上人民政府批准的，采取了有效的防护措施的，只能允许按规定的时间和路线行驶。

（2）禁止超限车辆在有限定标准的公路上行驶。超限车辆是指车辆载重超过公路、桥梁的设计荷载标准。除此之外，车辆的高度、宽度、长度超过公路技术标准，也不允许行驶。若必须行驶时，必须经当地县以上人民政府的交通主管部门和同级公安机关批准，采取有效的防护措施，方能按照指定的时间、路线、时速行驶，并悬挂明显标志。

（3）禁止机动车制造厂和其他单位利用公路作为检验机动车制动性能的试验场地。

（4）努力保护公路完好，积极改善公路环境，提高公路使用质量，充分发挥公路的社会效益和经济效益。

（四）保护权益

为了保护公路完好性，路政管理机构和从业人员，应当运用路政管理法规，依法检查处理各种侵占公路用地、破坏公路和公路设施的行为。从业人员从事生产、执行公务时的合法权益依法受到法律保护。

上面所述公路路政管理的内容，主要是针对公路总体而言。对于高速公路，因为其采用全封闭、全立交、渠化通行、控制出入的管理方式，在一般公路上发生的占用公路用地及毁盗公路设施等现象随着运营时间的增长正在逐步减少，随之增加的却是故障车辆的牵引和拖带、事故现场的救援清障、施工作业及恶劣气象条件下的交通管制、环保监测和监督等一系列新的内容。因此，高速公路在路政管理概念、管理手段、管理方式与普通公路出现了诸多不同之处。

高速公路路政管理，除去一般公路保证路产设施完整、维护路权不受侵犯外，主要任务是保证高速公路车辆安全畅通。为了达到这一目的，高速公路路政管理的日常工作内容主要是：维持车辆行车秩序、提供路面行驶信息、清理路上障碍、参与抢险救护、提供路旁服务等功能。目的是最大限度地吸引车流，向过往车辆提供优质服务，通过路政管理，充分发挥出高速公路应有的经济效益和社会效益。

四、高速公路路政管理实施

高速公路路政管理依据其职权涉及的内容较多。目前由于我国各地区情况不同，在具体

管理中存在着较大的差异并各具特色。为此，根据不同的管理内容建立一套较规范的操作程序，是高速公路路政管理必须解决的课题。

（一）路政巡查

高速公路路政巡查原则上实行全天候巡查，方式包括定时巡查、临时巡查及异常情况下的紧急出动等。巡查间隔可根据车辆人员配备情况及管辖半径合理确定。通常有首尾相接式和交叉滚动式两种，但无论何种方式，在目前条件下高速公路至少应保证同一地点每隔1～2h有一辆巡逻车通过，遇有异常情况或特殊天气，要随时增加巡查密度，夜间则可适当加大巡逻间隔。

1．巡逻责任

（1）管界内路产及标志、标线巡查。

（2）高速公路建筑控制红线内状况巡查。

（3）通报路旁故障车辆及事故情况。

（4）记录并及时向值班室汇报路面、路基、桥涵、隧道、立交、植被、路上其他设施及夜间照明状况。

（5）向高速公路用户提供及时帮助。

（6）回答值班室的询问，通报行车情况及位置。

（7）处理临时发生、发现的其他紧急事宜。

2．出巡准备

（1）出巡前应按规定着装，携带路政管理有关证件，夜间巡逻应加穿反光标志背心。

（2）应随身携带警笛、警棍、指挥旗（灯）、巡逻手册，检查无线通信设备电源，并将灵敏度与频率按值班规定调整一致。

（3）检查随车携带的勘查用具、临时标志、灭火器具的完好程度。

（4）检查巡逻车车况及标志灯是否正常。

（5）确定巡逻人员并做好安排。

3．巡逻一般规定

（1）巡逻时巡逻车速通常不应超过60km/h，不能影响其他车辆正常行驶，夜间行车或通行条件较差时，应减速慢行，行驶时要打开示警灯。

（2）巡逻人员处理紧急事务必须横穿高速公路时，应距通行车辆240m以上疾步通过，夜间通过时应有反光标志示意过往车辆并向路面加晃强光手电。

（3）巡逻中发现停靠车辆或有人拦截时，应距其30m外在硬路肩上停车，由主要巡视人员下车处理。在问明情况或做出初步处理前，汽车发动机不能关闭，驾驶员不能离开座位。

（4）巡逻以发现问题及时通报为主旨，服从值班室指挥调度，除紧急情况需立即就地处理外，一般不宜长时间在原地滞留。

4．巡逻交接

（1）每次巡逻后，巡逻人员应在巡逻手册上详尽记述巡逻结果，复杂事项应于现场及时记载。

（2）每班次交接前，应由班长查阅班内路巡手册，并依此填写“路政巡逻交接班记录”，必要时可召集路政人员核实有关情况。本班次未了事宜，应在交接班记录中注明，由队（班）长向下队（班）负责人做好交接。

（二）事故救援处理

当需要认定交通事故法律责任时，应由公安交通管理人员负责；但当造成路产损失，需保护路产索赔时，则应由路政管理部门负责。因而有些省（市）将救援、清障、单方事故现场勘察等一般事故处理划归路政管理部门负责。

1. 救援

事故发生，接到中控室指定后，应尽快赶赴现场救援，救援时应遵循以下次序：

（1）在事故现场摆放有关标志，以避免其他车辆重复出现事故。

（2）将滞留人员撤离危险区并抢救伤员，同时防止有毒、有害、易燃、易爆物的侵害。

（3）抢救贵重货物及乘客财产。

（4）保护路产。

以上抢救程序，体现了行车安全至上、生命至上、司乘人员财产至上的三原则，把保护路产放在了最后，这是因为路产损失常伴随事故同时发生且危险不再延伸，经赔偿仍具有恢复原状的特性，一般情况也不会影响通行。

2. 现场勘察

路政人员应迅速了解事故现场状况、事故性质、涉及范围、确定损害数量等，并测量有关数据，绘制“事故现场平面图”，标明路产设施损坏情况，有条件时，应拍摄现场全景及局部照片3～5张用以存档。

3. 询问笔录

对于较大路产损害事故，路政人员应向有关当事人就事情经过、认识态度、肇事人情况等提出询问并由有关当事人填写，签名存查。

4. 生活保障

事故处理期间，路政人员应对事故当事人及其他有关人员提供饮水、食宿等有偿生活服务，或做好妥善安排。

（三）交通管制

当高速公路需要路上作业及恶劣气象条件时，为了交通安全，均要采取交通管制，有不少省（市）将路上作业及恶劣气象条件时部分交通安全的管制工作也交给路政管理部门负责。交通管制的目的是维护正常通行秩序，保证作业人员及车辆通行安全。

1. 作业现场交通管制

高速公路作业现场需实行交通管制的情况通常有：重大事故、大规模清障、养护施工等。交通管制主要通过设置标志改变某一区段的交通流，引导车流安全通过，保证作业人员安全。

作业现场的交通管制通常分为警示区、前渐变区、缓冲区、作业区、后渐变区五个区段。

2. 异常气象条件下的交通管制

高速公路全封闭、全立交、无行人及非机动车干扰，越是恶劣的天气越能充分体现高速公路的通行优越性。管制的关键是合理、必要，任何草率关闭高速公路交通的做法，都是管理者缺乏调控能力的表现。

异常气象条件下交通管制的三种情况：

（1）冰雪天气的管制。冰雪天气高速公路行车的主要问题是路滑及制动失效，特别是高架桥及跨河桥上，由于下部凌空桥面极易产生冰凌，制动不当就会出现事故。经实地测试，冰雪天气车速一般限制在60km/h为宜，安全行车间距可控制在50m以上。有关限速及保持车距等提示标志可以设置在进出口及各类桥前。

（2）雾霜天气的管制。在雾天行车的主要障碍是能见度低及视距错觉，冬季的雾天也常伴有路面小冰凌的出现。当能见度低于100m时，行车困难较大。高速公路由于各路段的位置、地理环境及周围空气温度不同，常会出现有雾与无雾或相邻路段雾况不同的现象。路政管理的任务就是积累经验，制定全线不同的雾况曲线，找出规律，并根据雾况及时设置标志，加强路巡。

由于雾况不同所造成的光线反射、视力折减等均不同，因此在不同雾况下对行车的交通管制也不相同。

（3）风雨天气管制。雨天及大风天气，特别是遇到大暴风雨和与行车方向垂直的横风时，高速公路行车均较危险。但由于这些气象条件给予驾驶员的主观感受较为明显，一般除典型地段可设提示性语言标志外，不再具体限制车速，行车中由驾驶员依据情况自行掌握，实践效果较好。

由于高速公路技术标准高，设备完善，因而原则上应保证高速公路24h全天候运输。当极端恶劣情况需要封闭交通时，应有一定审批手续。当前对封闭交通的标准及履行手续的程序，以及交通管制中限速和保持车距的要求，各省（市、自治区）很不统一，有待于总结各地经验，尽快制定全国管理办法。在发生上述情况进行交通管制时，路政人员应密切配合交通公安、养护人员做好这方面工作。

（四）拖带、清障

拖带、清障是高速公路日常主要工作之一，是一项必须使用专门机械来完成的服务项目。从事日常路政巡逻的车辆，除紧急情况外，一般不宜同时担任此项工作。随着高速公路公开化进程的加快，很多经营性高速公路的拖带清障工作已从路政管理业务中分离出来，并以有偿方式进入经营领域。

1. 拖带

拖带是指拖车对高速公路上故障车辆的牵引。拖带中应注意：

（1）拖带前向当事人出示“拖带服务收费标准”，事先讲明收费数额，严禁乱收费。

（2）一般简易拖带作业，应先安排专人摆放有关标志牌；移动作业时应有人持指挥旗（灯）疏导车流。对占用车道时间较长、装载复杂的拖带作业，应实行作业现场交通管制。管制方式可依据实际情况适当调整、简化。

（3）无论何种情况，牵引拖带作业均不准逆行，不准用软拖，牵引车亦不准同时拖带一辆以上车辆。

2. 清障

清障是指清除因事故或其他原因滞留在高速公路上的损毁车辆或物资。清障主要应注意：

（1）大规模清障应在作业现场，根据需要摆放有关标志、设施。

（2）一般小规模清障由于机动性强，可于现场前方500m处开始设置第一级限速标志，200m后设置第二级限速标志，采用集渠化隔离装置布设作业区及改道，于后方100m处设解除限速标志。

（3）排除易爆、有毒物品时，要采取必要措施，确保人身安全。

（4）清障完毕后，要清扫作业区，将残留物品清出现场，及时撤除有关标志。

五、目前高速公路路政管理存在的主要问题

高速公路目前在我国正处于发展阶段，高速公路路政管理工作同样也在摸索之中，由于各省（市、自治区）情况不同，社会环境和客观条件的影响不同，在高速公路路政管理形式上，也有所区别。就目前所了解已投入营运的高速公路的路政管理情况来看，存在的问题大致归纳有以下几方面。

1. 高速公路管理体制不健全，缺乏强有力的执法手段

高速公路路政管理是一种执法活动，而依法行政的首要条件又是管理机构的设置要合法有效。至今已有管理机构的省（市、自治区），仍存在体制不顺、力量不足，没有形成多层次、全方位的管理网络，很大程度上阻碍了路政工作全面开展。在管理手段上，道路交通管理体制改革后，路政管理职能、职权与公安交通安全管理职能有交叉，同在一条路上，处于同一工作环境，管理对象有相似之处，管理目的均属于依法治路这个总目标。《公路法》赋予了路政管理部门的工作职责，但赋予的权力却无法保证工作职责的完成。如在高速公路上发生违章、损坏设施等情况，路政管理部门没有扣车、扣证等权力，因而对违章行为难以管理，也影响了路政管理工作的正常进行。

2. 执法尺度不一，部门间工作难以协调

高速公路路政管理是一门综合性的学科，它具有跨系统、跨行业的特点。与路政管理部门密切相关的有国土、工商、邮电、石油、电力、物价及公安交警等部门的联系，急需解决部门之间法与法之间的不吻合、不衔接的矛盾，有时所涉及的问题部门大都有自己的专门法律、法规，对所出问题各执一词，使问题难以处理。

3. 习惯势力和社会陋习根深蒂固，人们缺乏护路意识和法制观念

人们知道，公路对于社会和经济的发展，起着较大的制约作用，“要想富，先修路”的思想已深入人心。然而，一条高速公路建成后，由于部分人缺乏对高速公路的认识，缺乏护路意识和法制观念，认为有路大家走，有车该在路上行，因而有人随意破坏封闭的铁丝网在

高速公路上行走，有的人在路边修车补胎，靠路建房，违章堆物等，这也是造成路政管理问题突出的一个重要原因。

【本章小结】

高速公路的路政管理就其一般属性而言与一般公路是相同的，但因其采用全封闭、全立交、渠化通行、控制出入的管理方式，高速公路与一般公路在路政管理观念、管理手段、管理方法上又有诸多不同。

高速公路路政管理，除保证路产设施完整、维护路权不受侵犯外，主要任务是保证高速公路车辆安全畅通。为了达到这一目的，高速公路路政管理日常工作内容主要是：维持车辆行车秩序、提供路面行驶信息、清理路上障碍、参与抢险救护、提供路旁服务等管理功能。目的是最大限度地吸引车流，向过往车辆提供优质服务，通过路政管理，充分发挥高速公路应有的经济效益和社会效益。

【案例分析】

案例一

上诉人（原审原告）：王某

被上诉人（原审被告）：广西交通投资集团南友高速公路运营有限公司（以下简称“南友高速公路公司”）

2009年6月19日晚，王某驾驶桂A×××××号小汽车从凭祥进入南友高速公路返回南宁，次日凌晨0时33分在吴圩出口下高速公路。2009年10月13日，王某诉至南宁市西乡塘区人民法院，称其在上述路段行驶过程中，因路面遗留有废弃的轮胎而避让不及导致其发生交通事故，车前部位受创，并曾拨打广西高速公路管理局24h客服热线要求处理，未果后驾车离开现场，要求该公司承担其车辆维修费用，但南友高速公路公司应诉后对王某的诉称不予认可。

[审判]

南宁市西乡塘区人民法院以王某提交的证据不能证明损害事实的发生及与南友高速公路公司的管理瑕疵存在因果关系为由，依照《民事诉讼法》第六十四条第一款、《最高人民法院关于民事诉讼证据的若干规定》第二条之规定，判决驳回王某的诉讼请求。

王某不服一审判决，上诉至南宁市中级人民法院，请求撤销一审判决，判令南友高速公路公司赔偿其车辆维修费1 352元并承担本案的诉讼费用。

南宁市中级人民法院认为：王某上诉称因涉案路段遗留轮胎导致其发生交通事故车辆受损，其提供的手机拍摄现场录像虽可见涉案路面遗留有轮胎，但不能证明遗留轮胎的存在导致王某发生交通事故，其所出示的电话清单也仅能证明其曾打过客服电话，但不能证明所发生的交通事故为涉案路面遗留轮胎所致。综上，王某提供的受损车辆照片不能证明是在涉诉路段撞上轮胎所致，所提交的证据不能形成环环相扣较完整的证据链，不足以证明涉诉路段的公路管理部门对该道路安全畅通未尽职责和义务，对该路段的管理存在瑕疵，发生本案交通事故是因其疏于管理所致，故王某上诉主张南友高速公路公司承担其本次事故的民事赔偿责任缺乏充分事实依据，不予支持。一审法院判决认定事实清楚，适用法律正确，审判程序合法，应予维持。

依照《民事诉讼法》第一百五十三条第一款第（一）项之规定，判决驳回王某上诉，维持原判。

[评析]

高速公路具有高速、封闭、收费等特点，有着与普通路段不同的管理运营方式，在高速公路上有时会有非机动车因素参与造成道路交通事故，如不应进入高速公路的人和物，其他车辆的抛弃、散落的物体等。在此情况下发生交通事故其责任主体应当包括导致事故发生的人或物的支配者，也应当包括没有尽到管理义务的高速公路的经营者、管理者，而本案的原告王某则是选择了高速公路的经营者、管理者作为责任主体诉诸法院。高速公路的经营、管理者要承担事故的赔偿责任须同时具备以下构成要件，缺一不可：

（1）事故须发生在高速公路上。

与普通道路交通事故不同，高速公路交通事故损害赔偿纠纷应当是发生在高速公路管理经营范围之内的全部交通事故，即指车辆进入高速公路收费站以后到出收费站之前的全部路段上的道路交通事故，而这也正是高速公路经营、管理者承担民事赔偿责任的前提。

（2）须有损害事实的发生。

有损失才会有赔偿，这是民法中关于民事责任的基本规定。与普通道路交通事故一样，引起高速公路交通事故损害赔偿的也须有损害事实的发生，如果只有违章行为而无损害结果，只能对相关责任人进行行政处罚，而没有赔偿责任之说。

（3）高速公路经营、管理者未尽安全清障义务，即存在管理瑕疵等违约、过错行为。

按照我国《民法通则》的规定，民事活动应当遵循公平、等价有偿的基本原则。作为高速公路的经营、管理者，依据国家有关法规的规定，有权向过往车辆收取通行费，但享有权利的同时必须履行相应的义务，也就是要履行养护公路，保障公路畅通的义务。在高速公路上行驶的车辆在缴纳了有关费用后，就与高速公路经营、管理者形成一种民事合同关系，缴费车辆即享有使用高速公路并安全通行的权利。当高速公路出现障碍物时，如果高速公路经营、管理者没有及时清除障碍物，致使过往车辆发生交通事故，此时，即是一种不作为的侵权行为，也是不履行保障公路安全畅通义务的违约行为，根据《最高人民法院关于审理人身损害赔偿案件适用法律若干问题的解释》第十六条："道路、桥梁、隧道等人工建造的构筑物因维护、管理瑕疵致人损害的，由所有人或管理人承担赔偿责任，但能够证明自己没有过错的除外"，高速公路经营、管理者有以上过错的即应承担相应的民事责任。

（4）高速公路经营、管理者的违约、过错行为与损害事实的发生存在因果关系。

依据侵权责任的一般理论，只有侵权行为和损害后果之间有因果关系，侵权行为人才须对损害后果承担民事赔偿责任。同样的，高速公路上发生交通事故时，只有因管理不善存在瑕疵等违约、过错行为导致损害事实的发生，即二者存在因果关系的情况下，经营、管理者才须承担民事赔偿责任。

结合本案来看，王某主张因涉案高速公路路段遗留有废弃的轮胎导致其发生交通事故车辆损坏，依据谁主张谁举证的原则，应自负相应的损害事实及因果关系的证明责任，其提供手机拍摄的现场录像虽有反映路面遗留有轮胎及在高速公路出口处要求工作人员处理车辆损坏事宜的内容，但却看不到车辆有损坏的状况，而提交的电话清单也仅能证明其曾打过客服电话，上述证据均为间接证据，均不能直接反映其主张损害事故发生的客观情况，即不能证明王某的车辆系当时在涉案路段因撞上轮胎而导致损坏的，不能证明该车损坏与涉案路段因作为管理者的南友高速公路公司疏于管理、存在过错有因果关系，其提交的上述证据并不能形成完整的证据链，即没有同时具备前文阐述的四个赔偿责任构成要件，因此其要求南友高速公路公司承担维修费用的赔偿责任缺乏依据，依法得不到支持。据此，二审法院采纳了一审法院的判决意见，做出驳回上诉，维持原判的裁判结果。

（资料来源：南宁法院网）

案例二

2008年2月，原告之女搭乘黎某驾驶的小客车由沿南北高速公路（G075线）由南宁往柳州方向行驶，至G075线687km+800m处时，适逢弯道下坡，加上是雨天，黎某未能发现行车道上的障碍物——后制动分泵，致使该车碾压过该障碍物，导致车辆失控与高速公路右侧护栏相撞后，侧翻于行车道上，造成原告之女受伤，经送医院抢救无效死亡的交通事故。事故发生后，交警部门经现场勘察，认定黎某未违反交通安全法的规定，无过错，该起交通事故属于意外事故。两原告认为高速公路管理部门未履行其职责、及时清除高速公路上的障碍物，导致本案事故的发生，遂诉至法院，请求赔偿各项损失共计42万余元。

法院经审理认为，尽管该起交通事故属于意外事故，各方在事故中均没有过错，但高速公路是一种全封闭的、供车辆高速行驶的道路，该特征决定了高速公路应具备符合高速公路通行技术标准和良好的通行环境，以确保车辆行驶的安全、通畅。本案中，黎某与原告之女等人经南宁至柳州高速公路南宁入口处驶入南北高速公路，即与被告形成了高速公路服务合同关系，被告应提供符合高速公路通行技术标准和良好的通行环境。而在高速公路行车道上存留有后制动分泵即存在严重的安全隐患，对驾车人及同乘人员的生命及财产构成重大威胁。高速公路的管理者未能对该障碍物及时发现并清除，即表明其在管理上存在重大瑕疵。因此，本案交通事故的发生，与被告未尽到安全、通畅的管理义务有关，被告未能对该障碍物及时发现并清除，是导致本案交通事故发生的主要原因力。同时，在本案交通事故发生时适逢雨天路滑，恰好事故发生地点又在弯道下坡处，而黎某驾驶车辆又未能及时发现位于行车道的后制动分泵，致使驾车碾压过该分泵，是导致本案交通事故发生的次要原因力。因此，根据本案交通事故双方各自行为的原因力大小，确定被告应对原告方在本案交通事故中受到的损失，承担60%的民事赔偿责任。法院依上述认定判决被告赔偿原告方各项损失共计15万余元。

（资料来源：南宁法院网）

【练习题】

一、单项选择题

1. 在高速公路用地范围内因防汛抢险需要修筑堤坝、拓宽河床的，应当事先报经（　　）会同行政部门批准。

A. 省级交通主管部门　　B. 高速公路经营公司

C. 省级人民政府　　D. 省级国土部门

2. 超限运输车辆行驶高速公路，除需要交通运输部门批准外，是否需要公安部门批准？(　　)

A. 需要　　B. 不需要　　C. 批不批都行

3. 某汽车制造企业生产出一种新型汽车，并准备在高速公路上试车。对该企业的申请，路政管理机构的审批意见是(　　)。

A. 同意，但要收取相关费用　　B. 同意，但要注意行车安全

C. 不同意，高速公路禁止试车　　D. 置之不理

4. 某高速公路两侧是大型水库和渔业基地，当地某村民擅自砍伐高速公路封闭网内的行道树。对此行为，可按照公路管理法规和(　　)进行处罚。

A. 森林法　　B. 渔业法　　C. 水土保持法　　D. 交通安全法

5.下列活动经过路政管理机构批准后，可以在高速公路用地范围内进行的是(　　)。

A. 放养牲畜　　B. 设置广告　　C. 修建交叉路口　　D. 倾倒

二、多项选择题

1. 高速公路路政巡查中应该注意的事项包括(　　)。

A. 科学安排班次　　B. 认真做好记录

C. 浓雾天在站口值勤为宜　　D. 注意自身安全

2. 高速公路上，下列属于违法行为的有(　　)。

A. 逆行　　B. 掉头

C. 熄火滑行　　D. 车辆在服务区停靠

3. 雾天需要加强高速公路交通管理，下列措施合理的是(　　)。

A. 出现浓雾就封路

B. 车辆编队分批上路，开启雾灯和示警灯

C. 间隔放行

D. 站口提请驾驶员注意安全

三、简答题

1. 高速公路的特征是什么？

2. 高速公路行车的特性有哪些？

3. 高速公路路政管理有何特点？

4. 高速公路路政管理实施的内容有哪些？

四、案例分析题

1. 某地高速公路建筑控制区为高速公路用地外缘30m内的区域。在高速公路用地外缘起31m处有广告公司设立了高架广告。高速公路经营企业为维护其广告经营权利益，要求路政支队处罚广告公司，拆除高架广告。请分析路政支队有无权利对广告公司进行处罚并拆除高架广告。

2. 某高速公路经营企业同意某电信公司在高速公路用地内埋设光缆，并收取了费用。

高速公路路政执法支队获悉后进行调查，发现电信公司并没有申请相关行政许可，于是责令停止施工，并拟对电信公司处以罚款。高速公路经营企业提出意见，认为高速公路由其负责运营，其有权决定允许电信公司埋设光缆，路政支队不能过问，否则就是侵犯了高速公路经营企业的经营自主权。试分析高速公路经营企业的意见有无道理。

3. 高速公路经营企业规定，除了《收费公路管理条例》明文规定免费的车辆外，其他车辆行驶高速公路一律交费。收费站根据此项规定对高速公路路政执法支队的巡查车收取通行费。高速公路路政执法支队认为对高速公路实施巡查是其职责，收费站不该对巡查车收取通行费。试分析高速公路路政执法支队的意见是否合法。

第七章

Chapter 7

路政内业管理

【学习目标】

1. 了解路政内业人员的素质要求。
2. 熟悉路政管理档案的概念、作用和内容。
3. 了解路政业务统计工作的内容与意义，路政统计台账、路政统计报表的特点、作用和格式以及装备经费票据管理的主要内容。
4. 掌握路政内业管理的概念、内容、基本要求及意义，路政档案立卷的方法、程序和装订要求，路政统计台账、路政统计报表的填写方法与要求，以及路政统计分析的内容和方法。

第一节 概 述

一、路政内业管理工作

（一）路政内业管理的概念

公路路政内业管理是公路路政管理的重要组成部分，是指路政内勤业务及管理机构内部事务的管理，主要包括文字材料撰写、信息处理、统计分析、档案管理、证件发放、装备管理、信访接待及其他行政事务工作。

路政内业管理是相对外业管理而言，它以外业工作为基础，把外业管理工作内容形成文字、报表、图表、档案、证书等各种文件或材料，予以上报、下发、存档或交付有关部门办理。可以说路政内业管理反映整个路政工作的面貌。路政外业管理是一种具体的、外部的行政管理。它是以特定的组织或个人为管理对象进行管理，如纠正违章、做出处罚等。路政内业管理的绝大多数材料都是路政外业提供的，路政内业管理的许多决策要靠路政外业去实施，所以路政外业是路政内业的基础和延伸。路政外业材料的归纳整理，路政管理中有关问题的分析研究、确定对策等都要靠路政内业来体现和反映。特别是路政案件的处罚、复议等过程，更离不开路政内业工作，所以路政内业是路政外业的必然体现和延伸。总之，路政外业是路政内业的基础，路政内业是路政外业的必然体现，两者又互为延伸。要做好路政管理工作，必须同时做好路政的内业和外业工作。

（二）路政内业管理的内容

路政内业管理主要包括以下内容：

1. 文字材料工作

主要包括各种常用公文的写作，计划、总结、调查报告、简报、规章制度等的写作以及路政处罚文书、复议文书的制作，为路政管理机构的正常运转和路政案件的正确处理服务。

2. 信息管理工作

主要包括路政信息的收集、积累、分析、加工、传递、反馈等内容。要求做到上情下达，下情上呈，为及时有效地进行路政管理服务。

3. 统计和统计分析工作

主要包括路政管理机构基本情况统计、路产统计、路政管理对象的统计、路政工作量的统计等，以及根据统计资料分析路政管理工作中存在的问题及发展趋势，写出统计分析报告。

4. 档案管理工作

主要内容包括路产档案、审批档案、违章建筑档案、超限运输档案、路政处罚档案、路政复议档案、路政文书档案、装备器材档案等。其目的是为依法行政、加强路政管理打下基础。

5. 各种证件的核发工作

主要包括挖掘、占用公路许可证，超限运输通行证等的核发工作。

6. 其他

主要包括路政管理证、检查证、路政管理号牌的制发，路政管理收费票据、罚款票据、路政管理印章、路政专用交通工具、通信宣传器材、路政服装的发放以及负责群众来访和其他行政事务工作。

（三）路政内业管理的意义

路政内业管理是路政管理工作的重要组成部分，是路政决策和制定政策的基础，是衡量路政管理科学化和现代化的重要尺度，对于依法行政、提高路政管理效率和工作水平具有重要意义。

1. 路政内业管理是领导决策和制定政策的基础

路政内业管理通过统计数字和文字材料，反映本单位的实际工作情况，同时，通过统计报表和统计分析报告，向本机关领导和上级业务主管部门提供研究问题、指导工作、了解情况、制定政策的资料和决策依据。

2. 路政内业管理是路政管理规范化的重要组成部分

路政内业管理的规范化，主要体现在路政档案、路政图表、路政制度、路政文书和法律文书的规范化等方面，它为整个路政管理的规范化奠定基础，没有路政内业的规范化，就谈不上整个路政管理工作的规范化。

3. 路政内业管理是依法行政、提高路政执法水平的重要保证

路政法律文书是路政行为的文字表述，是贯彻实施路政管理法规的必然结果。无论是处罚文书还是复议文书，制作的完整和正确与否，关系到整个路政案件的成败和路政管理机构的执法水平。因此，路政内业管理特别是法律文书的正确合法，是依法行政、提高办案质量的保证。

4. 路政内业管理是提高路政管理工作效率的重要途径

路政内业管理是整个路政工作的内当家，路政内业工作搞得好，各种档案规范齐全，各种文书处理正确及时，一方面可以推动整个路政内业工作，另一方面可以促进路政外业工作，它是提高整个路政管理工作效率的重要途径。

二、路政内业管理的基本要求

路政内业管理的基本要求主要如下。

1. 建立健全一整套路政内业管理制度

《路政管理规定》第六十二条规定：公路管理机构应当建立健全路政内务管理制度，加强各项内务管理工作。

路政内业管理制度主要包括：

（1）路政管理人员岗位职责。

（2）路政管理人员行为规范。

（3）路政管理人员执法考核、评议制度。

（4）路政执法与办案程序。

（5）路政巡查制度。

（6）路政管理统计制度。

（7）路政档案管理制度。

（8）经费装备管理制度。

（9）其他路政内务管理制度。

2. 档案管理完整准确

这是实现路政内业管理规范化的重要组成部分，这些档案主要包括路政文书档案、路政审批档案、路政处理档案、路政处罚档案、路政复议档案、路产档案、违章建筑档案等。

3. 信息管理科学

要求信息反馈灵敏、反馈情况及时。

4. 路政统计合理

要求统计数字准确，上报及时。

5. 办公室管理规范

要求环境整洁，各种图表内容准确、清晰明了。各种图表悬挂于墙上，同时要求加镜框。这些图表包括辖区路产示意图、路政大队（大队、科）职责、路政办事制度、廉政制度、巡查制度、路政管理员纪律等。

三、路政内业人员的素质要求

路政内业管理工作是一项艰苦、细致的工作。路政内业人员素质的高低，直接影响整个路政管理工作的开展。因此，路政内业人员必须熟悉党和国家的方针政策，有一定的政策理论水平，有较强的事业心和责任感才能胜任这项工作，当好路政管理机构领导的参谋。

（一）有刻苦耐劳、无私奉献精神

路政内业管理工作烦琐、艰苦，工作量大、单调枯燥。因此，路政内业人员必须充分认识到这一点。要树立信心，增强干劲，要有较强的事业心和工作责任感，要有积极主动、吃苦耐劳的精神，在实际工作中，要做到“四勤”，即手勤多记、耳勤多听、口勤多问、眼勤多看。这就要求内业人员对所辖公路情况和路政情况要多观察，勤思考；多走动，勤深入；多了解，勤询问；多记录，勤动笔。只有这样才能对路政情况做到心中有数，为领导的决策当好参谋，当好内当家。同时应积极参与重大的外业管理活动，到现场收集第一手资料，亲身体会外业管理中运用的各种方法，立足本职，不断进取。

（二）熟练掌握法律法规和政策

路政管理工作是一种执法活动。路政管理机构的法律行为最终要落实到每一个管理人员。因此，路政内业人员必须掌握法律法规和政策，具体包括路政管理方面的法律法规和政策，如《公路法》《公路安全保护条例》《路政管理规定》等；以及一些地方性的路政管理

法规、规章和政策；也包括与路政管理工作相联系的法律法规和政策，如《中华人民共和国行政处罚法》《中华人民共和国行政诉讼法》《中华人民共和国行政复议法》《中华人民共和国国家赔偿法》《中华人民共和国土地管理法》《中华人民共和国城市规划法》等。

（三）精通路政业务

路政管理工作是一项系统工程，必须运用行政的、法律的、经济的、技术的手段进行管理。路政管理学是一门新兴的、跨学科、跨行业的边缘学科，因此，路政内业人员必须具有跨学科的知识，要学习和理解交通工程学、公路工程学、行政管理学等有关学科的主要内容，要明确路政管理的指导思想、基础原则和主要任务，掌握处罚、复议等执法环节的操作程序和方法。

（四）有一定的写作能力

路政内业人员必须具备一定的写作能力，要掌握一些语法、修辞和逻辑知识。要熟悉路政管理中各种常用公文、事务文书、法律文书的格式、要求和写作要点。平时要加强路政简报、计划、总结、调查报告、工作研究、情况反映、新闻稿等文体的写作锻炼。

第二节　路政管理档案

一、概念

（一）路政管理档案的概念

档案是指国家机构、社会组织和个人从事政治、经济、科学、文化等社会实践活动直接形成的文字、图表、音像等历史记录。通俗地讲，档案就是人们在社会活动中形成的，保存起来以备查考的文件。由此可见，档案是由文件转化而来的；是个人和组织在其特定的社会活动中形成的；档案信息的记录方式和载体是多种多样的；档案是历史的原始记录。

文件转化为档案必须具备三个条件：

（1）办理完毕的文件才能作为档案保存，正在办理中的文件不是档案。

（2）对日后实际工作有一定参考价值的文件才有必要作为档案保存。

（3）按照一定规律集中保存起来，才能最后成为档案。

路政管理档案是指路政管理机构在路政管理活动中形成的，作为历史记录保存起来以备参考的文字、图表、音像及其他各种载体的文件。这一概念主要从三个方面揭示了路政档案的本质属性：

（1）从事物属性方面揭示了路政档案是一种历史记录，具有史料凭证的特性。它明显区别于正在办理阶段的一切文件。

（2）从内容特性方面揭示了路政档案记录的是路政管理机构的路政管理活动，这一点使它区别于其他各种档案。

（3）从价值特性方面揭示了路政档案是一种具有保存价值的历史记录。在路政管理活动中形成的文件中，当处理完毕成为历史记录后，对今后的实践活动有参考价值，可以转化为档案；有的没有参考价值，不能转化为档案。

（二）路政档案工作的作用

路政档案工作是反映路政机构历史真实面貌的一项重要工作。路政档案既是路政工作信息的一种载体，又是路政信息贮存的手段。路政档案在整个路政管理工作中的作用主要表现在以下四个方面。

1. 路政档案工作为领导科学决策和解决问题提供历史凭证

领导和上级路政管理机构在掌握情况、制订计划、处理问题、做出决策时，都要了解和掌握尽可能多的有关的情况和资料，包括问题的现状和它的历史背景资料，以及它同周围事物的联系，减少决策中的不确定因素。因此，领导和上级路政管理机构常常要从路政档案中查考先前的记载，从历史和现实的实际出发，确定正确的工作方案。

2. 路政档案工作为促进路政管理工作提供有价值的参考资料

路政档案对路政管理工作的自身发展，保障公路使用质量，为经济建设服务等方面的情况、成果和经验教训都有系统的记载，可为路政管理工作乃至整个公路管理工作提供各种档案信息。经验证明，充分利用路政档案，对于加强路政管理工作具有重要参考价值。

3. 路政档案工作为检验各项工作的质量提供依据

档案作为路政管理工作情况的真实客观记录，对人们了解路政管理工作、研究与路政相关的事物、提高工作质量和效率具有广泛的参考价值，可以成为处理问题的真实凭据。如对路政工作的得失成败和各种纠纷的评判，常常是以档案为依据。在路政管理中，落实各项工作、衡量办案质量和执法水平、开展检查评比、起草文件时，常需查考档案资料。

4. 路政档案工作客观反映路政工作发展演变的真实面貌

路政档案是由各级路政管理机构作为办事或办案工具的各种文件、法律文书、资料转化而来的历史资料，记录了路政管理活动的事实和过程，它最原始、最真实、最具体地反映了路政管理工作各个历史时期的发展变化和实践经验，是研究路政管理发展规律的可靠资料。

二、路政档案管理的内容

在路政管理中，路政档案主要包括路政文书档案、路政法律文书档案、路政业务档案等。

（一）路政文书档案

路政管理机构通过对文件材料的收发、登记、运转、承办、催办以及文件材料的收集、整理和立卷，最后形成文书档案。

路政文书档案有其自身的特点，一是文书档案产生于路政管理活动中；二是路政文书档案是一个不可分割的整体，不论是一次会议、一项工作、一种活动，还是请示与批复、来文复文，都紧密联系。如召开一次会议，会前要请示批准、然后发通知、起草会议文件、征求意见，才能正式召开会议、讨论研究，形成决议、会议总结、会议纪要等。这就决定了文件的形成有其规律性，文件材料有其内在的规律性，立卷时，切不可任意取舍，相关文件要收集齐全。

路政文书档案的内容主要包括请示、批复、报告、通知、会议纪要、信函、通报等各类公文，计划、总结、调查报告、简报等各类事务文书以及规章制度等。

（二）路政法律文书档案

路政法律文书档案是指在路政案件的索赔、处罚、复议过程中形成的反映案件历史面貌的原始记录。

1. 路政处理档案

《路政管理规定》第三十三条规定："路产损坏事实清楚，证据确凿充分，赔偿数额较小，且当事人无争议的，可以当场处理。当场处理公路赔（补）偿案件，应当制作、送达《公路赔（补）偿通知书》，收取公路赔（补）偿费，出具收费凭证。"因此，路政处理档案包括下列内容：

（1）卷宗目录。

（2）公路赔（补）偿通知书。

（3）调查笔录。

（4）有关证据材料，如现场照片、现场平面图、现场勘验报告等。

2. 路政处罚档案

路政处罚档案包括以下内容：

（1）卷宗目录。

（2）立案登记表。

（3）调查笔录。

（4）证据材料（包括示意图、照片、登记表、鉴定意见书、勘查记录等）。

（5）案件讨论记录。

（6）违法行为通知书。

（7）处罚决定书。

（8）送达回证。

（9）申请强制执行书。

（10）结案报告。

（11）其他（如检举信、信函收据等）。

3. 路政复议档案

路政复议档案包括以下内容：

（1）卷宗目录。

（2）复议申请书。

（3）复议案件登记表。

（4）复议案件受理通知书。

（5）调查笔录。

（6）复议答辩书。

（7）案件讨论记录。

（8）复议决定书。

（9）送达回证。

（10）结案报告。

（11）其他。

（三）路政业务档案

1. 超限运输档案

超限运输档案主要包括以下内容：

（1）运输单位申请报告。

（2）车辆技术参数凭证（车辆的厂牌型号、自重、轴重、载重、轮数、轮胎单位压力等）。

（3）车辆外观彩色照片。

（4）超限运输审批表。

（5）车辆行驶资料和有关证件的复印件。

（6）协议书。

（7）许可证（存根）。

2. 挖掘、占用公路审批档案

挖掘、占用公路审批档案包括以下内容：

（1）挖掘、占用公路申请报告。

（2）工程设计图、平面示意图等。

（3）审批表。

（4）许可证（存根）。

3. 违法建筑档案

违法建筑档案包括以下内容：

（1）违法建筑登记表。

（2）违法建筑平面示意图。

（3）现场照片。

（4）调查笔录等证据材料。

（5）其他。

三、路政管理档案要求

（一）路政档案立卷的方法

路政档案立卷应按照路政管理活动规律，保持文件之间、法律文书之间的历史联系，真实反映路政工作的特点和面貌，区分保存价值，以便于保管和利用。

文书立卷的方法，就是根据文件或法律文书构成的特点，将具有某方面共同点和联系密切的文件组合在一起，组成一个案卷。路政档案立卷一般有以下几种方法。

1. 按业务范围立卷

按业务范围立卷就是将反映同一事物、同一类型的文件组合成一个案卷。例如，把法律文书档案按照处罚、复议、处理等类型分别进行立卷。

2. 按发文机关立卷

按发文机关立卷就是将同一发文机关所发文件立成一个案卷。由于发文机关的职能和地位不同，按发文机关立卷就适当区分了文件的重要程度和保存价值。

3. 按名称立卷

名称即指示、规定、通知、通报等文件名称。按名称特征立卷，就是将同一名称的文件组成一个案卷。在立卷过程中，通常是将综合性的计划、总结、简报分别组卷；也可以将名称相似、性质相关的文件组成案卷。

4. 按时间立卷

按文件形成的时间或内容针对的时间组成一个卷宗，可以反映路政管理机构在不同时期的工作特点和不同发展阶段的工作面貌。

5. 立小卷

这是在路政档案管理中通常使用的一种方法。就是不论文件数量多少，将处理同一件事的文件单独立成一卷，也就是一事一卷，如审批档案、处罚档案等。为了避免案卷数量增多带来的案卷封皮的总量加大，立小卷时一般采用软纸的薄卷皮，然后集数卷装为一盒。立小卷由于是一事一卷，方法简单，易于掌握，也便于保管和查找使用。

（二）路政档案立卷的程序

1. 编制案卷类目

按照立卷的原则和方法拟制出归卷条目，这是一种比较详细具体的立卷计划，以指导文书立卷工作。

2. 文件的平时归卷

文件的平时归卷就是将收集的文件材料，按照案卷类目的条款，及时归入柜格和卷盒、卷夹之内，以便及时归卷。对于路政处理、处罚、复议、审批卷宗的平时归卷，应做到一件案件办完后立即立卷。

3. 全面调整定卷

在年终或次年初，对已经办理完毕的文件材料在平时归卷的基础上，按照立卷的原则和方法，进行全面复查和调整，正式组成案卷。

4. 案卷的编目与装订

编目和装订是组卷工作完成后所进行的工作，一般按以下顺序进行：

（1）拟写案卷标题（即案卷名称）。标题一般包括发文机关、问题、名称三部分。

（2）对卷内文件进行排列、编号。一般是正文在前，附件在后；批复在前，请示在后。

（3）填写卷内文件目录与备考表。

（4）填写案卷封面与装订案卷。

（三）路政档案装订要求

1. 统一装订份数

路政处罚和复议档案一案一卷；路政文书档案可按上行文和下行文分别装订，对于文件较多，装订成两卷有困难的，可按收发文机关的不同分别装订。路政处理档案、审批档案、违法建筑档案按每卷10案装订。

2. 统一的装订格式

各种文书一律按A4纸装订，有的证据材料小于A4纸的，可附在A4大小的白纸上；大于A4纸的，可折叠装订。

3. 装订要有顺序

各种档案的装订顺序要按照时间先后或办案程序、审批程序、处理程序装订，各部分内也要有规律地排列，一般可以按时间顺序的先后来装订，原始材料在先，复查材料在后。

4. 证据材料要齐全

装订前要首先检验法律手续是否完备，与案情有关的证据材料和各类法律文书是否全部收集齐全。经检查、整理、确认齐备后再进行装订。

5. 整洁规范

装订案卷时，封面要整洁干净，书写要工整。为了便于长期保存，还要剔除钉书钉、大头针、回形针等金属物，防止锈蚀物侵蚀案卷，还要给案卷编码。

第三节　路政业务统计

一、路政业务统计工作的内容与意义

（一）路政业务统计工作内容

路政业务统计工作是社会统计的组成部分。路政管理机构的统计工作，一般可以分为三类：一是属于路政管理机构本身的统计，如路政管理机构的基本情况、路政管理员的基本情况等；二是属于社会方面的，如超限运输单位车辆的构成情况，汽车修理、制造厂家的经营情况等；三是路政业务方面的，如统计宣传工作量，统计路政许可、合同情况，统计查处路政案件情况等。我们这里研究的是第三类统计，即路政业务统计。

路政业务统计工作的基本任务，是调查收集有关各项路政业务的基本统计资料，通过统计报表、统计分析报告或统计图表等形式，如实反映路政管理机构工作的成果，执行政策、法律、法规的状况，路政管理活动出现的新情况以及需要解决的问题，为制订路政工作计划、研究政策措施提供依据，从而保障公路设施完好，保障公路安全畅通。

具体说来，路政业务统计主要有以下几项任务：

（1）调查收集统计对象基本情况的材料，分类归纳，填写统计报表。

（2）对调查收集来的统计资料进行汇总整理，系统积累。

（3）对占有的统计资料进行分析研究，提出统计报告，绘制统计图表。

（二）路政业务统计工作的意义

（1）反映路政管理机构的工作成就。路政管理机构所做的大量工作，要通过统计分门别类地反映出来。所以，及时、准确、全面的路政业务统计资料，对于了解各个时期的路政工作现状、特点、发展规律，具有重要意义。

（2）为了解情况，研究问题提供依据。路政管理机构在研究和探讨路政管理现象，执行法律、法规、规章和政策时，都需要进行基本的数量分析，这就要依靠统计工作。例如，路政管理机构办理的许多路政案件，必须进行分类统计才能得出全貌。这种全面性数据所起的作用，是单个案件材料所代替不了的。因此，路政业务统计同样是了解情况、研究问题不可缺少的重要“测试”仪器。

二、路政统计台账

统计台账是整理和积累统计资料的一种工具。它广泛应用于统计工作的各个领域。

（一）路政统计台账的特点

（1）路政统计台账的资料，来源于路政原始记录或经过加工整理以后的资料。

（2）统计台账是按照时间顺序，对统计资料循序地进行登记。

（3）路政统计台账是路政内业人员设置的一种积累资料的工具。

（二）路政统计台账的作用

1. 有利于系统地整理资料

路政统计台账按时间顺序进行系统地登记，它把路政统计整理工作分散在平时来做，做到日清月结，按时汇总、计算，不致忙中出错，保证准确及时地编制各种统计报表。

2. 便于系统地积累资料

通过台账对统计资料加以分类、综合、归纳，按日、月、季、年进行登记，使资料积累做到“每日统计资料条理化，月度统计资料系统化，年度统计资料档案化”。

路政统计台账的设置形式有综合性统计台账和专业性统计台账之分。

范例7-1

路政索赔台账

序　号	日　期	赔款单位	赔款原因	赔款金额/元	收据号码	备　注

范例7-2

路政许可台账

序　　号	日　　期	申请单位	申请内容	地　　点	批准单位	批准证号	金　　额	收据号码	经　办　人	备　　注

三、路政统计报表

（一）路政统计报表的格式

路政统计报表是路政管理机构收集统计资料的一种主要方法。它是按省路政管理机构统一规定的表格形式，统一的报送程序和报送时间，自下而上定期向上级部门和有关领导报告路政管理统计资料的一种报告制度。

路政业务统计报表由主项和宾项构成，即由横栏和竖项来表达统计调查项目的要求。主项是统计调查的主体项目，宾项是对主项的具体说明、具体分类，通常情况下，主项设在表的左方，宾项设在右方，有时因主项内容较多或为了统计的方便，在制作表格时，也可把主项和宾项互换位置。

路政业务统计报表由省路政管理机构统一制发，对制发统计报表要严格管理，不层层加码，不滥发报表，以尽量减少基层单位的负担。

（二）路政统计报表的填写方法

路政业务统计报表的填写，就是把统计调查所得的大量材料，经过分类归纳，用数字反映在统计报表上的工作过程，这是一项极其细致、严肃的工作。准确地填写统计报表，是保证统计质量的一个重要环节，填写统计报表常用的方法如下。

1. 分类划正法

分类划正法即用“正”字的每一划代表一个单位计数，一个“正”字代表5个单位计数。这种划正法，在调查对象较少或统计项目较简单时，使用比较方便。但在面大、数多时，不宜采用。

2. 卡、表点数法

卡、表点数法是用卡或单张登记表（一案填写一张）点数，优点是比较准确，可以及时发现和纠正差错。但必须注意，在进行卡、表点数前，要保证原始卡、表的全面完整，防止遗漏、散失。

3. 整理表法

整理表法就是把统计调查所得的资料，先记录在整理表上，然后进行汇总。在汇总前，要把汇总用的报表格子放大些，然后把同类的数字摘录在有关项内，待一一填完后，把在一格内记录的数字汇总起来，填入统计报表，即成总表。这是一种广泛运用的方法，其优点是可以一目了然，防止差错，便于互相比较。

（三）路政统计报表的要求

路政管理机构填写和上报统计报表必须按照报表制度的统计规定，做到“准、快、全、明”，以便上级部门和领导及时掌握情况。

1. 准

“准”是指报表的数字资料准确无误。路政内业人员必须实事求是，如实反映情况，反对弄虚作假，防止“水分”报表。

2. 快

“快”是指严格按规定时间上报。各县（市）路政大队统计时间界限为每月20日。每月25日前报（市）地，每月30日前由市（地）报省路政管理机构。

3. 全

“全”是指按报表制度统一规定的内容和指标逐表逐页填写，必须完整无缺。

4. 明

“明”是指除统计表以外，要有简要的文字说明或综合分析。

（四）路政统计报表的填写要求

1. 做好路政统计的基础工作

各路政科（队）应建立和健全原始记录、统计台账和报表制度，做好积累资料的经常性工作，使统计报表准确可靠。

2. 做好编表前的准备工作

为了准确及时地编好报表，在上报报表之前，应提前做好准备工作：

（1）提前1～2天填写统计草表，到时候补齐所缺数字，迅速把报表寄送上级业务部门。

（2）每逢月底、月初时，统计工作人员要坚守岗位。逢年过节或因故外出时，都要早做安排，保证不延误对统计报表的填写、上报。

（3）采取预先催报、开会送表、电话电传、直接邮递等办法，促使经常迟报、缓报统计报表的单位提前填送，缩短统计报表的传送、周转时间。

3. 做好资料的审查工作

在填写路政报表过程中和填写完毕后，应对报表进行严密的审查，以达到“全”和“准”的要求。

（1）从逻辑方面进行审查。注意项目之间的逻辑联系，如统计报表各分项的和应等于合计项，有的项目只是合计或小计数中的“其中”数，这就不要求相等；在核算总数时，不要把“其中”数重复计入。

（2）从技术方面进行审查。检查报表资料的计算、汇总、抄写等方面有无差错，数字的书写方法是否清晰和符合要求。

4. 准时上报

路政统计报表编制完成后，要经过科、队领导审核，才能上报。在切实保证统计报表质量的前提下，根据规定的上报日期，按时或提前上报。防止只顾时间，不顾质量或片面强调质量而不顾时间的做法。

范例7-3

××省公路路政管理统计报表

填报单位（盖章）　　　　填报日期　　　　年　月　日

序号	内容		单位	本月小计	本年累计	备注
1	审批	占用公路	m^2/起			
2		挖掘公路	m^2/起			
3		跨越公路	m^2/起			
4		临时建房	m^2/起			
5		超限车辆	辆			
6		公路试刹车	辆			
7		交叉道口	起			
8		其他				
9	路政处罚案件	自觉履行	起			
10		强制执行	起			
11		提出申诉	起			
12	路政复议案件	维持	起			
13		变更	起			
14		撤销	起			
15	路政诉讼案件	一审	起			
16		其中胜诉	起			
17		二审	起			
18		其中胜诉	起			

审核人:　　　　填表人:

四、路政统计分析

（一）路政统计分析的内容

统计分析是在统计调查和统计汇总的基础上，对已获得的各种统计资料进行加工、整理、分析、研究，以揭示路政管理活动的特征和规律性。

1. 路政统计分析的分类

路政管理机构的统计分析大致可以分为综合分析、专题分析和典型分析三种。

（1）综合分析是对一定时期内各项路政业务统计资料进行全面系统的分析，从而反映路政管理活动的基本情况和发展变化，为总结经验、吸取教训、制订计划提供依据。

（2）专题分析是运用统计材料对路政工作某一方面的情况进行分析。

（3）典型分析是选择某一方面有代表性的材料进行分析，以补充综合分析和专题分析的不足。

2. 路政统计分析的主要课题

路政统计分析的课题主要有：

（1）在统计调查和汇总过程中发现的需要研究的问题。

（2）当前路政业务工作中需要运用统计材料分析的问题。

（3）在执行路政工作方针、政策和法律法规中需要运用统计材料分析的问题。

（二）路政统计分析方法

1. 运用总量指标进行分析

所谓总量指标，是指通过统计调查和统计汇总收集整理得来的，反映统计研究对象特征的总数值。总量指标都是绝对数。路政管理工作情况，主要运用总量指标来表示。它是计算相对指标、平均指标的基础。例如，违法建筑拆除1 000m^2，审批超限运输156件等，这些数字都是总量指标。

2. 运用相对指标进行分析

相对指标，即相对数，是两个相关联的绝对数之比，通常用“百分比”“几比几”来表达，如查处率、巡查率等。

（1）结构相对数分析法，是把构成总体的各个部分或某一部分的个数数值，同总体数值相比较，来说明各个部分在总体中所占比重，其计算公式为

$$\text{结构相对数}=\frac{\text{个体数值}}{\text{总体数值}}\times 100\%$$

例如：路政案件查处率是指一个单位在一定时期内查处路政案件数量占路政案件总数的比率。其计算公式为

$$\text{案件查处率}=\frac{\text{路政案件查处数}}{\text{路政案件发生数}}\times 100\%$$

路政管理人员上路率是指路政管理人员在法定劳动时间内上路巡查的出勤程度的指标。其计算公式为

$$\text{人均上路率}=\frac{\text{巡查工作日数}\times\text{巡查人数}}{\text{制度工作日数}\times\text{外勤人员总数}}\times 100\%$$

（2）动态相对数分析法，是把不同时期内反映同一路政现象的两个绝对数值相比较，从而研究这一路政现象在时间上的发展变化情况。常用的是按时间顺序比较，如本月、本季与上月、上季或去年同时期比较，本年与上年相比较等。

（3）比较相对数分析法，是把同一时期内不同单位的某一种路政现象的绝对数相比较。

3. 运用平均指标进行分析

所谓平均指标，即平均数。平均数也是一种综合指标，它是在一定条件下，某一同性质的总体内，各个有差异的个体数值，经过计算加以抽象化，反映一般水平的代表值。

例如，假定某路政大队一月份查处路政案件25起，二月份23起，三月份48起，第一季度的平均查处数为

$$(25+23+48)/3=32\text{（起）}$$

4. 统计图

在进行路政统计分析时，除了运用统计表、统计报告形式表达外，还有一种表达形式是统计图，即利用几何图、象形图等，来表达统计指标之间的对比关系、结构、分布、发展变

化等状况。统计图通俗易懂，对比鲜明，便于基层单位理解所以经常采用。在路政管理实践中，统计图的形式有：

（1）按时间排比列图，如图7-1所示。

（2）按地域或单位排比列图，如图7-2所示。

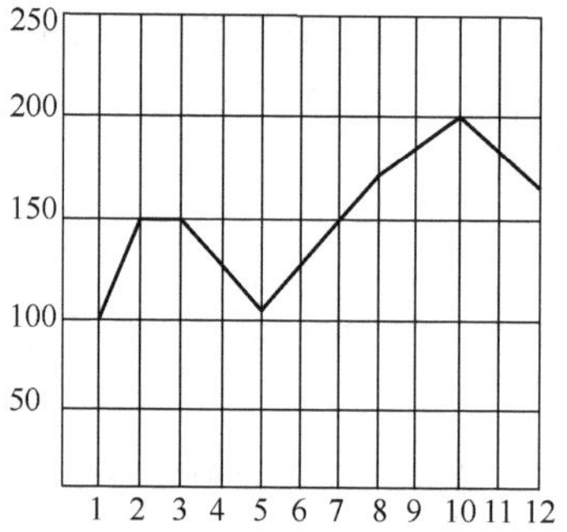

图 7-1　××路政大队 2015 年查处路政案件统计图

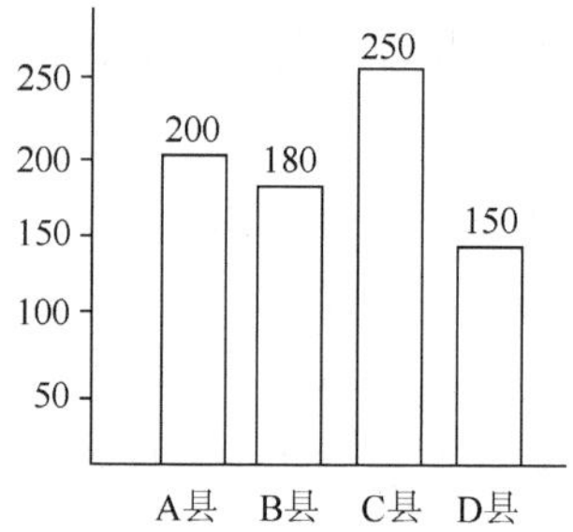

图 7-2　××市 2015 年路政宣传工作量统计图

（3）按总体的各个构成部分列图，如图7-3、图7-4所示。

（4）按两类事物的相互关系列图，如图7-5所示。

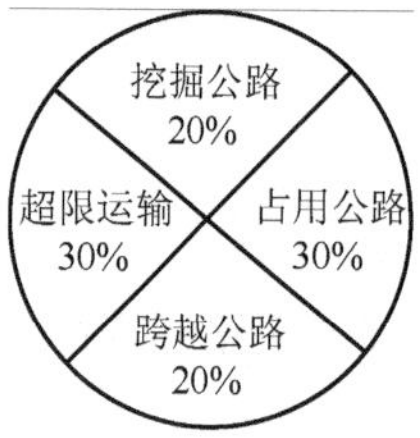

图 7-3　××路政大队审批统计图

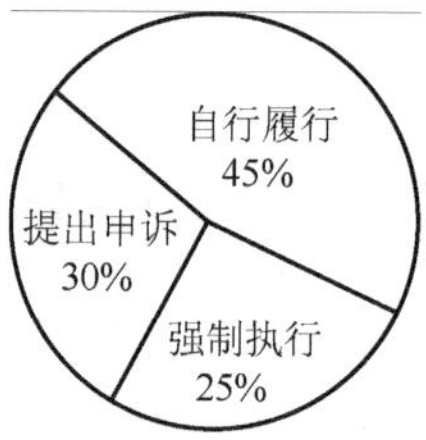

图 7-4　××路政大队路政处罚案件执行情况统计图

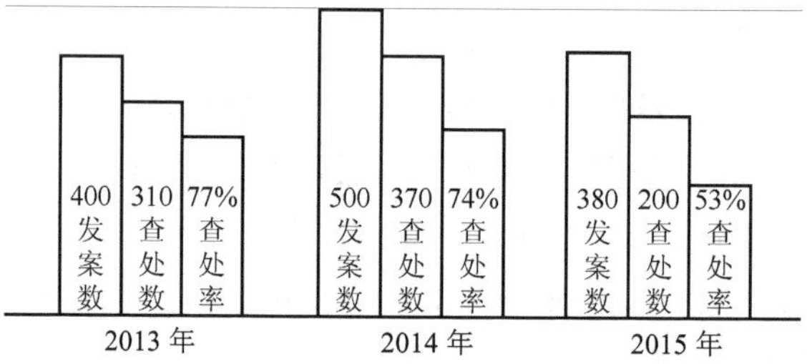

图 7-5　××县路政案件发案、查处统计图

第四节　装备经费票据管理

一、路政装备管理

配备必要的路政装备，是及时巡查公路、维护路产路权的物质条件，主要包括交通工具、通信器材、宣传器材和现场勘查器材、作业标志等。从总体上看，全国路政管理机构的装备情况仍然比较落后，各地发展很不平衡。各级路政管理机构应本着“积极改善”的方针，配足路政装备。路政装备主要有汽车、摩托车、摄像机、照相机、电视机、电话机、对讲机、

移动电话、各种作业标志、救援设备等。

保养良好的路政管理装备，是搞好路政管理的必要条件。因此，必须对路政管理装备进行有效管理。各级路政管理机构对所属的路政装备要建档立卡，并落实专人负责维护和使用。路政管理装备要专项专用，一般不得挪作他用。路政管理装备要报上级路政管理机构备案。

二、路政经费管理

路政经费是保证路政管理机构正常开展工作的经济基础。根据实际使用情况，路政经费应包括以下内容：

（1）行政事业费，包括定编人员的工资、奖金、服装费、差旅费、办公用品费、各种补贴和福利。

（2）路政装备费，包括交通工具、通信器材、宣传器材、现场勘查器材等装备购置费。

（3）车辆使用费，包括汽车、摩托车的油料、维修费。

（4）宣传培训费，包括利用电视、电台、报纸等新闻媒介的宣传费，宣传标牌等设施费以及培训费用。

（5）奖励基金，包括奖励先进的费用、路政举报奖励等。

（6）其他，包括一些必需的活动经费。

三、票据管理

路政管理部门及其授权管理机构依法收取的公路占用费、公路赔偿费等要实行收支两条线。使用的票据必须是财政和税务部门监印的专用发票，发票领用要认真编号登记。登记内容应包括：领发时间、领发本数、号码、领用人姓名、时间、票据的起讫号码等。一般情况下，路政管理票据使用应每天与财务部门结一次账，路政管理收费票据应按规定填写，并做到字迹清楚，内容齐全。路政管理票据不得涂改。

路政管理罚款必须使用省级财政部门监制的统一收据。罚款一律按规定上缴财政，所有路政收入都不得任意截留和挪作他用。

【本章小结】

本章概述了路政内业管理的概念、内容、基本要求及意义，介绍了路政内业人员的素质要求。概述了路政管理档案的概念、作用、内容，具体介绍了路政档案立卷的方法、程序及装订要求。概述了路政业务统计工作的内容与意义，介绍了路政统计台账、路政统计报表的特点、作用、格式及其填写方法与要求，具体介绍了路政统计分析的内容及方法。概述了装备、经费和票据管理的主要内容。

【练习题】

1. 什么是路政内业管理？它与路政外业管理有什么关系？
2. 路政内业管理主要包括哪些内容？
3. 对路政内业管理人员有哪些素质要求？

4. 什么是路政统计台账，它有何特点与作用？

5. 何谓路政统计报表，在编制路政统计报表时要掌握哪几点要求？

6. 试述路政统计分析方法。

7. 什么是路政档案，它的作用有哪些？

8. 路政档案主要包括哪些内容？

9. 路政档案立卷的方法有哪些？

10. 装订路政档案时应注意哪些事项？

11. 某路政内业人员在统计时发现，和去年同期相比，违法建筑案例数量明显增多。试分析这一发现对公路路政管理能起到什么作用？

12. 路政内业人员在接收路政案件材料时，发现缺少一份送达回证，要求办案人员补充后再进行移交。办案人员称送达回证已经丢失，无法找回。请问路政内业人员应当如何处理？

第八章

Chapter 8

路政行政处罚

【学习目标】

1. 了解路政处罚的概念和特征。
2. 熟悉路政处罚种类、证据的特征、证据的种类、证据的审查判断、听证程序。
3. 掌握路政处罚的原则、调查取证的原则、简易程序和一般程序的步骤。

第一节 概 述

一、路政处罚的概念和特征

路政行政处罚又称路政处罚，是指路政管理机构对违反路政管理法律法规的单位和个人给予行政制裁的一种具体行政行为。路政处罚具有下列特征：

（1）路政处罚的主体是路政管理机构，一般是交通主管部门或者地方性法规授权的公路管理机构。

（2）路政处罚是对违反路政管理法律法规的路政管理相对人进行的制裁，是一种具体行政行为。

（3）路政处罚的前提是路政管理相对人违反路政管理法律法规，不履行法定义务或不正当行使权利。

二、路政处罚种类

《公路法》规定的路政处罚的种类主要有：罚款、没收非法所得、责令停止施工、责令停止违法行为、责令限期拆除等。

罚款是指行政机关强迫当事人缴纳一定数额的货币从而依法剥夺当事人某些财产权的处罚，是一种财产罚。不管行为人是否侵犯了他人的财产权利，只要违反了法律、法规，危害了行政管理秩序，就可依法予以罚款。罚款不同于民事上的赔偿责任，也不同于刑罚中的罚金。

没收非法所得也是财产罚的一种，是指行政机关依法将行为人通过违法行为获得的财产收归国家所有的一种处罚方式。没收非法所得不同于刑罚中的没收财产。

责令停止施工、责令停止违法行为、责令限期拆除等，这种责令作为或不作为的处罚形式，属于能力罚，是行政机关通过责令违法行为当事人进行或停止某种活动，从而剥夺当事人某种能力的一种处罚。在理论上，也有人认为责令作为或不作为的这种形式，不属于行政处罚，而是行政机关按照《行政处罚法》第二十三条的规定："行政机关实施行政处罚时，应当责令当事人改正或者限期改正违法行为"的一种行政行为。

在路政行政处罚中，罚款是《公路法》规定的最多的一种处罚方式，而且处罚幅度较大，《公路法》规定最多可处5万元以下的罚款，因此路政管理人员在做出路政行政处罚时，特别是做出对当事人的罚款决定时，一定要做到处罚合法而且合理，要正确适用自由裁量权。在做出处罚决定时，要做到：①处罚的水准要与当地的经济发展水平、状况相适应。②处罚要与违法行为人的主观过错程度相适应。③处罚要与违法行为的事实、性质、情节和社会危害性相适应。④处罚时要考虑违法行为人的经济情况。

第二节　路政处罚的原则

路政处罚的原则是指对路政行政处罚具有指导意义的准则。《行政处罚法》在总则部分规定了行政处罚的原则，这同样是路政行政处罚的基本原则。

（一）处罚法定原则

处罚法定原则是行政处罚的核心原则，是对行政处罚的基本要求。《行政处罚法》第三条规定："没有法定依据或者不遵守法定程序的行政处罚无效。"处罚法定原则包含以下内容：①公民、法人或其他组织的行为，只有法律、法规、规章明文规定应受行政处罚的，才受处罚。法律、法规、规章没有规定的，不能给予处罚。②行政处罚必须由有权设定行政处罚的国家机关在职权范围内设定，无权设定的不得设定。③行政机关实施行政处罚，必须严格依法进行。其主要表现在：①处罚机关是特定的，即只有法律、法规和规章明确规定为实施处罚的机关才能实施行政处罚；②特定的行政机关只能实施法定的处罚内容，不能超越法定的处罚权限；③行政处罚既要遵守实体法的规定，又要遵守程序法的规定。

（二）公正、公开原则

公正、公开原则是行政处罚必须遵守的另一条重要原则。

公正是指行政机关在行政处罚中公平、正直，没有偏私，对受处罚者一律平等。公正原则在行政处罚中主要体现在：①行政处罚必须以事实为根据，以法律为准绳。在做出行政处罚决定之前，必须查明案件事实，违法事实是行政处罚的前提和依据。只有查明事实，才能依照法律规定给予行政处罚。②行政处罚要与违法的事实、情节及社会危害程度相适应，避免畸轻畸重。③职权分立，即处罚决定与处罚执行分开。

公开就是让管理相对人知道和明白。根据《行政处罚法》第四条规定，公开的内容包括：①有关行政处罚的规定要公开，使公民事先了解。②给路政管理相对人的行政处罚要公开。处罚公开即行政机关做出行政处罚决定，必须制作行政处罚决定书，并送达当事人。③执法人员身份公开。执法人员必须佩戴标志，出示合法有效证件。

（三）处罚与教育相结合的原则

对于已然的违法行为，非处罚不可的，应坚决予以处罚，不能以教育代替处罚，但处罚只是手段，不是目的，要做到处罚一个，教育一片。《行政处罚法》第五条规定："实施行政处罚，纠正违法行为，应当坚持处罚与教育相结合，教育公民、法人或者其他组织自觉守法。"路政管理的目的是为了使人们遵守路政法规，因此重在教育。即通过处罚达到教育的目的，教育人们自觉遵守路政法规。

（四）保证当事人合法权利的原则

根据《行政处罚法》的规定，法律保护当事人在行政处罚中的合法权利主要有：①对行政机关给予的行政处罚，当事人有陈述权、申辩权。②有要求组织听证的权利。③对行政处罚不服，有申请复议或者提起行政诉讼的权利。④有请求国家赔偿的权利。

（五）一事不再罚原则

一事不再罚原则是指相对人的某一违法行为，不得给予两次以上的同类处罚。或者说相对人的一个违法行为违反一种行政法规时，只能由一个行政机关做出一次行政处罚，一事不再罚解决的是行政实践中多头处罚与重复处罚问题。

《行政处罚法》第二十四条规定：“对当事人的同一违法行为，不得给予两次以上罚款的行政处罚。”在路政管理过程中，对路政管理相对人的某一违法行为，只能依法给予一次罚款，不能重复罚款，也不能做出处罚决定并送达当事人后又做补充处罚。同一路政机关因适用法律错误被撤销后，重新做出的行政处罚不是一事再罚。在路政管理实践中，对发生在同一条公路上而又不属于同一个县（市）级路政管理机构管辖的违法案件，按照《行政处罚法》第二十一条规定，“对管辖发生争议的，报请共同的上一级行政机关指定管辖。”不同的路政管理机构不应分别做出路政处罚决定。

第三节　路政处罚程序

路政处罚程序是指路政管理机构在实施路政行政处罚过程中，必须完成的事项、步骤及可以采取的手段、措施等的总称。根据行政处罚法的规定，行政处罚程序具有下列特点：

（1）行政处罚程序是约束行政机关和路政管理机构的行政处罚行为的程序性规定。

（2）行政处罚程序只在实施行政处罚过程中有效。在路政管理活动中追缴公路路产损失的行为，根据《公路法》的规定，这是一种民事责任，不属于路政行政处罚的范畴，行政处罚程序对其并无约束力。

（3）行政处罚程序是法定的，不能增加或减少，顺序也不能颠倒。对当事人做出行政处罚，不得违反行政处罚程序，否则所做的行政处罚无效。

一、简易程序

1．简易程序的含义

行政处罚的简易程序又称当场处罚，是指在行政处罚的原因、情节十分简单、明了的情况下，行政机关执法人员采用相对简要的手续和方式实施的行政处罚。根据《行政处罚法》第三十三条的规定，违法事实确凿并有法定依据，对公民处以50元以下、对法人或者其他组织处以1 000元以下罚款或者警告的行政处罚的，可以当场做出行政处罚决定，即适用简易程序。

2．简易程序的特点

简易程序有以下三个特点：

（1）简易程序有其严格的适用范围和条件。只有在《行政处罚法》规定的适用范围和条件下，才能做出当场行政处罚决定。

（2）处罚效率高。适用简易程序，减少了行政机关的工作压力，提高了行政效率。

（3）行政争议小。简易程序适用于案件事实清楚、证据确凿、处罚较轻的行政违法行为，所以一般不会发生行政争议，违法人员能够自觉服从处罚决定。

3. 简易程序的适用条件

《行政处罚法》对简易程序的适用范围做了严格的规定，即警告和对公民处以50元以下、对法人或者其他组织处以1 000元以下罚款。其具体条件是：

（1）有确凿的违法事实。这是指被处罚当事人的违法事实必须清楚，证据材料确凿、充分。它包括两个方面：一是有证据证明违法事实存在，二是证明违法事实的证据应当充分。

（2）做出行政处罚决定，必须要有法律、法规和规章的明确规定。它包含两个意思：一是在违法事实确凿的情况下，该违法行为还必须是法律、法规、规章明确规定应予处罚的行为；二是指适用简易程序还必须符合法律规定的其他条件，如罚款限额。没有法定依据的处罚是无效的。

（3）行政处罚的种类必须是警告或者是对公民处以50元以下、对法人或者其他组织处以1 000元以下的罚款。其他种类的行政处罚决定不可以当场做出。

需要特别说明的是以上三个条件必须同时具备，才能适用简易程序。仅仅符合其中的一个或两个条件，不能适用简易程序。

4. 简易程序的实施步骤

根据《行政处罚法》的规定，简易程序应按照下列步骤进行：

（1）向当事人出示执法证件，表明身份。

（2）说明理由，听取当事人的申辩意见。执法人员在实施当场处罚时，必须向当事人说明处罚的事实、理由和法律根据，听取被处罚当事人对所指控的违法事实和适用的法律依据的陈述和申辩意见。如果当事人对所指控的事实根据有异议的，执法人员应该进一步补证或请证人当场作证。如果当事人对所适用的法律依据有异议的，执法人员应当为其提供有关法律文件，并为其做出解答。

（3）做出行政处罚决定，填写当场处罚决定书。

（4）当场交付行政处罚决定书。行政处罚决定书由当事人签名后，执法人员应当场交给当事人一份，并应告知当事人履行处罚决定的期限、地点和方式；给予罚款处罚的，按规定可以当场收缴罚款的，还应当向当事人出具省级财政部门统一制发的罚款收据。

《行政处罚法》规定，当场处罚决定书应当有预定的格式，编有号码，并应载明下列内容：①当事人的违法行为；②行政处罚依据；③罚款数额；④时间、地点；⑤行政机关的名称；⑥执法人员签名或盖章。

（5）告知申请复议权及行政诉讼权。在行政处罚中，执法人员应告知当事人对当场做出的行政处罚决定不服的，可以依法申请行政复议或者提起行政诉讼。

（6）行政处罚决定报所属行政机关备案。行政处罚在适用简易程序结束后，具体办案人员应当及时将行政处罚决定向所属行政机关负责人汇报并备案。路政管理人员当场收缴的罚款应当自收缴之日起2日内交至路政管理机构。

二、一般程序

一般程序是指行政机关、法律法规授权的组织或受委托的组织对于事实比较复杂或者情节比较严重的违法行为，给予法定较重的行政处罚时所适用的行政处罚程序，也称普通程序。根据《行政处罚法》的规定，一般程序适用于对公民处以50元以上、对法人或者其他组织处以1 000元以上的罚款；没收违法所得；没收非法财物；责令停产停业；暂扣或者吊销许可证、暂扣或者吊销执照；行政拘留以及法律、行政法规规定的其他较重的行政处罚。

一般程序行政处罚的执法步骤如下。

（一）立案

违法行为发生后，有管辖权的行政机关负责管辖该案件。《行政处罚法》规定除适用简易程序当场处罚的案件外，一般行政处罚案件均须受理立案，承办人应制作《立案审批表》，记载当事人的情况，确定案件材料来源、违法事实以及发生的时间、地点、已有的相应证据和相应的材料。经行政机关负责人批准，正式立案。要移送管辖的，应先受理，然后将案件材料一并移送有权机关处理。

（二）调查取证

根据《行政处罚法》和《交通行政处罚程序规定》的有关规定，行政机关发现公民、法人或者其他组织有依法应当给予行政处罚的行为时，必须全面、客观、公正地调查，收集有关证据；必要时，依照法律、法规的规定，可以进行检查。行政机关在调查或者进行检查时，执法人员不得少于两人，并应当向当事人或者有关人员出示证件，表明身份。执法人员与当事人有直接利害关系的，应当回避。直接利害关系主要是指执法人员是本案当事人或本案当事人的近亲属，案件的处理结果直接影响到执法人员或其近亲属的利益或者其他可能影响案件公正处理的情况。执法人员可以自行回避，也可因当事人的申请而回避，或者由行政机关负责人决定回避。通常情况下，一般执法人员的回避由本行政机关负责人决定；行政机关负责人的回避由上级机关决定。当事人或者有关人员在接受调查时，应当如实回答调查人员的询问，并协助调查或者检查，不得阻挠。询问或者检查应当制作笔录，被询问人或者被检查人应当在笔录上签字。行政机关在收集证据时，可以采取抽样取证的方法，经批准可以对证据先行登记保存。

（三）告知处罚的事实、理由和依据，组织听证

行政机关在做出行政处罚决定之前，应当根据《行政处罚法》第三十一条、第三十二条的规定向当事人告知给予行政处罚的事实、理由和法律依据，并认真听取当事人的陈述、申辩，否则行政处罚不能成立，当事人放弃陈述或申辩的除外。行政机关做出责令停产停业、

吊销许可证或者执照、较大数额罚款等行政处罚之前，应当告知当事人有要求听证的权利，当事人要求组织听证的，行政机关应当组织听证。

（四）做出行政处罚决定

1. 根据调查结果分别做出处罚决定

行政处罚案件在调查终结后，行政机关负责人应当对调查结果进行审查，对于情况复杂或者重大违法行为应给予较重的行政处罚的，行政机关的负责人应当集体讨论决定。行政机关应当根据案件的不同情况，分别做出以下决定：

（1）对确应受行政处罚的违法行为，根据情节轻重及案件的具体情况，做出处罚决定。

（2）违法行为情节轻微，依法可以不予行政处罚的，不予行政处罚。

（3）违法事实不能成立或不存在的，不得给予行政处罚。

（4）违法行为已构成犯罪的，移送司法机关。

2. 做出处罚决定应遵循的原则

在实际路政管理工作中，做出路政行政处罚决定必须做到：

（1）必须事实清楚，证据充分。对无法查明的事实或事实不清、证据不足的不能做出路政处罚决定。

（2）必须正确适用法律、法规、规章。具体要做到：①按照违法事实，找出应适用的法律、法规、规章。②对法律条文中的条、款、项目要正确区分，不能混淆。③所引用的法律条文要准确、具体。④做出处罚决定时，不能漏引适用的法律条文。

3. 制作《行政处罚决定书》

行政机关做出行政处罚决定后，应当制作行政处罚决定书。根据《行政处罚法》第三十九条规定，行政处罚决定书应当载明下列事项：

（1）被处罚的公民的姓名、性别、年龄、住址或者被处罚的法人或其他组织的名称、地址、法定代表人姓名等。

（2）当事人违反法律、法规或者规章的事实及有关证据。

（3）给予当事人行政处罚的种类和具体的处罚内容，以及做出行政处罚所适用的法律、法规或者规章的名称及相关条款的内容。

（4）行政处罚的履行方式和期限，即被处罚当事人应当以什么方式履行行政处罚以及应当在什么期限内履行行政处罚。

（5）不服行政处罚决定，申请行政复议或者提起行政诉讼的途径和期限。

（6）做出行政处罚决定的行政机关名称和做出行政处罚决定的日期。行政处罚决定书必须盖有做出行政处罚决定的行政机关的印章。

（五）送达行政处罚决定书

根据《行政处罚法》第四十条规定，行政处罚决定书应当在宣告后当场交付当事人；当事人不在现场的，行政机关应当在7日内将行政处罚决定书送达当事人。送达方式有直接送达、留置送达、委托送达、邮寄送达、公告送达等。

三、听证程序

（一）听证的规定

听证程序是《行政处罚法》规定的行政处罚程序中的基本程序。《行政处罚法》规定的听证是指行政机关在做出责令停产停业、吊销许可证或者执照、较大数额罚款等行政处罚决定之前，根据当事人的要求，组织行政违法案件的调查人员和被处罚当事人同时参加的，对所认定的违法事实和所适用的法律依据进行当面质证和辩论的一种活动形式。

《行政处罚法》对听证程序做了如下规定：

（1）只有重大行政处罚行为才可听证。《行政处罚法》规定可以举行听证的有责令停产停业、吊销许可证或执照、较大数额的罚款等。其他行政处罚不举行听证，但当事人依法享有陈述权和申辩权。《交通行政处罚程序规定》第二十五条第二款规定：本条前款所指的较大数额，地方交通管理部门按省级人大常委会或者人民政府规定或其授权部门规定的标准执行；交通运输部直属的交通管理机构按5 000元以上执行，港务（航）监督机构按10 000元以上执行。

（2）当事人要求听证的才组织听证。《行政处罚法》规定，行政机关在做出重大处罚决定前，应先告知当事人处罚的事实与理由。当事人有要求听证的权利，也有放弃要求听证的权利。凡是当事人要求听证的，行政机关应当组织听证。

（3）听证应公开举行。根据《行政处罚法》的规定，除涉及国家秘密、商业秘密或者个人隐私外，听证应当公开举行。在听证时，被处罚当事人可以就自己认定的事实和理由进行陈述、申辩；可以与出席听证的本案执法人员进行辩论，反驳对方的意见，为自己辩护；也可以就某一事实或证据与执法人员、证人互相质证，并提出有利于自己的新的事实和证据。在举行听证过程中，被处罚当事人与执法人员是平等的法律关系主体，都有为维护自己的利益或决定发表意见、提出反驳的权利。按照《行政处罚法》规定，当事人还可以委托律师或者其他代理人出席听证会并发表意见。

（4）由与本案无关的人主持听证。《行政处罚法》规定：“听证由行政机关指定的非本案调查人员主持”，当事人认为主持听证的人员与该案件有直接利害关系，可能会影响听证公正进行的，有权申请听证主持人回避。

（5）应当举行听证的案件不举行听证而决定处罚的，行政处罚无效；不遵守或者违反听证程序而引起严重后果的责任人员还应承担法律责任。这是《行政处罚法》为保障听证制度的顺利实施，杜绝逃避听证、违规听证现象而规定的。

根据《行政处罚法》的规定，当事人要求听证的，应当在行政机关告知其有要求举行听证的权利后3日内向行政机关提出。当事人听证要求的提出，可以是书面形式，也可以是口头形式。对于当事人口头提出要求的，行政机关应做书面记录。行政机关在举行听证7日前，应将听证的时间、地点等事项预先告知当事人及其他有关人员，以便当事人和有关人员做好听证的准备工作。

（二）听证的步骤

听证一般按照下列步骤进行：

（1）由听证主持人宣布听证开始，宣布听证事由及听证纪律。

（2）听证主持人核对案件调查人和当事人身份。

（3）听证主持人宣布听证的组成成员，交代听证的权利和义务，询问当事人是否申请回避。当事人申请听证主持人回避的，听证主持人应当宣布暂停听证，报请行政机关负责人决定是否回避；申请听证员、记录人、鉴定人、翻译人回避的，由听证主持人当场决定。

（4）案件调查人提出当事人的违法事实、证据和行政处罚的建议及法律依据。

（5）当事人进行陈述、申辩和质证。

（6）听证主持人就案件事实、证据和有关法律依据进行询问。

（7）案件调查人、当事人做最后陈述。

（8）听证主持人宣布听证结束。

听证应当制作听证笔录。听证笔录应当经当事人、案件调查人、听证主持人阅读核对无误后签名或盖章；笔录中有关证人证言部分，应当交证人阅读核对无误后签名或盖章。当事人拒绝签名或盖章的，由听证主持人在听证笔录上记明情况。

听证结束后，听证主持人应当写出听证意见书。

第四节　路政处罚的执行

路政处罚的执行是指对生效的路政行政处罚决定，当事人自觉履行，或者在当事人逾期不履行时，由行政机关采取措施，迫使当事人履行的活动。

路政行政处罚执行具有以下特征：

（1）路政行政处罚的执行必须以生效的路政行政处罚决定为依据。路政行政处罚决定虽然做出，但是如果行政处罚决定没有生效或者无效，那么当事人有权不履行或者拒绝执行。路政管理机构也不能依据未生效或者无效的行政处罚决定书要求当事人执行。路政行政处罚决定的有效是路政行政处罚执行的前条件，而有效行政处罚决定不等于就已经生效。

根据《行政处罚法》的规定，一个生效的行政处罚决定至少应具备下列条件：①行政处罚实施的主体合法。②行政处罚决定书的内容符合法律、法规、规章的规定。③行政处罚决定书送达当事人。

根据《行政处罚法》第三条第二款规定，行政处罚无效的情形有如下两种：①做出的行政处罚没有法定依据。②不遵守法定程序做出行政处罚，无效行政处罚不能作为行政处罚执行的依据。

（2）路政行政处罚的执行必须遵守法定的程序。

（3）路政行政处罚执行的目的是为了惩戒和教育违法行为当事人。

（4）路政行政处罚的执行以当事人自愿履行为主，当事人在法定期限内无正当理由拒绝履行的，行政机关才能采取强制措施，强迫当事人履行。

（5）路政行政处罚强制执行的主体是交通主管部门或人民法院。《行政处罚法》第五十一条规定，当事人逾期不履行行政处罚决定，做出行政处罚的行政机关可以根据法律规定，“将查封、扣押的财物拍卖或者将冻结的存款划拨抵缴罚款”，也可以申请人民法院强制执行。《公路法》规定，当事人逾期不拆除违法建筑和公路标志以外的其他标志的，由交通主管部门拆除，有关费用由建筑者、构筑者承担。

另按《行政处罚法》第四十七条的规定，当场做出行政处罚决定，有下列情形之一的，执法人员可以当场收缴罚款：①依法给予20元以下的罚款的。②不当场收缴事后难以执行的。第二种情况一般指的是流动人口。除此之外，执法人员不得自行收缴罚款，当事人应当自收到路政处罚决定书之日起15日内，到指定的银行缴纳罚款。

《行政处罚法》第四十八条规定，在边远、水上、交通不便地区，行政机关及其执法人员依照本法第三十三条、第三十八条的规定做出罚款决定后，当事人向指定的银行缴纳罚款确有困难，经当事人提出，行政机关及其执法人员可以当场收缴罚款。

第五节　路政案件证据

一、路政案件证据的概念和特征

（一）路政案件证据的概念

在有关公路路政管理的法律法规中对证据的概念都未做规定，要了解证据的概念还得先从其他法律谈起。《刑事诉讼法》第四十八条规定：“可以用于证明案件事实的材料，都是证据。”《民事诉讼法》第六十三条规定：“证据有下列几种：①当事人的陈述；②书证；③物证；④视听资料；⑤电子数据；⑥证人证言；⑦鉴定意见；⑧勘验笔录。证据必须查证属实，才能作为认定事实的根据。”《交通行政处罚程序规定》第十五条第二款规定：“证据包括书证、物证、视听资料、证人证言、当事人陈述、鉴定结论、勘验笔录和现场笔录。”从上述有关证据的法律规定来看，路政案件中的证据应是指用来证明路政案件事实的一切材料或手段。它包括两个要素：①证据证明路政案件的事实是否客观存在；②证据有其一定的表现形式，即任何一个路政案件的客观事实都由以上证据中的一个或几个组成。它们之间相互联系，彼此印证。

（二）路政案件证据的特征

路政案件证据同其他证据如刑事证据、民事证据一样，都具备以下三个特征：客观真实性、内在关联性及合法性。

1．客观真实性

客观真实性是指一切证据都必须是客观存在的真实情况，不以人们的意志为转移，任何人的想象、推测都不能成为证据。以事实为根据、以法律为准绳是我国社会主义法制的基本原则，也是路政管理机构处理路政案件所必须遵守的法律原则。因此，处理路政案件，路政管理机构的路政管理人员首先要查明案件的事实真相，只有在这个基础上，才能正确适用法律法规，做出正确的处理决定。在路政管理中，任何一个路政案件都会在一定的场合和范围内留下痕迹和现象，即证据。因此，要求路政管理人员在提取证据时要去伪存真，仔细鉴别，收集和调查客观的、真实的案件材料。

2. 内在关联性

证据的内在关联性是指证据与所要证明的案件事实、证据与证据之间有一定的联系。任何一个路政案件，会有许多客观事实存在，但这些客观事实并非都是证据。只有那些与路政案件有联系、能够证明案件事实的情况才是证据，与案件无关的事实不能作为路政案件证据。在工作实践中，有的事实比较简单，容易辨别；也有的比较复杂，一时难以认定。这就需要路政管理人员做出周密的调查研究，通过各种方式和手段，找出与案件有紧密联系的证据。证据的内在关联性，还要求证据与证据之间互相印证，共同证明案件的真实性。

3. 合法性

证据的合法性是指证据必须符合法律、法规、规章的规定。它包括两个方面的含义：一方面是证据的收集、调查和保全必须符合法律法规的规定。如《交通行政处罚程序规定》第十六条规定："案件调查人员调查、收集证据，应当遵守下列规定：不得少于两人；如果事实客观存在，也与案件有一定的联系，但不是合法地收集和调查，包括方式程序违法，则该事实不能作为路政案件证据。"另一方面是指某些事实必须具有法律的规定才能成为路政案件证据。

证据的客观真实性、内在关联性及合法性是证据的基本特征，也是路政案件证据的基本特征。其中，客观真实性、内在关联性是证据的本质属性。具有客观性的证据才可能真实地反映案件的真实情况；具有关联性的证据才可能对证据的真实情况有意义；证据的合法性则是客观性和关联性的保障，只有严格地按照法律、法规、规章的规定进行证据的收集、审查和判断，才能保证证据真实地反映与案件有关的事实情况。

二、证据的种类

（一）当事人的陈述

当事人陈述是指当事人在调查处理过程中向路政管理人员所做的关于案件事实的叙述。

当事人陈述具有两个方面的特点：一方面当事人对案件的发生、发展能够陈述清楚，因此对当事人的陈述必须十分重视。另一方面，由于当事人是利害关系人，案件的处理是针对其不法行为的，因此当事人往往只做有利于自己的陈述，强调自己的理由，甚至还会故意缩小事实、歪曲事实真相。由于当事人陈述具有以上两个方面的特点，路政管理人员在审查、判断当事人的陈述时，必须注意去伪存真，结合其他证据全面审查案件事实，不轻信当事人的陈述。

（二）书证

书证是指用文字、符号表达证据案件事实的证据。书证以书面的内容来表现，故称为书证。作为书证，必须用文字、符号表现案件事实的思想内容。不表达思想内容或者表达的思想内容与案件无关，则不能作为书证。在路政案件中，路政处罚决定是最重要的书证，是当事人提起路政行政复议的依据，也是当事人提起行政诉讼的理由。

（三）物证

物证是指能够证明案件事实情况的物品及痕迹。物证以其自身的形态、质量、规格、特征来证明案件事实。

物证在路政案件中具有极其重要的意义。因为案件发生的事实总是客观存在的，它不以人的意志为转移。用物证来证明事实，是最有说服力的。因此，在路政案件中要注意及时、合法、广泛地收集物证。

物证与书证存在着广泛的联系，有时也往往容易混淆物证与书证。物证与书证的主要区别是：物证以其存在的外形、规格、质量等特征来证明案件事实，而书证则以其记载的思想内容来证明案件事实。一本书如果是以记载的文字内容来证明案件事实的则是书证；如是以书的外观形状、痕迹来证明案件事实的则是物证。

（四）视听资料

视听资料是指采用先进的科学技术，利用图像、录音和影像资料等来证明案件事实的证据。

（五）电子数据

2012年《民事诉讼法》修订，首次将电子数据规定为法定证据种类之一。按照最高人民法院的司法解释，“电子数据是指通过电子邮件、电子数据交换、网上聊天记录、博客、微博客、手机短信、电子签名、域名等形成或者存储在电子介质中的信息。存储在电子介质中的录音资料和影像资料，适用电子数据的规定。”

（六）证人证言

证人证言是指除当事人以外知道案件事实的第三人向路政管理人员所作的陈述。

按照我国《刑事诉讼法》《民事诉讼法》的规定：“凡是知道案件情况的人，都有义务出庭作证……不能正确表达自己意志的人，不能作证人。”因此，证人必须是具有行为能力的人，即只有能正确表达自己意志的人才能作为证人。路政管理人员在向证人调查时，要向证人说明：证人必须就自己所了解的案件事实作如实陈述，要履行作证的义务，做虚伪的陈述或故意隐瞒、夸大、缩小案件事实要负法律责任。

（七）鉴定意见

为解决专门技术性问题而聘请的专业人员，称为鉴定人。必须注意，鉴定人必须是自然人。法人不能作鉴定人。

鉴定人也可以由法院确定。

鉴定人必须符合下列条件：①有能解决专门技术性问题所需要的专业知识，只有具有这方面的知识，鉴定人才能做出科学的鉴定结论。②能够客观公正地进行鉴定。

鉴定人在接受路政管理机构的聘请后，有权了解进行鉴定所需要的案件材料；有权询问当事人和证人；有权请求给付报酬或其他费用（如误工费、旅差费等）。

（八）现场勘验笔录

现场勘验笔录是指路政管理人员对案件现场和物品等进行勘验、检查所做的记录。现场勘验笔录包括对勘验对象的记载、制作的平面图、现场拍摄的照片等。

勘验现场或物证时，路政管理机构必须邀请当事人（或代表）到场，在有可能的条件下，邀请有关单位派人参加，如肇事单位的上级主管部门等。

现场勘验笔录是对现场状况和某种物证的反映。勘验人员在制作笔录时，必须实事求是地记录勘验的真实情况，不能把个人的分析意见也写进现场勘验笔录中。

制作现场勘验笔录的同时，必须绘制现场平面图并拍摄照片，以便从立体和平面两个方面来反映客观存在的案件事实。

三、调查取证

调查取证是指路政管理机构处理路政案件时进行的调查和收集证据的活动。调查取证是路政管理机构处理路政案件的第二步程序。调查取证的目的是：①查明违法事实是否存在及其性质与危害结果等；②查明当事人，即查明当事人的身份情况及行为时的主观心理状态；③获得与案件有关的各种证据。以事实为根据，以法律为准绳是社会主义的法制原则，也是路政执法的法律原则。只有搞清事实以后，才能做到正确执法，也只有在做到证据确凿以后，才能做到适用法律正确，路政处罚适当。因此，调查取证是处理路政案件的必不可少的步骤。

1. 调查取证的方法

（1）询问当事人、第三人、证人。当事人、第三人、证人了解案件的情况，他们的陈述和证言是路政案件的重要证据。对当事人的询问，是要求当事人回答或陈述与路政案件有关的问题。询问的内容主要是案件事实，其中时间、地点、人物、原因、经过、情节、后果、责任是询问的重点，为查清案件事实，最好拟定询问提纲，以保证询问时能够围绕重点进行。在对当事人进行询问时，必须客观、公正，耐心倾听他们的陈述，认真做好记录。如果当事人是未成年人，应当询问他们的监护人。需要询问未成年人时，应当让监护人在场，如果当事人是法人或其他组织，应当询问他们的法定代表人或者诉讼代理人。对证人的询问，应分析他们与案件的联系，根据他们与案件的不同联系确定不同的询问内容、范围和重点。询问证人应注意分别进行，以保证证人证言的真实性。

（2）向有关单位和个人收集和调取书证、物证。路政管理机构处理的路政案件，有的可能不是自己发现的，而是由其他单位进行处理或检举的，这时路政管理机构就应该向他们进行调查，收集书证、物证，如交通肇事同时损坏桥栏案件，事故由公安交警部门处理，路政管理机构就可以向交警部门收集和调查证据。

（3）聘请有专门知识的人员进行鉴定。路政管理人员对碰到的某些专门性技术问题，自己不能解决时，应聘请有专门知识的人进行鉴定，以便正确认定案件事实，正确处理案件。

（4）对现场物证进行勘验。案件发生的现场物证能反映案件发生时的情况，路政管理机构应注意及时对现场物证进行勘验，收集有关证据。

2. 调查取证的原则

（1）调查取证必须依法进行。按照《交通行政处罚程序规定》的规定，案件调查人员在对路政案件调查取证时，应当遵守下列规定：①调查、收集证据由两名以上路政管理人员共同进行，并向被调查人员出示证件。②询问证人和当事人，应当个别进行并告知其做伪证的法律责任；询问笔录上应写明时间和地点以及询问人、被询问人、记录人姓名，由他们分别签名或者盖章。被询问人拒绝签名或者盖章的，由询问人在询问笔录上注明情况。为了防止同一案件证人之间相互影响，对同一案件中有几个证人的，应分别进行调查。③对与案件有关的物品或者现场进行勘验检查的，应当通知当事人到场，制作《勘验检查笔录》。当事人拒不到场的，可以请在场的其他人员见证。④对需要采取抽样调查的，应当制作《抽样取证凭证》。需要妥善保管的，应当妥善保管。需要退回的，应当退回。⑤对涉及专门性问题的，应当指派或者聘请有专业知识和技术能力的部门和人员进行鉴定，并制作《鉴定意见书》。⑥在证据可能灭失或者以后难以取得的情况下，经交通主管部门负责人批准，可以先行登记保存，制作《证据登记保存清单》，并应当在7日内做出处理决定。

（2）调查取证要客观全面。客观就是收集证据要实事求是，依据证据的本来面目调查取证，不增删，不弄虚作假。全面是指对能够证明案件事实的一切证据，都要进行收集。只有经过大量客观、全面、公开、公正的调查工作，才能查明事实，掌握有关证据材料，从而做出与当事人违法行为的事实、性质、情节以及社会危害程度相当的行政处罚。

为保证客观，《交通行政处罚程序规定》第十七条规定：“案件调查人员有下列情况之一的，应当回避，当事人也有权向交通管理部门申请要求回避：①是本案的当事人或者近亲属。②本人或者其近亲属与本案有利害关系。③与本案当事人有其他关系，可能影响案件的公正处理的。”这是交通行政处罚程序规定的回避制度。路政执法人员与本案有利害关系或者是有可能影响案件公正处理的其他关系的，应当退出对案件的调查和处理。与本案有利害关系，是指路政执法人员本人是当事人或者是本案当事人的近亲属，本案的处理结果可能对其有事实上的利害关系。所谓可能影响公正处理的其他关系，是指除上述有利害关系以外的关系，如朋友关系、同学关系、师生关系等，可能影响对案件的公正处理的。具有上述情形之一的，案件调查人员应当以口头或者书面形式请求回避。如果当事人认为案件调查人员具有上述情形之一的，也可以以口头或者书面形式向交通管理部门提出要求案件调查人员回避的请求。《交通行政处罚程序规定》第十八条规定，交通管理部门收到案件调查人员或者当事人要求回避的申请后，应当进行严格审查。案件调查人员的回避由交通管理部门的负责人决定，被委托组织的负责人的回避，由委托机关的负责人决定。在交通管理部门负责人或者委托机关的负责人做出回避决定之前，案件调查人员不得擅自停止对案件的调查处理，当事人也不得拒绝接受调查和检查。

（3）调查取证必须及时。取证越及时，获得的证据就可能越多，证据也就越客观、越可靠。取证不及时，可能会造成证据灭失，影响正确处理案件。

《交通行政处罚程序规定》第十五条规定，交通管理部门在调查和收集证据过程中，必要时依照法律、法规的规定，可以进行检查。采取检查措施应具备两个条件：一是必要条件，即交通主管部门在查处违法行为时，采取询问当事人、听取证人证言、查看违法行为现场等方法仍不能认定违法事实或者收集到全面的证据，只有通过检查才能查清案情；二是要有法律、法规的规定。检查措施是强制性的行政手段，对当事人的权益有很大的影响，因此必须有法律、法规规定才能采取检查的方式。检查必须依照法定的程序和方式进行。

案件调查人员在初步调查结束后，认为案件事实基本清楚，主要证据齐全，应当制作《交通违法行为调查报告》，提出处理意见，报送交通管理部门负责人审查。

3．调查取证的内容

在路政管理实践中，需要收集证据的主要是路政处理处罚案件，而路政处理处罚案件主要是违法建筑、路产损失案件。

违法建筑案件一般需要收集以下几方面的证据：①当事人的陈述、询问笔录。②现场勘查笔录及现场勘查平面图。③有关部门的审批情况或其他有关材料。④证人证言。⑤法律法规的规定等。要注意收集违法建筑形成的时间、地点、人物、原因、经过、情节、后果、责任等情况，以证明违法事实的存在。路政管理机构据此做出行政处罚。

路产损失案件需要收集以下几方面的证据：①当事人的陈述、询问笔录。②现场勘查笔录及现场勘查平面图。③有关部门的材料，如公安交警部门处理交通事故的材料。④证人证言。⑤视听资料。⑥鉴定结论。⑦法律法规的规定等。要注意收集路产损失案件发生的时间、地点、方法、后果；当事人的基本情况；路产损失前的情况；路产损失情况；侵权行为与路产损失事实之间的因果关系等。收集的证据要足以证明当事人有侵权行为，并应承担赔偿责任。

四、证据的登记保存

《交通行政处罚程序规定》第十六条规定了证据的登记保存，在证据有灭失的可能或者以后难以取得的情况下，经交通管理部门负责人批准，对需要保全的物件当场登记造册，暂时保存于一定地点或者责令当事人妥善保管，不得动用、转移、损毁或者隐匿，等待交通管理部门进一步的调查和做出处理。

证据的登记保存是一种行政措施，有利于交通主管部门及时、有效地查处违法行为，但必须符合以下条件：

（1）必须是在证据可能灭失或者以后难以取得的情况下才能采取证据登记保存的措施。证据可能灭失或者以后难以取得的情况有两种可能：一是当事人的主观原因，即当事人采取转移、隐匿、损毁等办法使证据可能灭失或者以后难以取得；二是自然原因，即物质会发生变质、腐烂等原因造成证据可能灭失。

（2）采取证据登记保存措施，必须经交通主管部门负责人批准。

（3）对当事人的与行政处罚、行政处理无关的物品，不能采取证据登记保存措施。

（4）采取证据登记保存措施后，必须在7日内做出处理决定，否则逾期证据登记保存措施自行解除。

五、证据的审查判断

证据的审查判断是指路政管理机构对路政案件的证据进行审查，对证据的证明力做出判断的活动。路政案件证据的审查判断包括两个方面：①对证据的全面审查判断，即对证据的客观真实性、内在关联性和合法性进行审查判断。②对单个证据进行审查判断，即对书证、物证、视听资料、证人证言、当事人的陈述、鉴定结论、现场勘验记录分别鉴别，以确定其对路政案件的事实是否有证明力。

（一）当事人陈述的审查判断

当事人由于其与案件有直接的利害关系，在审查当事人陈述时，要与其他证据综合分析，审查确定其陈述是否能作为认定案件事实的依据。如果当事人否认，而又有其他证据能充分证明案件事实，则同样要对当事人进行处罚。

（二）书证的审查判断

（1）审查书证的制作人是谁。

（2）审查书证是否伪造或经过编造。

（3）分析书证的内容。如对《超限运输通行证》的审查。对于书证，还应根据证据审查判断的一般原则，审查其客观真实性、内在关联性、合法性，以判断其证明力。

（三）物证的审查判断

（1）物证必须交当事人辨认，确认无误后，物证才有其证明力。

（2）物证需要勘验的，应制作勘验笔录。

（3）物证需要鉴定的，应制作鉴定结论。

（4）物证要与其他证据对照分析。物证如与其他证据有矛盾，应深入调查。

（四）视听资料的审查判断

审查判断视听资料时，应鉴别其真假，有无剪接、伪造。对于视听资料，应同其他证据综合分析。对视听资料有疑问的，应组织技术鉴定。

（五）电子数据的审查判断

由于电子数据证据的不易感知性和依赖性、易被篡改性、易于复制性等特性，对电子数据的审查和判断更应该抱着审慎的态度。虽然电子数据有别于传统证据，但对电子数据的审查还是应该围绕传统证据的客观性、合法性、关联性三个方面进行，同时也要结合电子数据的特性进行综合考虑。

（六）证人证言的审查判断

（1）审查证人证言与其他证据是否一致。

（2）对证人进行审查。证人证言如果与其他证据不一致，不是证人证言不真实，就是其他证据不真实，应仔细鉴别。对证人应审查其观察力、记忆力、陈述力。观察仔细程度、记忆与时间长短、表达能力强弱都不同程度地影响证人证言。对证人审查还应审查证人与当事人之间有无利害关系。

（七）鉴定意见的审查判断

（1）审查鉴定人是否具备有关专门知识。

（2）审查鉴定人所依据的材料是否真实可靠。

（3）鉴定结论必须由鉴定人进行鉴定并签字，由鉴定人或鉴定单位提交给路政管理机构。

（八）现场勘验记录的审查判断

（1）审查现场勘验记录是否符合法律要求。

（2）审查记录内容是否全面准确并与现场情况相一致。

【本章小结】

本章是本书的重点之一，因为路政行为中最为常见的具体行政行为就是路政处罚，本章主要介绍了路政处罚的特征、路政处罚的种类、路政处罚的原则、路政处罚的程序、路政处罚的执行、证据的特征、证据的种类、证据的审查等。

掌握路政处罚的原则有助于执法者正确行使路政处罚权，正确区分简易程序、一般程序、听证程序的适应情形是对执法者的基本要求，正确调查取证和准确审查判断证据既有利于保护相对人的权利，也为可能产生的路政诉讼胜诉提供了一定保障。

【案例分析】

案例一：

2011年5月3日晚，广西高管局南宁路政执法支队南环大队在南宁环城高速公路开展治超等综合执法工作，被告人叶某作为带班领导带领被告人马某等3名执法人员在南环高速公路玉洞收费站开展治超执法工作。同日22时许，刘某、杨某、杨某某、张某先后将各自驾驶的重型拖挂大货车依次停靠在南宁市良庆区绕城高速G7201南环段上行线19km附近路段的应急车道内（距前方玉洞收费站入口匝道600米）。得知该情况后，被告人叶某指派被告人马某驾驶路政执法车与其一同前往处置。两名被告人从玉洞收费站入口上到绕城高速上行线后，发现确有几辆大货车停在后方靠近出口匝道附近，经简短交流后，均认为顺行到达将绕行太远、时间太长，不利于及时查处。在被告人叶某的默许下，被告人马某驾车沿着应急车道逆行至第一辆货车前，由被告人叶某下车对停靠车辆进行检查，被告人马某打开警灯将车开出应急车道沿行车道继续向前逆行。此时，第四辆大货车司机张齐看到有车逆行过来，以为是交警查车，害怕被处罚，便驾驶半挂货车向左打方向行驶至行车道欲离开，此时，被告人马某已看到张某驾驶的货车后面有来车的灯光，其仍逆行驾驶路政执法车与张某驾驶的车辆对向行驶，张某见状便打灯变更至超车道，被告人马某亦驾车变更至超车道，最终将张某驾驶的车辆逼停在超车道内。此时，恰有被害人庞某驾驶小型普通客车行驶至该处，追尾碰撞半挂货车车尾右侧，车辆失控后又与停靠在右侧应急车道内的杨某驾驶的半挂货车的左侧后部相刮碰，造成小客车严重毁损，乘客庞某等三人当场死亡，王某等五人全受伤的严重后果。经南宁市公安局交警支队十二大队认定，被告人马某驾驶机动车在高速公路上逆向行驶拦截行驶的车辆是造成交通事故的直接原因，承担事故的全部责任，张某等人不承担事故责任。2011年6月20日，自治区高管局赔偿三名死者家属各人民币30万元。

法院认为：被告人马某、叶某作为受广西交通厅委托代表国家机关行使高速公路管理职权的广西区高速公路管理局从事公务的人员，违反了《广西高速公路管理办法》第三十三条“治超工作只能在收费站入口、服务区进行流动检测、检查”之规定，超越职权进入高速公路治理超载检查，且违反《道路交通安全法实施条例》第八十二条“机动车在高速公路行驶，不得倒车、逆行、穿越中央隔带掉头或者在车道内停车”之规定，在高速公路逆行检查车辆。其行为共同触犯了《刑法》第三百九十七条第一款之规定。被告人马某在被告人叶某下车后，将车驶入行车道第二次逆行，此时他已看见张某驾驶的车辆驶入行车道，亦看到张某驾驶的车辆后面有来车的灯光，仍逆行拦截行驶的大货车并将大货车逼停，致使后面来车与大货车追尾，造成三人死亡五人受伤、车辆严重损毁等严重后果，情节特别严重。其明知在高速公路逆行拦截车辆可能会导致车辆追尾事故的发生，并且放任危害结果的发生，其行为属于间接故意，其行为又触犯了《刑法》第一百一十五条第一款之规定。因此，被告人马某的逆行的行为分别触犯了滥用职权罪和以危险方法危害公共安全罪两个不同的罪名，应择一重罪处罚，以危险方法危害公共安全罪追究其刑事责任。被告人叶某作为带班领导，带领马某逆行进入高速公路执法，疏忽对被告人马骏的监管，其行为已构成滥用职权罪，依法应予惩处。被告人马某庭上自愿认罪，可从轻处罚。

事故发生后，二被告人所在单位广西壮族自治区高速公路管理局部分赔偿了各被害人的经济损失，可酌情从轻处罚。关于马某的辩护人提出马某不应承担事故的全部责任，大货车停靠在紧急停车道也有过错，张某应当预见后面有来车仍变道行驶是违章，马某是自首的辩护意见。经查，交警部门的两级认定书均已认定大货车停靠在高速公路的紧急停车道上属违章行为，但该违章行为与事故的发生无因果关系。张某从紧急停车道驶入行车道，在马某已在行车道上逆行的情况下，他唯一能选择的只能变更到超车道，法律没有禁止行驶中的车辆变道，本案发生的直接原因是张某变更到超车道时马某亦变更到超车道将张某的车拦截逼停。因此，辩护人的辩护意见与事实不符。被告人叶某于事故发生后报警，被告人马某骏按交警部门通知接受调查，两人在接受交警部门询问时均未如实陈述，隐瞒逆行行为，他们的行为不属于自首。关于叶某的辩护人提出马某的第二次逆行与叶某无关的辩护意见。经查，叶某作为带班领导，其决定带领马某驾车逆行上高速公路执法后，应该对上高速公路后的整个执法过程负有组织、管理、监督的责任，不能将两个人的职责割裂开来，辩护人该辩护意见据理不足，法院不予采信。视二被告人的犯罪情节和悔罪表现，南宁市良庆区法院遂做出如上判决。

（案例来源：广西法院网）

案例二：

2012年7月18日上午，龙某驾驶一台装载铁路道砟的货车沿322国道右东往西行驶，途经祁东县白地市交警中队地段时，遇祁东县公路管理局路政人员查超限。龙某驾驶的货车因超限被拦下接受检查。为保障道路通畅，路政人员示意龙某将车移到道路左侧的空旷地带。龙某未予配合，亦拒绝下车。路政人员在强制龙某下车过程中与龙某发生争执、拉扯，致龙某受伤。龙某受伤后住院治疗。同年7月20日，龙某的伤情经鉴定为九级伤残。2012年12月11日，龙某通过特快专递向祁东县公路管理局邮寄《行政赔偿申请书》，祁东县公路管理局收到后在二个月内未做出是否赔偿的决定。龙某遂起诉，请求国家赔偿。

法院经审理后认为，龙某驾驶超载车辆行驶在322国道上，祁东县公路管理局的路政工作人员将其拦下接受检查的行为系被告工作人员行使行政职权的行为。但被告的路政工作人员在行使行政职权时应文明执法、以人为本，不得损害公民身体等合法权益。原告身体受到伤害系被告的路政工作人员在行使行政职权过程中造成，被告依法应当予以赔偿。据此，法院判决被告赔偿原告医疗费、残疾赔偿金等共计173 052元。

（资料来源：湖南法院网）

【练习题】

一、单项选择题

1. 下面不属于行政处罚的有（　　）。

A. 警告　　B. 罚款　　C. 责令停产停业　　D. 管制

2. 公路路政管理人员依法实施监督检查时，应当有（　　）名以上人员参加。

A. 一　　B. 两　　C. 三　　D. 四

3. 《行政处罚法》规定，作为例外，行政机关及其执法人员可以当场收缴行政处罚罚款。但在（　　）情况下，当事人有权拒绝交纳罚款。

A. 依法给予20元以下的罚款处罚的

B. 不当场收缴事后难以执行的

C. 不出具省、自治区、直辖市财政部门统一制发的罚款收据的

D. 不适用听证程序做出罚款处罚决定的

4. 某县邮政局要在某国道段埋设通信光缆，因其认为这是国家建设项目，在未经公路主管机关批准的情况下即开始施工。县公路路政管理所经检查发现该行为属违法行为，遂多次口头、电话通知其停止施工，补办相关手续并交纳路产损失赔偿费。但该局照旧施工，县公路局了解情况后，以电话方式通知邮政局立即停止施工，并限期缴纳罚款3 000元。邮政局不服诉至法院。对于公路局的行为说法正确的是（　　）。

A. 县公路局的处罚行为是合法的，因为邮政局的行为未经批准

B. 县公路局的行为是违法的，因为不具备法律规定的形式

C. 县公路局的行为是在其职权范围内做出的，因此是合法的

D. 县公路局的行为是违法的，因为邮政局是在实施国家建设项目

5. 下列关于行政处罚中“一事不再罚原则”的表述正确的是（　　）。

A. 针对一个违法行为，不能进行多种行政处罚

B. 针对一个违法行为，不能依据同一法律规范进行两次或两次以上的处罚

C. 针对一个违法行为，不能进行两次或两次以上的罚款

D. 针对一个违法行为，不能由两个或两个以上的行政机关处罚

6. 某乡村民张某在未经过任何审批的情况下，在村附近的国道边建造房屋，开办汽车修理部。公路管理部门在检查中发现此事后，对其做出以下处理：①责令限期拆除；②罚款500元；③建议乡政府对其进行批评教育。上述处理中属于行政处罚的是（　　）。

A. ①和②　　B. ②　　C. ②和③　　D. ①

7. 在行政处罚中，对情节复杂或者重大违法行为将给予较重处罚的，应当（　　）。

A. 处罚机关的负责人集体讨论决定

B. 报上级机关做出决定

C. 由处罚机关的行政首长决定

D. 办案人员集体讨论决定

8. 行政机关在做出行政处罚决定之前，有（　　）。

A. 告知义务　　B. 限制人身自由的权利

C. 搜查的权利　　D. 检查人身的权利

9. 对违法行为给予行为政处罚的规定必须公布，这是行政处罚的基本原则的（　　）原则。

A. 公正、公开　　B. 行政处罚法定

C. 处罚与教育相结合　　D. 依法救济

10. （　　）是行政处罚的核心原则，是对行政处罚的基本要求。

A. 处罚法定原则　　B. 公开、公正原则

C. 处罚与教育相结合原则　　D. 一事不再罚原则

二、多项选择题

1. 下列处罚不符合法律规定的是（　　）。

A. 造成公路损坏未报告的，罚款100元

B. 损坏公路附属设施可能危及公路安全的，罚款4万元

C. 未经批准在公路上增设平面交叉道口的，罚款2万元

D. 将公路作为试车场地的，罚款8 000元

2. 行政机关在做出（　　）处罚决定之前，应当告知当事人有要求举行听证的权利。

A. 责令停产停业　　B. 较大数额罚款

C. 吊销许可证或者执照　　D. 行政拘留

3. 行政处罚决定书的送达方式有（　　）。

A. 直接送达　　B. 电话送达　　C. 邮寄送达　　D. 公告送达

4. 下列行政处罚（　　）属无效的行政处罚。

A. 应当告知当事人可以要求听证的案件而没有告知的

B. 超过法定的处罚种类和幅度给予的处罚

C. 没有经执法机关负责人批准做出的行政处罚

D. 不具有行政处罚主体资格的单位实施的行政处罚

5. 有下列情形之一的，执法人员可以当场收缴罚款（　　）。

A. 依法给予20元以下的罚款的　　B. 依法给予50元以下的罚款的

C. 不当场收缴事后难以执行的　　D. 当事人情愿的

6. 交通行政处罚的程序包括（　　）。

A. 一般程序　　B. 简易程序　　C. 复议程序　　D. 听证程序

7. 交通行政处罚简易程序必须包括（　　）。

A. 出示交通行政执法证件、确认违法事实

B. 说明处罚理由、告知陈述、申辩权

C. 填写交通行政当场处罚决定书

D. 当场交付当事人处罚决定

三、简答题

1. 路政处罚的原则有哪些?

2. 当场收缴罚款、简易程序、一般程序分别适用于何种情形?

3. 证据的特征和种类有哪些?

4. 调查取证应遵循什么原则?

5. 证据应如何审查?

四、案例分析题

2013年12月16日，个体司机李某驾驶鄂A×××××自卸车，满载石头，驶经湖北某高速公路路段时，（1）被正在独自上路维持高速公路大型维修现场施工秩序的某路政大队路政员张某发现，张某经目测认定该车超限运输，遂拦车进行检查（该车事实上确实超限）。检查中，李某不能提交路政部门核发的超限运输车辆通行证，路政员张某依照《公路法》第五十条及第七十六条第五款的规定，（2）对李某做出罚款200元的行政处罚决定，并填制了《交通行政当场处罚决定书》，当场送达李某本人，同时要求王某当场缴纳罚款。由于李某未带足够的钱缴纳罚款，张某以李某拒不接受处理为由，要暂扣李某的车。经李某再三请求，（3）张某将李某的驾驶证副证予以暂扣，并填制了《证据登记保存清单》作为暂扣凭证交付王某。（4）王某不久即向省交通厅提起行政复议。根据上述案例，回答以下问题并简述理由:

1. （1）中有几处行为违法?

2. （2）中有无违法之处?

3. （3）中执法文书的使用是否符合规定?

4. （4）中的行为是否合法?

第九章

Chapter 9

路政复议

【学习目标】

1. 了解路政复议参加人及特点。
2. 熟悉路政复议的申请条件、复议决定的种类、路政复议决定执行的几种主要情况。
3. 掌握路政复议的概念、特征、原则和意义，路政复议的程序。

第一节 概 述

一、路政复议的概念及特征

（一）路政复议的概念

路政复议是指公民、法人或者其他组织认为具体路政行为侵犯其合法权益，依法向上一级路政管理机构提出申请，由受理申请的路政机构对原具体路政行为依法进行审查，并做出路政复议决定的一种具体行政行为。作为路政机关内部自我纠正错误的一种监督制度，路政复议在性质上具有两个特点：

（1）路政复议是路政机关内部的层级监督，即路政机关依据领导和被领导、指导和被指导关系所形成的监督形式。

（2）路政复议是一种事后救济措施。对相对人来说，如果其合法权益已经受到路政机关的违法或者不当具体路政行为的侵害，可以通过路政复议对其予以补救；对路政机关来说，这种补救的过程也是挽回自身影响的过程。

总之，路政复议在性质上是行政的、监督的和补救的，与司法诉讼是不同的。

（二）路政复议的基本特征

路政复议具有以下特征：

1. 路政复议以路政争议为处理对象

所谓路政争议是指路政管理机构与路政管理相对人之间以路政职权行使的合法性和适当性为争议焦点的纠纷。上级路政管理机构行使路政复议权是一种准司法活动，它对下级路政管理机构行使路政管理权起监督作用，即对路政争议进行复查。

2. 路政复议以具体路政行为为审查对象

具体路政行为是与抽象路政行为相对应的。抽象路政行为是指路政主体针对不特定的对象做出的，具有普遍约束力的，并可以重复使用同一对象的路政行为，即制定法律、法规、规章的行为。抽象路政行为是不能申请路政复议的。具体路政行为是由路政管理机构针对特定对象做出的，具有特定的约束力。例如，对擅自进行超限运输的路政管理相对人给予处罚。路政复议只审查具体路政行为。

3. 路政复议以合法性和适当性为审查标准

路政复议是审查具体路政行为是否合法和适当。所谓是否合法是审查路政管理机构的行为是否履行法定职责，事实是否清楚，证据是否充实，适用法律、法规、规章是否正确，是否违反法定程序，是否超越职权或者滥用职权。所谓适当是指是否正确地运用自由裁量权，具体路政行为是否合理。

4. 路政复议以书面审查为主要方式

这是指路政复议机关在审查案件时主要是审查案卷材料，在复议机关认为有必要及申请人提出申请时，可采取当面方式审查案件。

5. 路政复议由路政管理相对人主动申请，以路政主体为被申请人

路政复议是以路政管理相对人主动申请开始的。实行不告不理制度。如果路政管理相对人不提出复议申请，路政机关是不会进行路政复议的。路政复议并不以做出行为的路政管理人员为被申请人，而是以路政管理机构为被申请人。这是因为路政管理人员是以路政机关的名义而不是以个人名义做出的具体路政行为，所以路政复议不能以个人作为被申请人。

6. 路政复议受法定期限的限制

路政复议由于涉及路政争议的解决，它受到法定期限的严格限制，这种限制要求包括两个方面：一是路政相对方申请路政复议，必须在法定期限内，逾期申请复议，复议机关不予受理；二是复议机关必须在法定期限内做出复议决定。没有法定事由逾期做出决定的，则可能成为路政相对人提起路政诉讼的理由，而且属路政复议程序违法。

二、路政复议的意义

路政复议是路政管理机构自我纠偏的一种重要措施，是路政管理自我监督的一种重要形式。加强路政复议制度建设，搞好路政复议工作，对于保护公民和组织的合法权益，维护交通主管部门和路政管理机构在群众中的威信，密切管理者与被管理者之间的关系，增强人民群众对路政管理机构的信任感，减少违法路政行为的发生具有重要意义，具体表现在：

（1）当事人通过行使申诉权，可以起到直接保护自身合法权益的作用。

（2）上一级路政管理机构通过复查申诉活动，可以纠正下级路政管理机构的过错和不当，维持正确的路政处理决定，减少对个人和组织合法权益的损害，树立依法行政的良好形象。这是上级路政管理机构对下级路政管理机构实施监督检查的权利和义务。

在路政行政复议中，复议机关对有争议的具体路政行为进行审查并做出复议决定，能够查明违法或不当的具体路政行为产生的原因，找出路政管理机构行政执法中存在的问题，从而督促路政管理机构采取相应措施，改进执法活动，防止在今后的路政执法中再出现类似的问题。

（3）建立路政复议制度，可以使大量路政争议案件解决于行政程序范围内，一方面可以减轻大量路政案件对人民法院的压力；另一方面，也有利于路政管理权的完整行使，提高路政管理效率。

路政行政复议必须严格按法律规定的程序和条件进行。路政管理相对人的申请必须在法定期限内依法定条件提出，这可避免相对人对路政管理机构纠缠不休。相对人如果对复议决定不服，还可向人民法院起诉，如果对复议决定不起诉又不履行的，路政管理机构可以依法强制执行或申请人民法院强制执行，这就保障了具体路政行为的合法性及严肃性，有利于维护路政管理机构的威信。

复议机关通过复议工作，可以充分利用路政复议在组织结构、复议程序等方面简便易行的特点，高效地解决路政争议，既减少对路政管理相对人合法权益的侵犯，又树立起路政管理机构迅速高效、依法行政的良好形象。

三、路政行政复议的原则

（一）合法、公正、公开、及时、便民的原则

公路路政管理的根本目的在于维护公路路产、路权，保证公路安全畅通，促进经济发展，方便和提高人民生活。路政行政复议是路政管理机构自我监督的一种重要措施，只有及时地处理好路政争议，让当事人充分行使法律、法规赋予的权利，让路政管理相对人有冤可申，才能保证路政管理机构依法行使职权，维护人民群众利益，树立路政管理机构的威信，更好地管好公路。因此，《行政复议法》规定了合法、公正、公开、及时、便民的原则。

（1）路政复议遵循合法的原则，是指履行路政复议职责的路政管理机构，必须严格按照法律所规定的职责权限，以事实为根据，以法律为准绳，对路政管理相对人申请复议的具体路政行为，按法定程序进行审查。根据审查的不同情况，依法做出不同的复议决定：对于合法的具体路政行为，依法予以维持；对于违法或者不当的具体路政行为，依法予以改变或者撤销，并可以责令被申请人重新做出具体路政行为。具体而言，路政复议遵循合法的原则包括以下内容：

1）履行路政复议职责的主体应当合法。复议机关应该是依法成立并享有法律、法规所赋予的复议权的路政管理机构。复议机关受理并审理的复议案件，必须是其依法享有管辖权的复议案件，不属于其管辖的复议案件无权审理。

2）审理路政复议案件的依据应当合法。复议机关审理路政复议案件，必须依照法律、行政法规、地方性法规等法律依据。复议机关审理民族自治地方的路政复议案件，还应依照民族自治地方的自治条例和单行条例的规定。此外，复议机关所依据的法律规定对于所审理的路政复议案件应该是现行有效的。

3）审理路政复议案件的程序应当合法。《行政复议法》和有关法律、法规规定了具体的复议程序，复议机关审理路政复议案件应当严格按照法定程序进行。

（2）路政复议应当遵循公正原则。依法办事、合情合理是路政复议机关依法进行路政复议活动必须达到的最起码的要求，即路政复议活动应当具有公正性。如果路政复议活动不具有公正性，路政复议机关与被申请人之间“官官相护”，通过行政机关内部的路政复议活动来监督路政管理机构依法行政的制度就会失去存在的意义。要做到公正，路政复议机关在处理路政复议案件时就必须充分考虑申请人与被申请人两方面的合法权益，不偏袒任何一方，严格依法办事，不拿原则做交易。对申请人正当合法的权利坚决给予保护，对申请人不合理的要求也要依法予以驳回；对被申请人的违法、不当行为或决定必须严格地按照法律、法规的要求处理，做到不故意庇护和放纵违法行为。同时，对被申请人做出的合理的行为和决定应依法坚决予以维护。在路政复议过程中，路政复议机关应始终坚持申请人与被申请人在路政复议面前依法平等参与的原则，任何一方在路政复议过程中都不应当享有法律、法规未予规定的特权。

（3）路政复议应当遵循公开原则。行政复议制度设立的宗旨就是为了防止和纠正行政

机关做出的违法的或者不当的具体行政行为，保护公民、法人或其他组织的合法权益，保障和监督行政机关依法行使职权。由于路政复议机关与被申请人之间存在着行政上的领导与被领导、指导与被指导关系，因此，在路政复议的过程中就必须遵循公开原则。只有路政复议活动公开，才能便于公民、法人和其他组织依法有效地监督路政复议机关的路政复议活动；只有路政复议活动公开，才能保障路政复议机关在处理路政复议案件时依法办事，对受审查的具体路政行为和有关路政管理机构的决定做到不枉不纵。

为了保证公开原则贯彻于路政复议活动的始终，特别是通过路政复议公开原则来保证申请人更好地行使自己的复议权利，《行政复议法》又从以下几个方面对行政复议程序的公开性做了详细的要求：

1）《行政复议法》对申请人是否具有申请行政复议的权利，规定行政复议机关必须依法明确公开地告知申请人。如第十七条规定，行政复议机关收到行政复议申请后，应当在5日内进行审查，对不符合规定的行政复议申请，决定不予受理，并书面告知申请人；对符合规定，但不是本机关受理的行政复议申请，应当告知申请人向有关行政复议机关提出。

2）《行政复议法》对于被申请人参加复议活动的要求做出了公开性方面的规定。第二十三条第一款规定，申请人提出的复议申请应当公开告知被申请人，以利于被申请人答辩。第二十三条第二款规定，申请人、第三人可以查阅被申请人提出的书面答复，做出具体行政行为的证据、依据和其他有关材料，除涉及国家秘密、商业秘密或者个人隐私外，行政复议机关不得拒绝。这就保证了被申请人所做出的具体行政行为和行政机关的有关决定，既受到行政复议机关的监督，又受到行政管理相对人的监督。

（4）路政复议应当遵循及时的原则。路政复议是路政管理机构内部监督的一种方式，在绝大多数场合下，复议机关的复议决定通常不是终局的，还可能受到法院的司法审查。所以，路政复议既要注意维持公正性，同时又要保证行政效率。这就要求路政复议必须遵循及时的原则。路政复议遵循及时原则的主要内容包括：

1）受理复议申请应当及时。路政复议机关收到路政管理相对方的复议申请书后，应当及时对复议申请书进行审查，从而做出是否受理的决定。

2）审理复议案件的各项工作应当抓紧进行。路政复议机关受理路政复议案件后，应当抓紧时间调查取证和收集材料，不应拖延。对收集到的各种材料、证据要尽快分析，并根据情况，及时决定是否采取书面审理以外的其他审理方式。

3）做出复议决定应当及时。通过审理路政复议案件了解情况后，路政复议机关应当迅速拟订复议决定并报复议机关法定代表人，复议机关法定代表人须及时审批签发，交付施行。

4）对复议当事人不履行复议裁决的情况，路政复议机关应当及时处理。

对路政相对方不起诉又不履行路政复议决定的，起诉期限届满后，路政复议机关应依法强制执行或者申请人民法院强制执行。对做出具体路政行为的路政管理机构不履行路政复议决定的，路政复议机关应当责令履行，并追究或建议追究有关人员的行政法律责任。

（5）路政复应当遵循便民的原则。路政复议应当随时考虑到如何使路政相对人行使复议申请权更加便利，即在尽量节省费用、时间、精力的情况下，保证公民、法人或其他组织充分行使路政复议申请权。为此，路政复议机关应当尽可能为复议申请人提供便利条件。申请人无能力书写复议申请书的，复议工作人员应当把复议申请人的口述记录下来，请复议申请人签名，形成书面的复议申请材料。在能够通过书面审查解决问题的情况下，尽量不采用其他方式审理路政复议案件，避免让复议当事人不必要地耗费时间、财力和精力。

（二）复议期间不停止执行的原则

复议期间不停止执行的原则是指行政机关做出的具体行政行为不因行政相对人申请行政复议而停止执行，即公民、法人和其他组织对行政机关做出的具体行政行为不服，申请复议后，具体行政行为在被行政复议机关撤销或者改变之前，继续执行。这是由具体行政行为的效力先定性所决定的。需要注意的是，复议期间不停止具体行政行为的执行，只是行政复议的一项基本原则，并不意味着在任何情况下，复议期间具体行政行为都不停止执行。《行政复议法》第二十一条规定了复议期间具体行政行为不停止执行的原则的同时，也规定了可以停止执行的几种情况：

（1）被申请人认为需要停止执行的。

（2）行政复议机关认为需要停止执行的。

（3）申请人申请停止执行，行政复议机关认为其要求合理，决定停止执行的。

（4）法律规定停止执行的。

（三）全面审查原则

按照《行政复议法》第一、二、三、七条的规定，行政复议机关不仅要审查申请行政复议的具体行政行为是否合法与适当，而且，公民、法人或者其他组织认为行政机关的具体行政行为所依据的国务院部门的规定、县级以上地方各级人民政府及其工作部门的规定、乡镇人民政府的规定不合法，在对具体行政行为申请行政复议时，可以一并向行政复议机关提出对该规定的审查申请。这些规定确定了行政复议的全面审查原则。因此，路政复议机关在办理路政行政复议案件时，不能仅限于路政管理相对人提出申请的部分，对整个具体路政行为都要进行审查。只有对具体路政行为进行全面审查，才能对案件全貌有全面了解，才能发现具体路政行为所依据的事实是否清楚，证据是否充分确实，运用法律、法规、规章是否正确，定性和处罚幅度是否适当，以及路政管理机构有无超越职权和滥用职权。只有在全面审查，对案件全面了解和掌握的前提下，路政行政复议机关才能依法做出正确的裁决；也只有通过全面审查，才能发现和纠正路政管理中存在的问题，才能充分发挥路政行政复议的监督作用，更好地维护路政管理相对人的合法权益。

（四）不适用调解原则

路政行政复议解决的是路政争议。路政争议与民事争议不同，民事争议是平等的民事主体之间因民事权益而发生的争议。民事争议的当事人双方有权在法律规定的范围内处分自己的民事权利。因此，解决民事争议往往采用调解方式。路政争议是路政管理机构在行使路政管理职权的活动中，相对人对路政管理机构做出的具体路政行为不服而产生的争议。路政管理机构必须忠实履行自己的职责，依法行政，对法律赋予自己的职权没有随意处分的权力。因此，解决路政争议的路政行政复议活动不能适用调解，路政行政复议机关在审查具体路政行为时，必须以事实为依据，以法律为准绳，对合法的路政行为予以维持，对违法或不当的路政行为予以撤销或变更。

（五）书面复议原则

书面复议制度是指路政行政复议机关在审理路政行政复议案件时，仅就案件的书面材料进行审理的制度。复议机关不传唤当事人、证人和其他人员到复议机关，这样既可以免除申请人和被申请人旅途之劳，又可以减轻复议机关的许多负担。当然，书面复议制度要很好地发挥作用，必须要求申请人和被申请人提供充分的事实根据及其他有关材料。《行政复议法》第二十二条规定："行政复议原则上采用书面审查的办法，但是申请人提出要求或者行政复议机关的负责法制工作的机构认为有必要时，可以向有关组织和人员调查情况，听取申请人、被申请人和第三人的意见。"

（六）一级复议原则

一级复议原则是指行政案件经一个复议机关的一次复议后即告终结，申请人对复议决定不服的，不能再向复议机关的上级行政机关或者原复议机关要求复议。如果是法律规定的终局复议决定的，则申请人只能履行复议决定；如果不是终局决定的，则申请人还可以向人民法院提起行政诉讼。

（七）决定前可改变具体行政行为原则

被申请人在所做具体行政行为已进入行政复议审查阶段，只要复议决定未做出之前均可以改变所做的具体行政行为。其目的在于及时纠正违法或不当的具体行政行为，促使行政主体依法行使职权，使公民、法人或者其他组织的被侵害的合法权益尽快得到恢复。作为申请人，对被申请人改变后的具体行政行为可以同意，也可以不同意。如果不同意，复议机关继续审查原具体行政行为，并做出维持、变更或者撤销等决定。申请人如果同意被申请人改变后的具体行政行为，可以申请撤回复议申请。

第二节 路政复议参加人

《行政复议法》第十条规定："依照本法申请行政复议的公民、法人或者其他组织是申请人。有权申请行政复议的公民死亡的，其近亲属可以申请行政复议。有权申请行政复议的公民为无民事能力人或者限制民事行为能力人的，其法定代理人可以代为申请行政复议。有权申请行政复议的法人或者其他组织终止的，承受其权利的法人或者其他组织可以申请行政复议。同申请行政复议的具体行政行为有利害关系的其他公民、法人或者其他组织，可以作为第三人参加行政复议。公民、法人或者其他组织对行政机关的具体行政行为不服申请行政复议的，做出具体行政行为的行政机关是被申请人。申请人、第三人可以委托代理人代为参加行政复议。”

由此可见，路政复议参加人包括申请人、被申请人、第三人和代理人。不同的复议参加人，在复议中所享受的权利、履行的义务和承担的法律责任也不相同。

一、申请人

申请人是指因不服路政管理机构做出的具体行政行为，依法向上一级路政管理机构申请复议的路政管理相对人。复议申请人的范围包括公民、法人、其他组织、外国组织和外国人。

要确定路政管理相对人是否具有申请人资格，就要审查其是否具备以下条件：

（1）申请人必须具有权利能力和行为能力。权利能力是指路政管理相对人作为法律关系的主体参与法律关系，享受权利和承担义务的法定可能性，行为能力是指路政管理相对人能以自己的行为行使权利和承担义务的法定可能性。

（2）申请人认为自己的合法权益受到具体路政行为的侵犯，即申请人认为路政处罚决定的执行直接侵犯自己的合法权利和利益。如果路政处罚决定不涉及其本身权益，而是涉及他人权益或仅涉及国家或社会的利益，而个人、组织认为路政处罚决定违法，要求上一级路政管理机构予以撤销，则不应通过路政复议的途径，而应通过批评、建议或其他途径解决。

（3）申请人必须有明确的意思表示。路政复议作为依申请而发生的一种行政行为，要求申请人必须有明确的意思表示，即对哪一个具体路政行为不服，要求上一级路政管理机构对什么问题进行审理，这种意思表示必须在复议申请书中明确提出。

二、被申请人

路政复议中的被申请人，是指在路政法律关系中因其做出具体路政行为引起争议，路政管理相对人要求对该具体路政行为进行复议审查的路政管理机构。它主要有以下几种情况：

（1）申请人对路政管理机构做出具体路政行为不服申请复议的，做出具体路政行为的路政管理机构是被申请人。

（2）申请人不服两个或两个以上的路政管理机构以共同名义做出的同一具体路政行为而申请复议的，共同做出具体路政行为的路政管理机构是被申请人。

（3）申请人不服行政机关委托的组织所做出的具体路政行为，委托的行政机关是被申请人。

三、第三人

路政复议中的第三人，是指同申请复议的具体路政行为有利害关系，而在复议过程中依申请并经过复议机关批准参加路政复议的公民、法人或者其他组织。

第三人参加路政复议，其法律地位与申请人和被申请人相比，具有特殊性。一般来说有以下几种情形：

（1）第三人要求撤销或者变更具体路政行为。在这种情况下，第三人实际上是将路政管理机构作为被申请人，自己居于申请人的法律地位，因此，他享有申请人的权利，承担申请人的义务。

（2）第三人要求维持具体路政行为。在这种情况下，第三人由于与具体路政行为有利害关系，因此，有权对争议的内容提出主张、提供证据，反驳申请人或者支持被申请人。

（3）第三人对具体路政行为没有主张，既未请求撤销或者变更，也未要求维持。他参与路政复议仅为证明自己行为合法，争取复议决定不致对己产生不利的影响。

申请人和第三人可以查阅被申请人提出的书面答复，做出具体路政行为的证据、依据和其他有关材料，除涉及国家秘密、商业秘密和个人隐私外，路政复议机关不得拒绝。

第三节　路政复议程序

路政复议程序是保证路政复议合法、高效的重要制度。它包括路政复议申请的提起、复议申请的受理、复议案件的审理、做出复议决定和执行五个部分。

一、路政复议的申请

（一）申请复议的期限

《行政复议法》第九条规定："公民、法人或者其他组织认为具体行政行为侵犯其合法权益的，可以自知道该具体行政行为之日起六十日内提出行政复议申请。但是，法律规定的申请期限超过六十日的除外。因不可抗力或者其他正当理由耽误法定申请期限的，申请期限自障碍消除之日起继续计算。"可见，路政管理相对人对路政行政处罚决定不服的，可在收到《处罚决定书》之日起六十日内，以书面方式向对本案有复议职能的复议机关提出行政复议申请，因不可抗力或其他正当理由耽误法定申请期限的，申请期限从障碍消除之日起继续计算。如果无正当理由超过法定申请期限的，则复议机关不予受理。

（二）申请复议的条件

路政管理相对人认为路政管理机构的处罚决定影响并侵犯了其合法权益，可依法向有复议职能的复议机关申请复议。申请复议应该具备以下条件：

（1）申请人必须是不服路政管理机构做出的影响其本身权益的决定的路政管理相对人，既可以是公民个人，也可以是法人或其他组织。只要认为路政处罚决定侵犯其本身权益，对路政处罚决定不服的，均可申请复议。《行政复议法》规定，有权申请行政复议的公民死亡的，其近亲属可以申请行政复议。有权申请行政复议的公民为无民事行为能力人或者限制民事行为能力人的，其法定代理人可以代为申请行政复议。有权申请行政复议的法人或者其他组织终止的，承受其权利的法人或者其他组织可以申请行政复议。

（2）有明确的被申请人，即申请人必须以已做出的路政处罚决定为前提，指明实施侵犯其合法权益的路政管理机构，也就是说申请人必须在申请书中明确指出被申请人是谁，对谁的具体行政行为不服。

（3）向有管辖权的复议机关申请路政复议。《行政复议法》规定，对县级以上地方人民政府工作部门的具体行政行为不服的，由申请人选择，可以向该部门的本级人民政府申请行政复议，也可以向上一级主管部门申请行政复议。路政复议机关是地方人民政府或上一级交通主管部门。

（4）有明确的复议请求和相应的事实根据，即申请人在申请复议时，必须明确提出请求复议机关解决什么问题，基于何种事实提出这种请求。事实则包括案件事实和证据事实。

（5）以书面或口头形式提出复议申请。申请人一般应以书面方式向复议机关提出复议申请。口头申请的，路政复议机关应当当场记录申请人的基本情况，行政复议请求，申请行政复议的主要事实、理由和时间。

（6）在法定期限内提出复议申请。

（7）公民、法人或者其他组织向人民法院提起行政诉讼，人民法院已经依法受理的，不得申请行政复议。

二、复议申请的受理

复议申请的受理是整个路政复议活动的开始。具有复议职能的复议机关收到复议申请后，应对申请人资格和申请复议的条件进行审核，依据法律、法规做出不同处理。

（1）《行政复议法》第十七条规定，行政复议机关收到行政复议申请后，应当在5日内进行审查，对不符合规定的行政复议申请，决定不予受理，并书面告知申请人；对符合规定条件的，但不属于本机关受理的行政复议申请，应当告知申请人向有关行政复议机关提出。《行政复议法》规定，对符合规定的行政复议申请自行政复议机关负责法制工作的机构收到之日起即为受理。

（2）公民、法人或者其他组织依法提出行政复议申请，行政复议机关无正当理由不予受理的，上级行政机关应当责令其受理。必要时，上级行政机关也可以直接受理。

（3）法律、法规规定应当先向行政复议机关申请行政复议，对行政复议决定不服再向人民法院提起行政诉讼的，行政复议机关决定不予受理，或者受理后超过行政复议期限不作答复的，公民、法人或者其他组织可以自收到不予受理决定书之日起或者行政复议期满之日起15日内，依法向人民法院提起行政诉讼。

三、路政复议案件的审理

（一）审理前的准备

复议机关受理路政复议案件后，为保证审理复议案件的顺利进行，必须做好以下准备工作：

（1）路政复议机关在立案之日起7日内，向被申请人发送申请书副本，并限期提出答复意见书。

（2）被申请人在收到复议申请书副本之日起10日内，向路政复议机关提出书面答复。

（3）审阅复议案件有关材料，包括复议申请书、被申请人做出具体路政行为的书面材料、答复意见书、被申请人所依据的事实和依据，以及适用的法律、法规和规章等。

（4）调查核实，收集证据。

（二）复议案件的审理

路政复议案件的审理，是路政复议机关裁决处理违反路政管理行为的一个重要环节。正确的审理，不仅可以支持下级路政管理机构正确的执法活动，教育违法者遵纪守法，同时也能及时纠正错误或不当处罚，维护个人和组织的合法权益。原路政处罚决定中可能出现的错误或不当处罚，虽然直接涉及的只是极少数个人和组织，但其影响却大大超出上述范围，若不彻底予以纠正，就会损害路政管理机构的威信，损害社会主义法治的尊严。因此，审理路政复议案件，必须遵循实事求是、有错必纠、违法必究的原则。审理路政复议案件一般应从以下四方面着手。

（1）对路政处罚的真实性进行审查，即对路政管理机构所做路政处罚依据的事实进行审查。只有事实清楚，证据确凿，才能定性正确，适用法律法规无误。这就要求办案人员全面阅读案卷材料，必要时应深入调查取证，并可召集申请人和被申请人进行公开陈述和辩论，真正弄清争议的焦点，在查明案件事实的基础上，做出公正的复议决定。

（2）对路政处罚的合法性进行审查，这是对具体路政处罚审查的主要方面。所谓合法性审查就是要审查该路政处罚有无明确的法律法规作为依据，或者其法律法规依据是否充分，有无与现行法律法规相抵触的情况。对于事实清楚、定性准确，但适用法律法规不当的路政处罚，一般不简单撤销，而是依法做出变更裁决。

（3）对路政处罚的适当性进行审查。所谓路政处罚的适当性，是指具体路政处罚是否在法定和自由裁量范围之内，是否有不当之处。处罚幅度是一个比较复杂的问题，《公路法》所规定的处罚幅度弹性比较大。我国幅员广阔，经济发展很不平衡，路政案件情况也千差万别，就是在同一地区的城镇和乡村、山区和平原，差距也较大。这就要求办案人员在考虑处罚幅度上，即在依据《公路法》《公路安全保护条例》和其他路政管理法时，要结合本地区的经济状况和具体案情，既要与同一时期、同类案件的处罚情况进行横向比较，又要与不同时期同类案件的处理情况进行纵向比较。具体要考虑以下几种情况酌情处罚：①行为人的主观故意程度；②违法行为情况的轻重；③危害性和造成损害的程度；④违法行为的客观环境和条件。

（4）对路政处罚办案程序的规范性进行审查。在路政复议中，要通过详细阅卷，对办案的过程，从发案到调查取证到处罚的各个环节，以及所办理的法律手续和形成的案卷材料，进行全面细致的严格审查。

四、路政复议案件的裁决

在查明事实情况后，上级路政管理机构根据《行政复议法》《公路法》和有关法律、法规、规章，对下级路政管理机构做出的路政处罚决定，分别情况，做出如下决定：

（1）具体路政行为认定事实清楚，证据确凿，运用依据正确，程序合法，内容适当的，决定维持具体路政行为。

（2）被申请人不履行法定职责的，决定其在一定期限内履行。

（3）具体路政行为有下列情形之一的，决定撤销、变更或者确认该具体路政行为违法的，可以责令被申请人在一定期限内重新做出具体路政行为：

1）主要事实不清，证据不足的。

2）适用依据错误的。

3）违反法定程序的。

4）超越或者滥用职权的。

5）具体路政行为明显不当的。

（4）被申请人不按照《行政复议法》有关规定提出书面答复，提交当初做出具体路政行为的证据、依据和其他有关材料的，视为该路政行为没有证据、依据，决定撤销该路政行为。路政复议机关责令被申请人重新做出具体路政行为的，被申请人不得以同一的事实和理由做出与原具体路政行为相同或者基本相同的具体路政行为。

路政复议决定，必须由集体讨论决定，复议机关领导签署，讨论案件必须有记录，参加人员应签名盖章。经复议后的路政案件，应制作《交通行政复议决定书》（以下简称《复议决定书》）并加盖印章。

五、送达与执行

《复议决定书》应在规定期限内送达申请人并告知其诉权。申请人或其成年亲属必须在《送达证》上签名盖章，受送达人拒绝接受《复议决定书》或拒绝在《送达证》上签字的，送达人应当邀请有关单位负责人或其他人到场，说明情况，在《送达证》上说明事由，由送达人、见证人签名或者盖章，把《复议决定书》留置在受送达人住处，即视为送达。

路政复议决定的执行主要有3种情况：

（1）申请人服从和履行路政复议决定，路政管理机构可以执行处罚。

（2）申请人不服复议决定，在15日内向人民法院提起诉讼。

（3）申请人既不履行复议机关的复议决定，在法定期限内又不向人民法院提起诉讼。如果是维持原具体路政行为的路政复议决定，由做出具体路政行为的路政管理机构依法强制执行或申请人民法院强制执行；如果是变更具体路政行为的路政复议决定，由路政复议机关依法强制执行或申请人民法院强制执行。

【本章小结】

本章主要概述了路政复议的概念、特征、原则、意义，不同情况下的路政复议参加人及其特点，具体介绍了路政复议的程序，包括申请复议的期限、申请复议的条件、复议申请的受理、路政复议案件的审理、路政复议案件的裁决、送达与执行等方面。

【案例分析】

××个体加水站不服××县公路环境整治领导小组强制执行申请复议案

[案情简介] 经有关部门批准，××个体加水站在××县境内公路边经营过往车辆加水作业。2015年12月13日，县政府下发《××县政府办公室关于印发〈××县公路环境整顿治理工作实施方案〉的通知》。根据该通知，县政府成立公路环境整治领导小组，决定对公路两边的门面房、商业摊点、收费站、加油站、加水站等进行规范化管理，拆除违规建筑。2016年1月15日，县公路环境整治领导小组扣押了××个体加水站正在作业的加水泵4台，以该领导小组的名义出具了《没收暂扣物品清单》，并现场下发《强制拆除通知书》，限××个体加水站在两日内主动拆除相关设备（施）、擅自新建的土木结构房屋和临时搭建的构筑物。限期内××个体加水站未自行拆除。2016年1月17日，县公路环境整治领导小组组织路政执法人员对××个体加水站实施了强制拆除。××个体加水站不服该行政行为，申请行政复议，附带行政赔偿请求。

[审理结果] 复议机关审查后认为，县公路环境整治领导小组既非法定执法主体，又非受委托执法，不能以其名义做出《强制拆除通知书》，暂扣××个体加水站的作业设施。××个体加水站经营加水作业确实对公路环境产生了污染，该行为违反了《公路法》和《陕西省公路路政管理条例》的相关规定。经复议机关做工作，双方自愿就赔偿问题达成和解，并签订赔偿协议。县公路环境整治领导小组自行撤销了其做出的《强制拆除通知书》，并退还了扣押的财物，复议机关依据《行政复议法实施条例》的有关规定，终止了该案的审理。

[案件评析] 透过该案，可以看出基层执法队伍在执法过程中的不规范性。该案中存在的问题值得我们总结。

（一）执法资格的问题。县公路环境整治领导小组为临时议事协调机构，职责是组织协调各执法机关的工作，非法定执法主体。《公路法》第八条规定：“国务院交通主管部门主管全国公路工作，县级以上地方人民政府交通主管部门主管本行政区域内的公路工作；但是，县级以上地方人民政府交通主管部门对国道、省道的管理、监督职责，由省、自治区、直辖市人民政府确定。”《陕西省公路路政管理条例》第四条第二款规定：“县级以上交通行政主管部门是本行政区域内公路路政的主管部门，其所属的公路管理机构依照本条例规定具体负责公路路政管理工作。”因此，该案中的执法主体应为县交通行政主管部门下属的公路管理机构，而非县公路环境整治领导小组。

（二）执法程序的问题。县公路环境整治领导小组做出《强制拆除通知书》的行政行为属行政强制执行行为。所谓行政强制执行，是指行政机关或者由行政机关申请人民法院对不履行发生法律效力的行政决定的公民、法人或者其他组织，依法强制履行义务的行为。该案中，并没有行政机关对××个体加水站做出发生法律效力的行政决定，更不存在××个体加水站不履行的事实，县公路环境整治领导小组做出《强制拆除通知书》的行政行为程序违法。

（三）适用依据的问题。该案中，县公路环境整治领导小组做出《强制拆除通知书》，没有依据《公路法》及《陕西省公路路政管理条例》中的相关规定，而是依据市、县两级政府下发的有关通知文件，适用依据明显不当。

（资料来源：安徽省人民政府法制办公室网站）

【练习题】

一、单项选择题

1. 行政机关对提出的行政复议申请无正当理由不予受理的，（ ）。

A. 上级行政机关只能责令其受理

B. 上级行政机关应当直接受理

C. 由人民法院裁定其受理

D. 上级行政机关应当责令其受理，必要时，可以直接受理

2. （ ）是指行政案件经一个复议机关的一次复议后即告终结，申请人对复议决定不服的，不能再向复议机关的上级行政机关或者原复议机关要求复议。

A. 全面审查原则　　B. 不适用调解原则

C. 书面复议原则　　D. 一级复议原则

3. 公民、法人或其他组织向交通行政复议机关申请交通行政复议，应当自知道该具体行政行为之日起（ ）内提出复议申请。

A. 15日　　B. 30日　　C. 60日　　D. 3个月

4. 行政复议机关对具体行政行为的（ ）进行审查。

A. 合法性与严密性　　B. 合法性与便民性

C. 合法性与公正性　　D. 合法性与适当性

二、简答题

1. 什么叫路政复议？做好路政复议工作有什么意义？

2. 为什么说路政复议在性质上是行政行为而不是司法行为？

3. 路政复议参加人包括哪些？

4. 路政复议的申请条件有哪些？

5. 路政复议决定的种类有哪些？

6. 路政复议应遵循哪些基本原则？

三、案例分析题

某电信公司经过许可后跨越某经营性收费公路架设通信光缆，公路经营企业向电信公司提出补偿要求，电信公司不予认可。在公路管理机构的协调下，公路经营企业和电信公司进行了协商，达成了补偿协议。后来电信公司反悔，不想支付补偿费用。电信公司提出行政复议，希望能够撤销补偿协议，请问复议机关能否接受电信公司的复议申请。

第十章

Chapter 10

路政诉讼

【学习目标】

1. 了解路政诉讼的概念、特征及基本原则，路政诉讼的参加人及特点。
2. 熟悉路政诉讼的程序，路政诉讼应诉的代理要点。
3. 掌握路政诉讼和路政复议的区别与联系。

第一节 概 述

路政管理行政诉讼，简称路政诉讼，是行政诉讼的有机组成部分。学习和研究路政诉讼的有关理论和知识，对于严格执法，少当被告或减少败诉，提高路政管理机构及其路政管理人员的执法水平，具有重要意义。

一、路政诉讼的概念及特征

路政诉讼，是指路政相对人认为路政管理机构的路政行为侵犯其合法权益，依照《行政诉讼法》向人民法院提起诉讼，由人民法院进行审理并做出裁决的活动。

《行政诉讼法》第二条规定："公民、法人或者其他组织认为行政机关和行政机关工作人员的行政行为侵犯其合法权益，有权依照本法向人民法院提起诉讼。"从这条规定中可见行政诉讼具有下列特征：

（1）路政诉讼的被告是路政管理机构或是对路政处罚有管辖权的复议机关。不是以路政管理机构作被告的诉讼就不是路政诉讼，但也不是路政管理机构作为被告就是路政诉讼，路政管理机构还可能是其他诉讼中的被告，如民事诉讼中的被告。

（2）路政诉讼的客体是路政行为。路政诉讼的客体是路政管理机构行使职权的行为，如果非行使职权行为而给公民或组织造成损害的，公民和组织不能提起路政诉讼。在路政诉讼中，路政管理机构是以路政管理者的身份参与诉讼。路政管理机构因其他公务，或路政管理人员因个人行为引起各类诉讼不是路政诉讼。

（3）路政行政诉讼的原告是认为路政管理机构的路政行为侵犯自己合法权益的公民、法人和其他组织。这个特征表明了只要公民、法人和其他组织单方认为路政机构使其合法权益受到侵犯，即可提起路政诉讼。至于是否侵犯，则由法院的审判来确认。

（4）路政诉讼是依请求的法律活动。也就是说，必须由路政相对人向人民法院提出诉讼请求。法院受理才能成立。

（5）路政诉讼的提起并不影响原路政处罚决定的执行。这是行政诉讼的一条重要原则，也是路政诉讼的特征之一。在诉讼过程中，被告又发现原告有新的违法行为，路政管理机构仍可对其进行处罚。

（6）路政案件一审判决前，路政管理机构可以改变其路政行为。这是因为，路政诉讼的目的，是为了保护公民、法人或其他组织的合法权益，维护和监督行政主体依法行使职权。如果路政管理机构在法院宣判前，发现了自己的路政行为有错误，并主动改变路政行为，使之符合法律法规的规定，这就已经达到了行政诉讼的目的，不必再经过法院判决去进行纠正。在二审程序中，路政管理机构不得改变其原路政行为。

路政诉讼与路政复议都是路政管理的救济形式，而且，路政复议并不影响路政诉讼。即当事人不服路政复议决定时，仍可通过路政诉讼这种形式继续得到救济。

但是，路政诉讼和路政复议又有明显区别，主要表现在：

（一）路政诉讼和路政复议的管理机关不同

受理路政复议的机关是上一级路政管理机构，争议是路政管理机构内部自己解决的，而受理路政诉讼的是人民法院。

（二）路政诉讼和路政复议的当事人不同

在路政复议中，路政管理机构既是当事人一方，又是解决路政争议的主持人，具有双重身份。在路政诉讼中，路政管理机构仅是一方当事人，其法律地位与路政相对人平等。

（三）路政诉讼和路政复议审理的范围不同

人民法院受理的路政案件，原则上只是公民、法人或其他组织认为路政管理机构“违法”侵害其合法权益的案件。但复议机关所受理的则既有“违法”案件，又有“不当”案件。

（四）路政诉讼和路政复议的性质不同

路政管理机构的复议行为属于行政行为，是路政管理机构自我监督的一种重要形式。而人民法院的审判属于司法行为，是司法对路政管理的监督形式。

（五）二者管理机关的处理权限不同

复议机关审查的是原具体路政行为，不受路政管理相对人申请范围的限制，可以撤销或变更原来的具体路政行为，也可以在其本身职权或监督权范围内重新做出具体路政行为；而人民法院除对明显不当的路政行政处罚有权变更外，不能变更原路政行为，只能撤销违法行政行为。

（六）二者的法律效力不同

路政复议不是最终裁决，路政相对人据此可向人民法院起诉。路政诉讼中的判决，经过二审或当事人在上诉期内不上诉的便是终局判决。

二、路政诉讼的基本原则

路政诉讼的基本原则是指人民法院及路政诉讼当事人和其他诉讼参与人，在路政诉讼中都必须遵守的行为准则，这些基本原则，由《行政诉讼法》予以规定。它是行政诉讼的基本原则，因此也是路政诉讼必须遵守的基本原则。

（一）人民法院依法对路政案件行使审判权的原则

人民法院依法独立行使审判权，不受任何行政机关、社会团体和个人的干涉。人民法院设行政审判庭，审理行政案件。

（二）以事实为根据、以法律为准绳的原则

以事实为根据是指人民法院在审理路政案件时，必须查明案件的事实真相。当事人有举证责任，特别是作为被告的路政管理机构，必须配合法院查明案件的事实真相。

以法律为准绳是指以法律作为分清是非、裁判案件的唯一依据。审理行政案件，根据《行政诉讼法》的规定，以法律和行政法规、地方性法规为依据。地方性法规适用于本行政区域内发生的行政案件。参照国务院部、委根据法律和国务院的行政法规、决定、命令制定、发布的规章以及省、自治区、直辖市和省、自治区的人民政府所在地的市和经国务院批准的较大的市人民政府根据法律和国务院的行政法规制定、发布的规章，人民法院认为地方人民政府制定、发布的规章与国务院部、委制定、发布的规章不一致的，以及国务院部、委制定、发布的规章之间不一致的，由最高人民法院送请国务院做出解释或者裁决。

（三）实行合议、回避、公开审判、两审终审制

合议制度是指人民法院审理路政案件，由审判员组成合议庭，或者由审判员、陪审员组成合议庭。合议庭的成员，应当是3人以上的单数。由合议庭负责案件的审理。

回避制度是指在路政诉讼中，为维护当事人的诉讼权利，审判员、书记员、翻译人、鉴定人如是本案当事人或其近亲属或与本案有利害关系或其他关系可能影响案件公正审理的，应自行申请回避，当事人也可以申请回避，是否准许由人民法院决定。

公开审判制度是指人民法院审理路政案件，除涉及国家机密或法律另有规定的以外，一律公开进行。

两审终审制度是指路政案件经过一审裁决后，当事人如不服，有权在法定期限内向上级法院提起上诉，第二审法院的判决、裁定是终审判决、裁定。

（四）当事人诉讼地位平等的原则

略。

（五）当事人在诉讼中有权辩论的原则

略。

（六）路政管理机构负有举证责任的原则

按照《行政诉讼法》的规定，路政管理机构有责任来证明其路政行为的合法性，如果不能提供或无正当理由逾期提供做出该路政行为的证据、程序和所依据的规范性文件来证明其路政行为的合法性，视为没有相应证据。但是，被诉行政行为涉及第三人合法权益，第三人提供证据的除外。

（七）不适用调解的原则

由于路政管理机构对当事人行使的是路政管理权，路政管理机构必须忠实履行自己的职责，依法行政，对法律赋予自己的职权没有随意处分的权力。因而人民法院在审理路政案件时，不能用调解的方式来解决路政争议。但是，行政赔偿、补偿以及行政机关行使法定自由裁量权的案件可以调解。

（八）诉讼期间不停止执行的原则

诉讼期间不停止执行的原则是指行政机关做出的行政行为不因行政相对人申请行政诉讼而停止执行，即公民、法人和其他组织对行政机关做出的行政行为不服，提起诉讼后，行政行为

在被人民法院撤销之前，继续执行。这是由行政行为的效力先定性所决定的。需要注意的是，诉讼期间不停止行政行为的执行，只是行政诉讼的一项基本原则，并不意味着在任何情况下，诉讼期间行政行为都不停止执行。《行政诉讼法》第四十四条规定了诉讼期间行政行为不停止执行的原则的同时，也规定了可以停止执行的几种情况：

（1）被告认为需要停止执行的。

（2）原告或者利害关系人申请停止执行，人民法院认为该行政行为的执行会造成难以弥补的损失，并且停止执行不损害国家利益、社会公共利益，裁决停止执行的。

（3）人民法院认为该行政行为的执行会给国家利益、社会公共利益造成重大损害的。

（4）法律、法规规定停止执行的。

第二节　路政诉讼参加人

路政诉讼的参加人是指参加路政诉讼的当事人以及与当事人诉讼地位相似的人，包括原告、被告、第三人、共同诉讼人和诉讼代理人。诉讼参加人的基本特征是通过诉讼活动，保护自己的合法权益。诉讼参加人是诉讼权利义务的主要承担者，是进行诉讼活动的基本主体。

一、原告

在路政诉讼中，原告就是不服路政管理机构处罚、向人民法院提起诉讼的个人和组织。要成为路政诉讼中的原告，必须具备以下4个要件：

（1）原告必须是与路政管理机构做出的路政处罚裁决有利害关系的个人、法人或其他组织。所谓“利害关系”，是指路政管理机构做出的路政处罚会影响到当事人的权利义务。

（2）原告必须是不服路政管理机构做出的路政处罚的路政管理相对人。与路政管理机构的处罚裁决有利害关系，仅意味取得了充当原告的一种资格。但要真正成为原告，必须是不服路政管理机构的处罚决定而向人民法院提起诉讼。

（3）原告所起诉的内容必须是属于人民法院受案范围的路政案件。

（4）原告在诉讼过程中有放弃、变更诉讼请求的权利，在人民法院宣告判决或裁定之前，可以申请撤诉。

二、被告

根据《行政诉讼法》第二十六条规定：公民、法人或者其他组织直接向人民法院提起诉讼的，做出行政行为的行政机关是被告。

经复议的案件，复议机关决定维持原行政行为的，做出原行政行为的行政机关和复议机关是共同被告；复议机关改变原行政行为的，复议机关是被告。

复议机关在法定期限内未做出复议决定，公民、法人或者其他组织起诉原行政行为的，做出原行政行为的行政机关是被告；起诉复议机关不作为的，复议机关是被告。

两个以上行政机关做出同一行政行为的，共同做出行政行为的行政机关是共同被告。

行政机关委托的组织所做的行政行为，委托的行政机关是被告。

行政机关被撤销或者职权变更的，继续行使其职权的行政机关是被告。

三、共同诉讼人

当事人一方或双方为两人以上，因同一路政行为发生的路政案件，或因同类路政行为发生的路政案件，人民法院认为可以合并审理并经当事人同意的，为共同诉讼。在路政诉讼中，一个案件一般只有一个原告和一个被告，但有的案件原告或被告一方或双方不止一人，有可能是两人或两人以上。原告为两人以上的称为共同原告，被告为两人以上的称为共同被告，共同原告和共同被告统称为共同诉讼人。

共同诉讼必须具备一定的条件，但《行政诉讼法》本身对这种条件未做明文规定，根据无行政诉讼特别规定适用民事诉讼的原则，应参照《民事诉讼法》的有关规定。构成共同诉讼，必须具备以下条件：

（1）原告、被告一方或双方为两人以上，在路政诉讼中，共同原告较多见。

（2）因为同一路政行为或同类的路政行为。

（3）人民法院认为可以合并审理并经当事人同意。共同诉讼实际上是数个独立的诉讼，因为人民法院决定合并审理才成为共同诉讼。

四、路政诉讼代理人

诉讼代理人是指依照法律规定，由法院指定或受当事人的委托，以当事人的名义，在一定权限范围内为当事人进行诉讼活动的人。被代理的一方当事人，称为被代理人或委托人。代理当事人进行诉讼活动的权限，称为诉讼代理权。根据代理权产生的不同原因，代理可分为法定代理、指定代理和委托代理。在路政诉讼中，路政管理机构的诉讼代理人，属于委托代理人，既可以是律师，也可以是路政管理机构的工作人员。

（一）路政机构诉讼代理人的特点

（1）诉讼代理人只能以路政管理机构的名义进行诉讼活动，而不能以自己的名义进行诉讼活动。

（2）诉讼代理人参加诉讼的目的是维护路政管理机构的权益，而不是为了维护自己的权益。

（3）诉讼代理人在代理权限范围内所实施的行为，其法律后果由路政管理机构承担，超越代理权限所实施的诉讼行为，是无效诉讼行为。

（二）路政机构诉讼代理人的权利

（1）对原告的诉讼请求有应诉、答辩权，有要求法院公正进行审理，依法维持正确的路政处罚决定的权利。

（2）有申请回避的权利。即对本案的当事人或当事人的近亲属，或与本案有利害关系可能影响案件公正审理的审判员、书记员、翻译人员和鉴定人员，有权在案件开始审理时用口头或书面方式要求他们回避。

（3）有进行辩论的权利。辩论结束后，有发表最后意见的权利。

（4）有举证的权利。有权提供事实、证据，反驳原告的诉讼请求；经法庭许可，有权向证人、鉴定人、勘验人发问；有权要求重新进行鉴定、调查或勘验；有权当庭指出新的证据。举证权是路政管理机构在路政诉讼中维护其处罚决定的重要权利。

（5）代理诉讼的律师，有权按照规定查阅、复制本案有关材料，有权向有关组织和公民调查，收集与本案有关的证据。对涉及国家秘密、商业秘密和个人隐私的材料，应当依照法律规定保密。

当事人和其他诉讼代理人有权按照规定查阅、复制本案庭审材料，但涉及国家秘密、商业秘密和个人隐私的内容除外。

（6）有权阅读法庭笔录，对自己的陈述，认为记载确有遗漏或者差错的，有权申请补正。

（7）有使用本民族语言、文字进行诉讼的权利。

（三）路政诉讼代理人应当依法承担的义务

（1）必须依法行使诉讼权利，不能滥用权利。

（2）在整个诉讼过程中必须遵守诉讼秩序。

（3）督促履行人民法院发生法律效力的判决和裁定。

五、第三人

路政诉讼中的第三人，是指对诉讼争议的路政行为有利害关系，为维护自己的合法权益而参加诉讼的公民、法人或其他组织。《行政诉讼法》第二十九条明确规定：“公民、法人或者其他组织同被诉行政行为有利害关系但没有提起诉讼，或者同案件处理结果有利害关系的，可以作为第三人申请参加诉讼，或者由人民法院通知参加诉讼。”由此可见，路政诉讼中第三人具有以下特征：

（1）路政诉讼中的第三人是原告、被告之外的公民、法人或其他组织。

（2）同诉讼争议的路政行为有直接的利害关系，即起诉的路政行为是否违法与其有法律上的权利义务关系。

（3）第三人参加诉讼的时间是在路政诉讼已经开始，人民法院尚未对案件进行裁决之前。

（4）路政诉讼中第三人参加诉讼的方式有两种，即可以主动申请参加诉讼，也可以由人民法院依职权通知参加诉讼。在路政诉讼实践中，第三人以后一种方式参加诉讼的较多。

路政诉讼第三人参加诉讼后，享有原告除撤诉之外的各种诉讼权利，并承担相应的诉讼义务。由于被诉路政行为直接涉及路政诉讼第三人的权益，人民法院对被诉路政行为合法性的裁决影响到第三人权利义务的，第三人享有上诉权。

在路政诉讼中，必须参加诉讼的第三人有以下几种：

第一种，被诉路政行为所针对的路政相对人以外的直接利害关系人。

第二种，对原告同一行为做出与被告互相矛盾的决定而又不与被告存在领导关系的行政主体。

第三种，根据案件的具体情况，人民法院认为必须参加诉讼的其他利害关系人。

值得注意的是第二种情况，即被诉路政行为涉及原告与其他行政主体（如城建部门、国土部门等）之间的特定行政法律关系，由于其他行政主体与路政管理机构对原告的同一行为做出了相互矛盾的决定，使原告与其他行政主体之间已存在的行政法律关系同被诉路政行为有利害关系，那么，其他行政主体就成了路政诉讼中的第三人。例如，国土、城建等部门在审批公路两侧建筑控制区范围内的建筑时，未按《公路法》要求擅自审批，这种越权行为在一些地方具有一定的普遍性。行政主体对自己的越权行为，必须承担相应的法律责任，包括行政赔偿责任。

第三节　路政诉讼程序

路政诉讼程序，根据《行政诉讼法》的规定，大体可分为三个阶段：起诉和受理、审理和判决、执行。

一、起诉和受理

（一）起诉条件

《行政诉讼法》第四十九条规定，起诉应当符合下列条件：

（1）原告是行政行为相对人以及其他与行政行为有利害关系的公民、法人或其他组织。

（2）有明确的被告。

（3）有具体的诉讼请求和事实根据。

（4）属于人民法院的受案范围和受诉人民法院管辖。

（二）起诉期限

《行政诉讼法》规定，原告向人民法院提起行政诉讼必须在法定的期间内提出：

（1）公民、法人或者其他组织直接向人民法院提起诉讼的，应当在知道做出行政行为之日起6个月内提出。

（2）申请人不服复议决定的，可以在收到复议决定书之日起15日内向人民法院提起诉讼。复议机关逾期不做出决定的，申请人可以在复议期满之日起15日内向人民法院提起诉讼。

（3）公民、法人或者其他组织因不可抗力或者其他不属于自身的原因耽误起诉期限的，在障碍消除后的10日内，可以申请延长期限，由人民法院决定。

原告起诉要有起诉状，书写起诉状有困难的，可以口述，由法院记入笔录。

（三）法院的审查和立案

人民法院在接到起诉状时，对符合起诉条件的，应当登记立案。

对当场不能判定是否符合起诉条件的，应当接收起诉状，出具注明收到日期的书面凭证，并在7日内决定是否立案。不符合起诉条件的，做出不予立案的裁定。裁定书应当载明不予立案的理由。原告对裁定不服的，可以提起上诉。

二、审理和判决

（一）审理

审理是人民法院对路政行政案件进行全面审查。人民法院应当在立案之日起5日内，将起诉状副本发送被告。被告应当在收到起诉状副本之日起15日内向人民法院提交做出行政行为的有关材料，并提出答辩状。人民法院应当在收到答辩状之日起5日内，将答辩状副本发送原告。被告不提出答辩状的，不影响人民法院审理。

除涉及国家秘密、个人隐私和法律另有规定的外，人民法院公开审理行政案件。

人民法院审理行政案件，由审判员组成合议庭，或者由审判员、陪审员组成合议庭。合议庭的成员，应当是3人以上的单数。

法庭审理可分为法庭调查和法庭辩论两阶段。

（二）判决

判决则是人民法院对争议双方当事人的权利义务做出确认。

《行政诉讼法》规定，对于行政案件，人民法院应自立案之日起6个月内做出一审判决。人民法院经过审理，应根据不同情况，分别做出以下判决：

（1）行政行为证据确凿，适用法律、法规正确，符合法定程序的，或者原告申请被告履行法定职责或者给付义务理由不成立的，人民法院判决驳回原告的诉讼请求。

（2）行政行为有下列情形之一的，判决撤销或者部分撤销，并可以判决被告重新做出具体行政行为：

1）主要证据不足的。

2）适用法律、法规错误的。

3）违反法定程序的。

4）超越职权的。

5）滥用职权的。

6）明显不当的。

（3）人民法院判决被告重新做出行政行为的，被告不得以同一的事实和理由做出与原行政行为基本相同的行政行为。

（4）人民法院经过审理，查明被告不履行法定职责的，判决被告在一定期限内履行。

（5）人民法院经过审理，查明被告依法负有给付义务的，判决被告履行给付义务。

（6）行政行为有下列情形之一的，人民法院判决确认违法，但不撤销行政行为：

1）行政行为依法应当撤销，但撤销会给国家利益、社会公共利益造成重大损害的；

2）行政行为程序轻微违法，但对原告权利不产生实际影响的。

行政行为有下列情形之一，不需要撤销或者判决履行的，人民法院判决确认违法：

1）行政行为违法，但不具有可撤销内容的；

2）被告改变原违法行政行为，原告仍要求确认原行政行为违法的；

3）被告不履行或者拖延履行法定职责，判决履行没有意义的。

（7）行政行为有实施主体不具有行政主体资格或者没有依据等重大且明显违法情形，原告申请确认行政行为无效的，人民法院判决确认无效。

（8）人民法院判决确认违法或者无效的，可以同时判决责令被告采取补救措施；给原告造成损失的，依法判决被告承担赔偿责任。

（9）行政处罚明显不当，或者其他行政行为涉及对款额的确定、认定确有错误的，人民法院可以判决变更。

人民法院判决变更，不得加重原告的义务或者减损原告的权益。但利害关系人同为原告，且诉讼请求相反的除外。

（10）被告不依法履行、未按照约定履行或者违法变更、解除本法第十二条第一款第十一项规定的协议的，人民法院判决被告承担继续履行、采取补救措施或者赔偿损失等责任。

被告变更、解除本法第十二条第一款第十一项规定的协议合法，但未依法给予补偿的，人民法院判决给予补偿。

三、执行

当事人必须履行人民法院发生法律效力的判决、裁定。对发生法律效力的行政判决书、行政裁定书、行政赔偿判决书和行政赔偿调解书，负有义务的一方当事人拒绝履行的，对方当事人可以依法申请人民法院强制执行。

（一）申请强制执行的期限

（1）申请人是公民的，申请执行生效的行政判决书，行政裁定书、行政赔偿判决书和行政赔偿调解书的期限为1年。

（2）申请人是行政机关、法人或者其他组织的，其申请强制执行的期限为180日。

申请强制执行的期限从法律文书规定的履行期间最后一日起计算。法律文书中没有规定履行期限的，从该法律文书送达当事人之日起计算。逾期申请的，除有正当理由外，人民法院不予受理。

（二）申请强制执行的管辖

发生法律效力的行政判决书、行政裁定书、行政赔偿判决书和行政赔偿调解书，由第一审人民法院执行。第一审人民法院认为情况特殊需要由第二审人民法院执行的，可以报请第二审人民法院执行；第二审人民法院可以决定由其执行的，也可以决定由第一审人民法院执行。

公民、法人或者其他组织拒绝履行判决、裁定的，行政机关可以向第一审人民法院申请强制执行，或者依法强制执行。

行政机关拒绝履行判决、裁定的，第一审人民法院可以采取以下措施：

（1）对应当归还的罚款或者应当给付的款额，通知银行从该行政机关的账户内划拨。

（2）在规定期限内不履行的，从期满之日起，对该行政机关负责人按日处50元至100元的罚款。

（3）将行政机关拒绝履行的情况予以公告。

（4）向监察机关或者该行政机关的上一级行政机关提出司法建议。接受司法建议的机关，根据有关规定进行处理，并将处理情况告知人民法院。

（5）拒不履行判决、裁定、调解书，社会影响恶劣的，可以对该行政机关直接负责的主管人员和其他直接责任人员予以拘留；情节严重，构成犯罪的，依法追究刑事责任。

第四节　路政诉讼应诉

路政诉讼中的应诉，是指公民、法人或其他组织不服路政管理机构做出的行政行为，依法向人民法院起诉后，在人民法院的主持下，作为被告的路政管理机构就路政案件事实、争议的问题和适用的法律法规，陈述自己的主张和根据，阐明处罚（复议）决定的正确性。

路政管理机构能否充分行使应诉权，不仅关系到作为被告的路政管理机构本身的利益，更重要的是关系到国家利益。因此，当路政管理机构作为被告，参与路政诉讼之后，不能任意放弃应诉权，否则就是对国家利益不负责任的一种表现。从这个意义上说，充分地进行应诉，对于路政诉讼活动中作为被告的路政管理机构来说，既是一项权利，也可以说是一项义务。如果路政管理机构不充分行使这项权利，则是一种失职行为。

一、出庭前的诉讼代理

人民法院对路政案件进行审理，是路政诉讼的中心环节，出庭应诉是路政管理机构参加诉讼的一项重要活动。因此，做好出庭前应诉的准备工作，在法庭上争取主动，是整个路政诉讼活动不可忽视的重要环节。路政诉讼代理人出庭应诉前的准备工作主要有：

（1）接到应诉通知后，认真研究原告的起诉状，了解原告向人民法院提出了什么诉讼请求；列举了什么事实证据；援引了什么法律理由来论证这种请求；是认为路政管理机构认定事实有错误，还是适用法律法规不正确等。

（2）认真阅读全部案卷材料，全面熟悉案情情况，了解调查和处罚过程。要对做出处罚所依据的事实、证据、定性、处罚程序和引用的条文等方面进行细致的分析。遇有含糊不清，相互矛盾的结论和适用法律法规不准确或者有错误的需查明原因，弄清原委。

（3）在研究诉状和阅读案卷时，要做好阅读笔录及有关材料的收集和整理工作。对一些主要事实和证据要进行摘录，并记下页码，以便引用或庭审时提请法庭宣读。对与案件有关的法律规定要收集，认真研究其精神实质，重要条款也要摘录下来。

（4）在收到起诉状副本之日起10日内向人民法院提交做出路政行为的有关材料，并提交答辩状。

（5）确定应诉人。应诉人可以是路政管理机构的法定代表人，也可以委托路政管理员作为代理人出庭应诉，应诉人要熟悉案情和做出路政行为的法律法规依据。

二、庭审中的诉讼代理

（一）法庭调查阶段的诉讼代理

诉讼代理人出庭代理参加法庭调查，主要有3项任务：

（1）举证、认证、质证，回答法庭的询问。

（2）经法庭许可向对方当事人或第三人发问。

（3）向证人发问。

诉讼代理人在举证、认证、质证、回答法庭询问时，要准确、清楚、简明、有力。向对方当事人发问时，要抓住关键问题，并注意语气态度，避免使用刺激性的言语。向证人发问时，应围绕证人知道的能证明案情的事实。

对在法庭上出示宣读的书证、物证、视听资料、证人证言、电子数据、鉴定意见、现场勘验笔录等证据材料，诉讼代理人应仔细倾听，并实事求是地提出自己的看法。

（二）法庭辩论阶段的诉讼代理

《行政诉讼法》第十条规定：“当事人在行政诉讼中有权进行辩论。”法庭辩论是为了进一步弄清案件事实真相，保证法律的正确实施。法庭辩论要抓住以下重点。

1. 辩论案件的事实

案件事实是路政案件能否成立的依据，也是据以对案件正确处理的前提。法庭辩论首先要辩明案件事实，具体包括以下几点：

（1）辩论案件发生的时间、地点和人物、场所。

（2）辩论案件发生的原因。

（3）辩论案件中起决定作用的行为性质及危害程度等主要情节。

2. 辩论案件的证据

案件的证据是认定案件事实的基础，因此在辩论案件事实之后，必须辩论案件的证据。

（1）辩论案件证据的真实性。根据案件不同证据的不同特点，看案件证据是否客观真实，是否与案件存在必然的联系。

（2）辩论案件证据的合法性，即辩论行政机关收集案件证据是否符合法律法规规定及法定程序。

3. 辩论案件的法律适用性

（1）辩论适用的法律法规是否正确。

（2）辩论适用法律法规的条款项目是否正确。

（3）辩论适用的法律与案件的事实是否相一致。

4. 辩论案件的处理程序及诉讼程序

法定程序是保证路政案件正确处理的前提。如果违反法定处理程序，按照《行政处罚法》

的规定，行政处罚是无效的。因此，对路政处罚案件提起的行政诉讼案件的处理处罚程序的辩论，也是路政行政诉讼的一项重要内容。

三、路政诉讼法庭辩论注意事项

（一）树立良好的法庭辩论态度

路政诉讼法庭辩论中的被告方，依法只能由做出路政处罚决定的路政管理机构的法定代表人及其诉讼代理人组成。在实践中，有些路政管理机构的法定代表人及其诉讼代理人参加法庭辩论时，由于没有一个正确的思想认识和良好的工作态度，使得法庭辩论归于失败，一定程度上影响了路政案件正确处理和路政管理机构的执法形象。因此，在路政诉讼中，路政管理机构的法定代表人和诉讼代理人在法庭辩论时，应当首先端正辩论态度，树立良好的辩论作风，坚持既认真又严肃的原则，克服畏惧心理、敷衍心理和偏执心理，才能完成法庭辩论的任务。

（二）拟定好法庭辩论的发言提纲

辩论发言提纲与答辩状不同，这是诉讼代理人在法庭辩论阶段对做出路政处罚决定所依据的事实、证据和法规进行全面论证，对原告的诉讼请求进行系统的反驳。撰写时，必须做到以事实为根据，以法律为准绳，语言鲜明、准确。发言提纲要对如何确定处罚的正确性，如何反驳对方当事人的诉讼主张和所提事实理由等问题进行周密计划、反复思考，充分考虑到辩论进行中对方当事人或诉讼代理人可能举出的证据、陈述的理由、提出的问题和主张。只有充分细致地做好准备工作，才能在法庭上胸有成竹，从容应变。

（三）注意法庭辩论的表达方式

首先，坚持以事实为根据，以法律为准绳的原则。在法庭辩论中，被告方应当根据法庭调查时核实的事实、证据进行辩论，以论证原处罚的正确性，而不能将某些在法庭调查中出示的证据放在法庭辩论时出示，这样会影响法庭调查正常进行。

其次，法庭辩论应抓住重点问题力求统一。应抓住法庭辩论中关系到原处罚定性的关键事实、证据和理由进行重点论述，对原告提出的一些与案件定性处罚关系不大的问题不做过多纠缠。同时，要善于归纳对方当事人在法庭辩论中提出的分歧观点，适时地提出并补充、完善自己的诉讼意见，力争在法庭辩论中求得一致的见解。对于重大分歧问题，各方意见距离较大，在无法统一的情况下，应阐明自己独立的辩论论点，提请法庭在合议时予以充分的重视和考虑。

最后，要注重辩论技巧。充分把握在路政诉讼中路政管理机构法庭辩论的特点，这就是“攻防结合”“点面结合”。“攻防结合”是指被告方不仅要反驳原告方错误的诉讼请求，而且更要论证自己所做出的路政处罚决定的正确性。“点面结合”是指在反驳对方或者论述自己意见时，能全面系统地、有重点地论述，做到点面结合，以点带面。

【本章小结】

本章主要概述了路政诉讼的概念、特征及基本原则，介绍了路政诉讼和路政复议的区别与联系。具体讲述了不同情况下的路政诉讼参加人及其特点，介绍了路政诉讼的程序、路政诉讼应诉不同阶段的代理要点。

【案例分析】

2014年7月7日0时40分许，蔡某驾驶苏E×××××普通二轮摩托车沿沿江公路由西向东行驶至沿江公路与204国道交界处路段，摩托车与路面上遗洒的钢渣相撞，造成蔡某跌倒受伤的交通事故。后蔡某到乐余医院进行治疗。张家港市交警大队对该事故进行认定：遗洒钢渣的车辆驾驶员应当承担主要责任，蔡某应当承担次要责任。最终，张家港市交警大队未查获在路面上遗洒钢渣的运输车辆。蔡某认为，市交通局作为全市公路建设管理维护的主要负责部门，特别是沿江公路作为全市比较重要的公路，至今未安装路灯，也未有必需的反光警示标志，造成夜晚通行视线极为不佳，是造成本次事故的一个原因；对遗洒路面的钢渣长期不予管理，是造成本次事故的另一个原因。市公路处作为直接管理单位未及时对路面遗洒的钢渣进行清理，是造成本次事故的原因。故诉至法院，判令张家港市交通运输局与张家港市公路管理处共同赔偿蔡某因交通事故产生的各项损失共计258 288元。

根据《公路安全保护条例》第三条第二款规定，县级以上地方人民政府交通运输主管部门主管本行政区域的公路保护工作；但是，县级以上地方人民政府交通运输主管部门对国道、省道的保护职责，由省、自治区、直辖市人民政府确定。第三款规定，公路管理机构依照本条例的规定具体负责公路保护的监督管理工作。《公路养护技术规范》4.1.1条规定，路面养护应符合下列要求：①经常清扫路面，及时清除杂物、清理积雪积冰，保持路面整洁，做好路面排水。②加强路况巡查，发现病害，及时进行维修、处治。4.2.4条规定，巡查过程中，发现路面上有杂物，应及时清扫，保持路面整洁。二级和二级以上公路路面的清扫作业频率宜不少于1次/天，其他等级公路可根据路面污染程度、交通量大小及其组成、气候及环境等因素而定，但不宜少于1次/周，路面分隔带内的杂物清理宜不少于1次/月。长隧道内和大型桥梁的清扫频率应适当增加。

审理过程中，被告市公路处为支持其抗辩，提供了以下材料：

（1）2014年7月4日上午8点30分至11点、2014年7月7日上午8点30分至11点09分、2014年7月8日上午8点30分至11点的普通公路路政巡查记录表三份，证明市公路处已对位于沿江公路的事发路段根据法律规定和行业规范进行了巡查，巡查结果为沿江公路施工路段施工标志和安全标志摆放整齐规范，未施工路段路面无堆积物，车辆通行正常。

（2）GPS记录截屏打印件三份，该三份巡查记录表是被告市公路处巡查车辆苏E×××××的GPS巡查轨迹，该份证据与上述证据1相互印证，GPS数据是由第三方公司负责维护保管。

（3）2014年张家港市县道公路养护合同复印件、张家港市交通运输局锦丰中心交通管理服务所与秦某签订的季节性、临时用工协议书、2014年6～8月秦某工资发放表复印件、2014年6月至7月沿江公路养护人员月考勤表，证明市公路处与锦丰交管所签订养护承包协议，锦丰交管所聘请秦某担任清扫工作，2014年6月至7月，秦某完成了每天清扫的工作任务。

法院认为，《最高人民法院关于审理道路交通事故损害赔偿案件适用法律若干问题的解释》第十条规定，因在道路上堆放、倾倒、遗撒物品等妨碍通行的行为，导致交通事故造成损害，当事人请求行为人承担赔偿责任的，人民法院应予支持。道路管理者不能证明已按照法律、法规、规章、国家标准、行业标准或者地方标准尽到清理、防护、警示等义务的，应当承担相应的赔偿责任。本案中，原告在事发路段与路面上遗洒的钢渣相撞，造成跌倒受伤的交通事故。被告市公路处提供的用工协议书、月考勤表以及三位证人证言，可以证明在事发路段锦丰交管所每天派员完成道路清扫，证据之间能够相互印证，法院予以采信。本案交通事故的直接侵权人是遗洒钢渣的车辆驾驶员，被告作为事发路段的道路管理者，向法院提交的普通公路路政巡查记录表、GPS记录截屏、用工协议书、月考勤表以及证人证言，可以证明其已经按照法律规定对事发路段进行了巡查清扫。目前道路养护工作的特点和受制于技术、人力、物力、财力的局限，决定了道路养护只能采用巡回作业的方式，不可能做到全方位、全天候清扫，无法每时每刻保证道路杂物在遗洒当时即刻得以清除。原告也未举证证明，被告在接到遗洒钢渣通知后怠于处理，从而导致事故的发生。

综上，法院判决被告对本案交通事故的发生没有过错，无须对原告在本案交通事故中的损失承担赔偿责任。原告的主张没有事实和法律依据，法院不予支持。

公路抛洒物引发交通事故是最常见的诉讼案例，结果往往是路政管理部门败诉并赔偿。本案中路政管理部门严格按《公路养护技术规范》的要求落实管养，并提供巡查记录表、GPS记录截屏、用工协议书、月考勤表以及证人证言以规避责任的做法值得学习。

（案例来源：温州市交通运输局官网）

【练习题】

一、单项选择题

1. 当事人对行政处罚决定不服申请行政复议或提起行政诉讼的，（　　）。

A. 行政处罚停止执行，但法律另有规定的除外

B. 行政处罚不停止执行，但法律另有规定的除外

C. 对提起行政复议的，行政处罚不停止执行；对提起行政诉讼的，行政处罚停止执行

D. 对提起行政复议的，行政处罚停止执行；对提起行政诉讼的，行政处罚不停止执行

2. 只要公民、法人和其他组织单方认为路政行政机关使其合法权益受到侵犯，即可提起（　　）。

A. 路政行政管制　　B. 路政行政处罚

C. 路政行政复议　　D. 路政行政诉讼

3. 行政诉讼案件的举证责任由（　　）承担。

A. 原告　　B. 被告　　C. 原告和被告均可举证

二、简答题

1. 什么是路政诉讼？路政诉讼有什么特征？
2. 路政诉讼与路政复议有什么区别联系？
3. 路政诉讼的基本原则有哪些？
4. 路政诉讼的参加人有哪些？
5. 路政诉讼代理人出庭应诉前的准备工作主要有哪些？
6. 路政诉讼代理人法庭辩论要抓住哪些重点内容？
7. 路政诉讼程序，大体可分为几个阶段，每个阶段的主要内容是什么？
8. 在路政诉讼中，路政管理机构为什么要负举证责任？

三、案例分析题

张某申请在公路上进行超限运输未获批准，张某不服，认为自己完全符合法定条件，于是提起行政诉讼，请求法院判决行政许可机关批准他的超限运输申请。试分析张某的诉讼请求能否获得法院的支持。

第十一章

Chapter 11

路政法律文书

【学习目标】

1. 了解路政法律文书的概念、特点和种类。
2. 掌握路政处罚文书、路政复议文书、路政诉讼文书的写作。

第一节 概 述

一、路政法律文书的概念

法律文书可以分为规范性法律文书和非规范性法律文书两种。所谓规范性的法律文书是指国家机关在其职权范围内制定的要求人们普遍遵循的行为准则的文书，是法律规范的表现形式，具有法律规范的普遍约束力。所谓非规范性的法律文书是指国家机关在其职权范围内就个别人或事所发布的书面文件，它只对特定的对象有效，不具有人人都必须遵守的一般规范性，它是适用法律的结果，是一种法律事实，如处罚决定书、复议决定书等。路政法律文书属于非规范性法律文书的范畴。

路政法律文书是指路政管理机构做出的影响当事人的权利义务和可能引起路政诉讼以及在路政诉讼中所形成的法律文书的总和。路政法律文书是路政行为的文字表述，是适用路政管理法的必然结果。

二、路政法律文书的特点

根据路政法律文书的性质、意义、法定程序，以及法律、法规、规章的严格规定，其特点有以下4个方面。

1. 制作的合法性

路政法律文书既是路政管理机构依法行使职权的一种形式，也是公民维护自身合法权益的一种工具。因此，路政法律文书不同于一般文书，其制作由法律、法规、规章赋予，只有按照路政管理法规规定的内容、程序和手续制作才合法，才能具有效力。反之，任何违反法规、规章、规定而制作的法律文书，都是不合法的，不具有法律效力、法律作用和法律意义的，因而也就不存在法律、法规、规章上的约束力。例如，违反路政管理行为必须具备行为的社会危害性、行为的违法性，应受路政管理处罚这三个特征才能制作处罚决定书，而且要按照路政管理法规规定的程序和手续制作才合法，才能据以对行为人进行处罚。

2. 事实的真实性

路政法律文书所认定的事实必须真实，必须符合事物的本来面目，既不夸大，也不缩小，更不许歪曲或虚构。因此，路政法律文书必须如实地认定行为人的违法事实。事实既是制作路政法律文书的根据，又是路政法律文书做出处理结论的客观基础。因此，路政法律文书所认定的事实，包括人名、地点、时间、起因、结果、经过、数字等，都必须准确无误。

3. 格式的规定性

《路政管理规定》第六十六条规定：“路政管理文书的格式，由交通部统一制定。”可见，路政法律文书有其固定的格式，必须严格遵循。这样做，一方面为了文书的起草、签署、收发、存档的需要，另一方面，主要是为了保证路政法律文书的严肃性，以保证《公路法》的正确执行。

当然，有了统一格式和规范性的要求，并不意味着路政法律文书的写作问题完全解决了，而要根据案件的不同特点精心制作，如实反映案件事实，正确引用法律、法规、规章。

三、路政法律文书的种类

按照法定程序，路政法律文书可以分为路政处罚文书、路政复议文书和赔（补）偿文书三大类。

（一）路政处罚文书

路政处罚文书主要包括以下内容：

（1）立案申请书。

（2）立案决定书。

（3）立案登记表。

（4）调查笔录（询问笔录）。

（5）勘验检查笔录。

（6）鉴定意见书。

（7）案件讨论记录。

（8）违法行为调查报告。

（9）违法通知书。

（10）处罚决定书。

（11）送达回证。

（12）申请强制执行书。

（13）结案报告。

（二）路政复议文书

路政复议文书主要包括以下内容：

（1）复议申请登记表。

（2）复议申请（不予）受理书。

（3）复议答复意见书。

（4）复议决定书。

（5）送达回证。

（6）讨论记录。

（7）结案报告。

（三）路政诉讼文书

路政诉讼文书主要包括以下内容：

（1）法定代表人身份证明书。

（2）委托书。

（3）路政一审答辩状。

（4）路政二审答辩状。

（5）路政上诉状。

（6）路政诉讼代理词。

（四）路政赔（补）偿文书

路政赔（补）偿文书主要包括以下内容：

（1）调查报告。

（2）询问笔录。

（3）勘验检查笔录。

（4）路政赔（补）偿通知书。

第二节　路政处罚文书

一、立案登记表

路政立案登记表是予以立案或不予立案的根据，是制作其他路政法律文书的基础。

立案登记表的主要内容如下。

1. 首部

首部主要包括当事人基本情况（姓名、性别、年龄、职业、工作单位、住址），如果是单位，应写明单位全称及法人代表姓名等，同时还包括立案时间和立案机关。

2. 事实和理由

立案登记表要求写明简要案情和立案理由。简要案情必须具备时间、地点、人物、原因、经过、结果这6个要素；立案理由要求写明违反了路政管理法规的哪些条款。叙述时要求反映事实真实、准确、明了、客观，语言简明扼要。

3. 尾部

尾部主要包括领导批示和备注。

范例11-1

<table>
<tr><th colspan="8">立案登记表</th></tr>
<tr><td rowspan="5">当事人</td><td rowspan="3">公民</td><td>姓　名</td><td>张××</td><td>性　别</td><td>男</td><td>年　龄</td><td>35岁</td></tr>
<tr><td>职　业</td><td colspan="2">农民</td><td>工作单位</td><td colspan="2">××乡××村</td></tr>
<tr><td>住　址</td><td colspan="5">××乡××组</td></tr>
<tr><td rowspan="2">单位</td><td>名　称</td><td colspan="5">无</td></tr>
<tr><td>法人代表</td><td colspan="5">无</td></tr>
<tr><td>立案时间</td><td colspan="3">2015年3月12日</td><td>立案机关</td><td colspan="3">××县公路路政大队</td></tr>
<tr><td>主要事实及立案理由</td><td colspan="7">2015年3月1日，张××在国道公路K1　432+300××地段公路建筑控制区内建房68平方米，用以开设饭店，3月5日和3月7日，路政管理员两次赶到现场进行制止，张××不听劝阻继续抢建。张××的行为严重违反了《公路法》第五十六条的规定，故要求立案，追究其法律责任。</td></tr>
<tr><td>行政领导批示意见</td><td colspan="7">同意立案
王××
2015年3月16日</td></tr>
<tr><td>备注</td><td colspan="7"></td></tr>
</table>

二、询问笔录

询问笔录是指在案件侦查、审理过程中，为收集、核实多种证据，依照法定程序，对见证人和知情人进行调查询问时所做的书面记录。

询问笔录是一种运用普遍的证据，是判断案情，确定有无违法的根据之一。调查笔录所反映的事实，与其他证据互相印证，就能成为认定案件真实情况的有力根据，同时，它又为其他各类法律文书的制作，提供必要的事实依据。

（一）询问笔录的主要内容

1. 首部

首部的内容有：询问的时间、地点、询问人、记录人、被询问人。被询问人包括姓名、性别、年龄、与案件关系、工作单位和职务、地址和电话等。

2. 事实

这部分主要写明询问人询问的问题与被询问人回答的内容。

3. 尾部

记录完毕，笔录应交给被询问人阅读或向其宣读，如果被询问人认为记载有差错或遗漏时，应允许其改正或补充，确认无误后，由被询问人签字。如果被询问人不肯签名则应加以注明。另外应逐页编好页码。

（二）制作询问笔录的注意事项

1. 做好询问前的准备工作

为了对证人进行有针对性的询问，在询问前必须详细研究案件材料，掌握案情；必须掌握证人的身份，了解其道德品质、思想作风、现实表现等；同时，还必须掌握证人对本案有关事实所了解的程度，证人与违法人的关系，以判断证言的真伪。

2. 客观

制作询问笔录必须尊重客观事实，才能起到证据作用，否则，势必会出现假证据，造成冤假错案。

3. 详细、具体、完备

凡与案件有关的事实和重要情况，均应详细、具体地加以记录。如果是调查一起案件，则要把案件发生的时间、地点、违法的情节、手段、过程、前因后果详细记录下来，力求反映当时的情况。凡与案件无关的情况，就不必记录。

4. 应写清楚证言的来源

证人所知道的情况是耳闻还是目睹，是事实还是主观臆断，都应记录清楚。如果是耳闻，则应写明是听谁说的，该人的单位、住址、与证人的关系、与案件或与违法人的关系；如果是目睹，则要写清楚是在何时何地、什么情况下看到的，在场的还有谁可以证明，他们的单位、住址、与案件或与违法人的关系。

5. 应反映出证人的基本情况及与违法人的关系

由于询问对象不同，证言也会出现真伪的不同，如有的证人与案件有利害关系，有的证人本身就是违法者，有的有意诬告好人。当然，由于理解能力、记忆力、表达能力、生活经历的不同等原因，普通人也可能做出错误的证言。因此，在询问证人、记录证人证言时，最好把证人各方面的情况在笔录中加以记录，便于分析判断证言的可靠程度。

6．调查应个别进行

不准把两个或两个以上的证人召集在一起，防止互相提示，更不能用开座谈会的形式集中询问。因为，这样往往会出现第一个证人提供证言后，第二个会说：“我知道的情况与他（指第一个证人）一样”。第三个会说：“我要讲的他们都讲了，没有补充。”这样，被询问人对本来可能说出的新的情况也缄口不言了。因此，只有个别询问证人，才能避免证人间的相互干扰，才能便于检查核实每个证人证言的可靠程度，以达到查清案件事实的目的。尤其是在收集不到其他证据的情况下，可以将同一个案件不同的证人证言对照分析，印证核实。如果证人证言互相矛盾，办案人员就要努力找出存在这种矛盾的原因，进一步搜集证据解决这一矛盾。

7．法律手续要完备

询问结束后，询问笔录应当交证人核对，对于没有阅读能力的证人，应当向其宣读，被询问人认为笔录没有差错后，均应签名盖章。如果被询问人不会签字或无私章，可按指印，但须在笔录中注明。

应当强调的是，当证人拒绝在询问笔录上签字捺印时，均不能采取强制措施，但应在笔录中加以注明，因为任何以强制方式采集的言词证据，均没有法律效力。在办案过程中碰到这类拒绝签字捺印的情况，只能根据不同情形，进行政策法律教育，以消除证人思想顾虑，促其签名捺印。当然，这种未经签名捺印的笔录材料，只能作为内部分析判断案情的参考依据，而不能成为具有法律效力的诉讼证据。

范例11-2

询问笔录

时　　间：2015年4月24日16时05分　　询问地点：××县路政大队

询 问 人：李××　张××　　记 录 人：傅××

被询问人：陈××　性别：男　年龄：30　与案件关系：证人

工作单位和职务：××市新运车队队长　　电话：87696999

地　　址：××市××区××路1678号　　邮编××××××

问：我们是××县公路路政大队的，今天找你来，主要是证实一下孙×肇事损坏桥栏一事，希望你如实提供证言，不得做伪证，否则是要负法律责任的。

答：好的。

问：你和孔×是什么时候来××县的，执行什么运输任务？

答：我们是4月22日上午6时从上海开出，装了10吨羊毛到××毛纺厂，到××车纺厂是下午6时了，晚上在私人旅馆里过夜，4月23日中午11时，在××农场装了10吨酱菜，带回广州。

问：什么时候肇的事？

答：晚上11时不到。

问：肇事前车速多少？

答：大约每小时六十多公里。

问：请你把详细情况讲一讲？

答：为了急于赶回广州，我们连夜开车，因晚上车少，车速较快，晚上11点不到，车子已到了××桥了。这时前面来了一辆集装箱大卡车和我车交会，为了会车，我车驾驶员往右打了一把方向。车子在避让的时候，右边已撞到了桥栏。

问：一共撞坏了几根桥栏？

答：一共6根。

问：撞坏了桥栏以后你们干什么？

答：我们又急于赶路，后被检查站拦住了。

问：桥栏是国家财产、损坏公物应不应该赔偿？

答：应该的。

问：你还有什么要补充的吗？

答：没有了。

问：你以上讲的都是事实的吗？

答：全都是事实的。

被询问人签字：陈××

三、勘验检查笔录

勘验检查笔录，是指路政管理机构对路政案件发案地点和遗留有与违法有关的痕迹、物证的场所，进行勘查后所制作的一种具有法律效力的文书。

勘验检查笔录是获取侦查线索和搜集违法证据的重要依据，它有助于对案件性质、违法时间、地点、作案人数、使用工具、作案过程等问题做出判断。

（一）勘验检查笔录的作用

（1）能使没有亲自参加现场勘验检查的人对现场情况一目了然；在侦查过程中，当需要了解现场某一情况时，勘验检查笔录能够作为查证的依据，必要时还可以根据记录的内容恢复现场的原始情况。

（2）勘验检查笔录是违法分子作案活动的真实记载，它在法律上起证据作用。

（3）它不仅是判断该案其他证据的材料，而且还能为制作结案报告等提供材料。

（二）勘验检查笔录的主要内容

1. 首部

首部主要记载：案由、勘验时间、天气情况、勘验场所、勘验人、当事人、被邀请人及记录人的姓名、单位和职务等。

2. 主体

主体主要记载勘验情况和结果，具体包括：

现场的具体地点，如在公路上应写明××线K××＋××地段；现场的具体位置，周围环境等；记明现场中心部位的具体情况等。

凡是多次勘查的现场，每次勘查都要制作笔录。

3. 尾部

勘验完毕后，勘验各方代表都要签字确认。

范例11-3

勘验检查笔录

案由交通肇事损坏栏杆

勘验时间 2015年4月24日10时05分至4月24日12时12分

天气情况 晴 勘验场所 ××桥梁

勘验人 张×× 单位及职务××县路政大队 队长

勘验人 杨×× 单位及职务××县路政大队 路政管理员

当事人孙×× 单位及职务××市新运车队 司机

组织代表陈×× 单位及职务××市新运车队 队长

被邀请人王×× 单位及职务××县交警队

记录人 黄×× 单位及职务××县路政大队 路政管理员

勘验情况及结果××公路K303+600××桥右侧6根桥栏被撞断，断裂处混凝土已撞落，裸露的钢筋转曲。

勘验人（签名）张×× 记录人（签名）黄××

被邀请人（签名）王×× 当事人（单位代表）孙××

（本页填写不下的内容或需绘制勘验图的，可另附纸）

四、鉴定意见书

对涉及专门性问题的，应当指派或者聘请有专业知识和技术能力的部门和人员进行鉴定，并制作鉴定意见书。

鉴定意见书在结构上由以下三部分组成。

1. 首部

首部主要载明案由、鉴定内容、委托单位、鉴定人的有关情况等。

2. 主体

主体主要载明鉴定意见

3. 尾部

尾部主要载明鉴定人及鉴定单位签章、鉴定时间等。

范例11-4

鉴定意见书

<table>
<tr><td colspan="3">案　　　由</td><td colspan="2">超限运输损坏桥梁</td></tr>
<tr><td colspan="3">鉴定内容及目的</td><td colspan="2">确定××大桥损坏情况</td></tr>
<tr><td colspan="3">委　托　机　关</td><td colspan="2">××县路政大队</td></tr>
<tr><td colspan="3">受委托单位或委托人员</td><td colspan="2">××公路学会</td></tr>
<tr><td rowspan="3">鉴定人</td><td>李××</td><td rowspan="3">职务和职称</td><td colspan="2">高级工程师</td></tr>
<tr><td>张××</td><td colspan="2">高级工程师</td></tr>
<tr><td>黄××</td><td colspan="2">高级工程师</td></tr>
<tr><td>地点</td><td colspan="2">××公路K135+300</td><td>时间</td><td>2015年5月16日</td></tr>
<tr><td colspan="5">鉴定意见:
桥梁墩台下沉，钢支座上下板开裂，锚栓折断，墩台不稳定。</td></tr>
<tr><td colspan="5">鉴定人签名：李××
张××
黄××
鉴定单位印章
2015年5月16日</td></tr>
<tr><td colspan="5">备注:</td></tr>
</table>

五、违法行为调查报告

案件调查人员在初步调查结束后，认为案件事实基本清楚，主要证据齐全，应当制作违法行为调查报告，提出处理意见，报路政管理机构负责人审批。

违法行为调查报告在结构上由以下三部分组成。

1. 首部

首部包括以下二部分：

(1)案号。由机关代字、年份、序号三部分组成。如：广州市公路局路政科2015年第16份超限运输违法行为调查报告的文书字号为“穗路政超调[2015]第16号”。

(2)案由、调查人员及当事人有关情况。

2. 主体

主体主要写明案件调查经过、证据清单、调查结论及处理意见。

3. 尾部

尾部主要包括负责人审批意见及备注。

本报告书一式两份，其中一份用于向上级备案。

范例11-5

交通违法行为调查报告

××××字[20××]第×号

<table>
<tr><td>案　　由</td><td colspan="6"></td></tr>
<tr><td>调查人员姓名</td><td colspan="2"></td><td colspan="2"></td><td></td><td></td></tr>
<tr><td>职　　务</td><td colspan="2"></td><td colspan="2"></td><td></td><td></td></tr>
<tr><td rowspan="4">当事人情况</td><td>姓名</td><td></td><td>性别</td><td></td><td>身份证号码</td><td></td></tr>
<tr><td>单位名称</td><td colspan="3"></td><td>法定代表</td><td></td></tr>
<tr><td>地址</td><td colspan="3"></td><td>电话</td><td></td></tr>
<tr><td>车牌号码</td><td></td><td>车辆类型</td><td></td><td>车籍所在地</td><td></td></tr>
<tr><td>案件调查经过</td><td colspan="6"></td></tr>
<tr><td rowspan="9">所附证据材料清单</td><td>证据序号</td><td colspan="4">证　据　名　称</td><td>页数或数量</td></tr>
<tr><td></td><td colspan="4"></td><td></td></tr>
<tr><td></td><td colspan="4"></td><td></td></tr>
<tr><td></td><td colspan="4"></td><td></td></tr>
<tr><td></td><td colspan="4"></td><td></td></tr>
<tr><td></td><td colspan="4"></td><td></td></tr>
<tr><td></td><td colspan="4"></td><td></td></tr>
<tr><td></td><td colspan="4"></td><td></td></tr>
<tr><td></td><td colspan="4"></td><td></td></tr>
</table>

（正面）

<table>
<tr><td>调查结论及处理意见</td><td>调查人员签名：
年　月　日</td></tr>
<tr><td>负责人审批意见</td><td>负责人签名：
年　月　日</td></tr>
<tr><td>备注</td><td></td></tr>
</table>

（背面）

六、违法行为通知书

路政管理机构负责人对《违法行为调查报告》审批后，认为应当给予路政处罚的，路政管理机构应当制作《违法行为通知书》，送达当事人，告知拟给予的路政处罚内容及其事实、理由和依据。

违法通知书由标题、案号、被处罚单位或被处罚人、正文、处罚机关、日期、处罚机关地址电话7个部分组成。正文部分主要由违法事实、处罚的理由和依据、处罚决定、告知相关权利4个部分组成。

范例11-6

交通违法行为通知书

×××字[20××]第××号

________________：

你（单位）________________________一案，经调查和审理，认为________________________

违法事实清楚，拟给予________________________

行政处罚。理由和依据是________________________

________________________。

根据《行政处罚法》第三十一条、第三十二条的规定，你（单位）可在收到本通知书之日起3日内向________________________

进行陈述申辩。不陈述或者申辩的，视为放弃权利。

根据《行政处罚法》第四十二条的规定，你（单位）有权在3日内向________________

________________要求组织听证，不要求听证的，视为放弃。

交通行政处罚机关（印章）

年　　月　　日

处罚机关地址:

联系人:________________联系电话:________________

七、处罚决定书

路政管理机构经调查取证，在事实清楚、证据充分的基础上，正确运用路政管理法，对案件做出处罚决定。路政案件的处罚应制作处罚决定书，由政路管理机构行政负责人签署。处罚决定书由标题、案号、被处罚单位或被处罚人及地址、正文、处罚机关、日期6个部分组成。

正文部分主要由以下5个部分组成。

（1）当事人违反法律、法规或者规章的事实及有关证据。

（2）做出行政处罚所适用的法律、法规或者规章的名称及相关条款的内容。

（3）给予当事人行政处罚的种类和具体的处罚内容。

（4）行政处罚的履行方式和期限，即被处罚当事人应当以什么方式履行行政处罚以及应当在什么期限内申请复议或起诉。

（5）不服行政处罚决定，申请行政复议或者提起行政诉讼的途径和期限。

处罚决定书一式三份，一联存根，一联归档，一联交被处罚单位或被处罚人。

范例11-7

交通行政处罚决定书

××超罚字[20××]第×号

当事人：××××运输公司

当事人地址：××市××路245号

当事人擅自在公路超限运输一案，经依法审理，现查明：当事人于2015年5月16日使用交通SH161平板挂车运载大型设备在×××国道（×××至×××）公路上行驶。于×××路段被路政执法人员依法检查。经检测，该车辆车货总重为59t（超限19t），前轴载4.6t（单轴每侧单轮胎），二轴组轴载18.8t（双轴每侧双轮胎，超限0.8t），三轴组轴载36t（双轴每侧双轮胎，超限18t）。装载指标超过国家规定限值，属于超限运输车辆。经查，该车辆未依法办理《超限运输车辆通行证》。

上述事实清楚，证据充分，应予认定。

综上所述，本机关认为，当事人上述行为已违反了《公路法》第五十条的规定，依据《公路法》第七十六条第（五）项的规定，责令当事人立即停止行驶，卸载至规定限值，并给予罚款××××元的行政处罚。

当事人必须在收到本处罚决定书之日起15日内到××××银行缴交罚款，并自行履行本处罚决定，逾期不按规定缴交罚款和履行的，本机关将申请人民法院强制执行或依法强制执行。

当事人对本处罚决定不服的，可以在收到本处罚决定书之日起60日内向×××××××申请复议，也可以在6个月内向人民法院起诉，但本行政处罚决定不停止执行。

处罚机关：（印章）

2015年5月30日

八、送达回证

《处罚决定书》应尽快送达被处罚单位和个人，送达路政法律文书，必须有送达回证。送达回证一般应直接由当事人签收，当事人不在，也可送达同住的成年亲属或邻居签收。当事人拒绝签收的，送达人应邀请村、街道或其所在单位的有关人员在场，说明情况，并在送达回证上注明拒收理由。送达回证包括标题、案号、案由、受送达人、送达地点、送达单位、文书名称、收到日期、收件人签名、送达人和备注等内容。

范例11-8

文书送达回证

案件名称:

送达单位					
受送达人					
代收人					
送达文书名称、文号	收件人签名（盖章）	送达地点	送达日期	送达方式	送达人
交通管理部门（印章） 年　月　日					
备注:					

注：1. 如受送达人不在场的，可交其同住的成年家属签收，并且在备注栏中写明与受送达人的关系。
2. 受送达人已经指定代收人的，交代收人签收，受送达人为单位的，交单位收发室签收。
3. 受送达人拒绝签收的，送达人应当邀请有关基层组织的代表或其他人员在场，说明情况，并在备注栏中写明拒收事实和日期。送达人在备注中签字。

九、申请强制执行书

当事人在法定期限内既不提出申诉，又不履行已经生效的路政处罚决定，由做出处罚的路政管理机构填写《申请强制执行书》，连同本案卷宗一并移送有管辖权的人民法院，申请人民法院实施强制执行措施。

范例11-9

申请强制执行书

××路政申字[2015]第××号

××人民法院

我们对××县邮电局违反公路路政管理一案已审理终结。该案处罚的决定书（××路政字第××号）于2015年5月16日送达。由于期满既不申诉又不履行。

根据《行政处罚法》第五十一条及《行政诉讼法》第六十六条之规定，特申请你院强制执行下列项目：

1. 迁移设置在公路用地上的电线杆30根。

2. 赔偿损失2 000元整。

3. 罚款3 000元整。

申请单位××县公路管理局

法定代表人黄××　职务　局长

诉讼代理人吴××　职务　律师

被申诉人××县邮电局

法定代表人：姓名黄××　性别　男　年龄38

住址××县城关10号　电话3567829邮编617×××

附：该案决定书副本及被申请人财产状况

2015年8月26日

（印章）

十、结案报告

当事人接受路政机构及其路政管理员的处罚，或人民法院强制执行完毕，该案了结，填写《交通行政处罚结案报告》。本报告一式三份，其中一份向上级备案。

范例11-10

交通行政处罚结案报告

案件名称：

当事人基本情况	被处罚单位		地址			
	法定代表人		职务		邮编	
	被处罚人		年龄		性别	
	所在单位		联系地址			
	联系电话		邮编			
处理结果						
执行情况	承办人签名： 年　月　日					
审核意见	审核人签名： 年　月　日		审批意见	审批人签名： 年　月　日		

十一、交通行政（当场）处罚决定书

路政人员对于违法事实确凿、法律依据充分、证据充足，且对公民处以50元以下、对法人或者其他组织处以1 000元以下罚款或警告的路政处罚，可以当场做出处罚。路政人员做出当场处罚决定，并制作《交通行政（当场）处罚决定书》。路政人员将路政法律文书当场交给当事人，同时告知当事人享有的权利和应承担的义务。

范例11-11

行政（当场）处罚决定书

当事人	公民	姓名		性别		年龄	
		住址		职业			
	单位	名称					
		地址					

违法事实及证据：____

____

____

____

____

____

以上事实违反了____

的规定，依据______________________的规定，决定给予__________________________的

行政处罚。

罚款的履行方式和期限（见打√处）：

□当场缴纳

□自收到本决定书之日起15日内缴至__________，账号_____________，到期不缴每日按罚款数额的3%加处罚款。

如果不服本处罚决定，可以依法在60日内向 __________ 人民政府或者____________申请行政复议，或者在6个月内依法向人民法院提起行政诉讼，但本决定不停止执行，法律另有规定的除外。逾期不申请行政复议、不提起行政诉讼又不履行的，本机关将依法申请人民法院强制执行或者依照有关规定强制执行。

执法人员签名：_____________　执法证号：____________

_____________　执法证号：_____________

当事人或委托代理人（签名）：_____________

公路管理局（印章）

年　月　日

（本文书一式两份：一份存根，一份交当事人或其代理人。）

第三节　路政复议文书

路政复议文书是指路政案件在复议过程中形成的，用以记载整个复议活动的文书。路政复议文书主要包括申诉登记表、受理通知书、不予受理通知书、答辩状、裁定书、复议决定

书、送达回证、申请强制执行书等。

一、复议申请（不予）受理通知书

1. 复议申请不予受理通知书

具有复议职能的路政管理机构收到当事人的复议申请后，应对申请人的资格和申请复议的条件进行审核。如申请人不具有申请复议的资格或不具有申请复议条件的，不予受理，并发给《复议申请不予受理通知书》。

范例11-12

交通行政复议申请不予受理通知书

（××路申）字[2015]第××号

本厅已收到你不服××县公路管理局以××号违法处罚决定书给予的处罚而提出的复议申请，经审，因超过法定期限不符合受理条件，决定不予受理，特此通知。

××交通运输厅

2015年6月28日

2. 复议申请受理通知书

具有复议职能的路政管理机构对具备复议申请条件的申请人，应予以受理。受理复议案件，应及时通知申请人，发给《复议案件受理通知书》。

范例11-13

交通行政复议申请受理通知书

（××路申）字[2015]第××号

××县糖果厂

本厅已收到你不服××县路政大队以××路字[2015]××号违法罚决定书给予的处罚而提出的复议申请，经审查，符合受理条件，已决定进行复议。现将有关事项通知如下：

请出示《处罚决定书》及有关足以减轻处罚的材料，于6月28日前送我厅。

××交通运输厅

2015年6月21日

二、交通行政复议答复意见书

《交通行政复议规定》规定：上一级路政管理机构应当自行政复议申请受理之日起7日内，向被申请人发送复议申请书副本。被申请人在收到复议申请书副本之日起10日内，向上一级路政管理机构提出书面答复，即交通行政复议答复意见书。

（一）交通行政复议答复意见书的内容

1. 首部

首部一般包括以下两部分：

（1）标题。一般为“交通行政复议答复意见书”。

（2）答辩人的基本情况。

2. 正文

正文包括：

（1）案由。写明对何案件的复议申请进行答辩。具体写法如：“答辩人对××××（申诉人）因××××（案由）提请复议一案，现答辩如下：”。或者写：“答辩人于×年×月×日收到××××（申诉人）因××××（案由）提请复议一案的复议申请书副本，现提出如下答辩：”。

（2）答辩的事实与理由。这是答辩书的主体部分或说是关键部分。大体包括如下两个方面：

1）就事实部分进行答辩。对申诉人复议申请书中所写的事实是否符合实际情况表示意见。就事实部分进行论证，要着重列举出反面的证据来证明申诉人复议申请书中所述事实不能成立，并且要求反证确实、充分，不能凭空否认申诉人复议申请书中所叙述的事实。

2）就适用法律方面进行答辩。根据法律、法规、规章和事实，说明适用法律正确、适当。

（3）提出答辩主张。在提出事实、法律方面的答辩之后，引出自己的答辩主张。

3. 尾部和附项

这一部分的内容有：

（1）致送机关，分两行写：如“此致”和“×××路政大队”。

（2）答辩人签名盖章，注明写作日期。

（3）附项。包括：

1）本答辩书副本××份。

2）物证××件。

3）书证××件。

（二）交通行政复议答复意见书的写作要求

1. 做好充分的答辩准备

在写作之前，应全面熟悉对方当事人复议申请书的内容，列出可辩事项；要抓住要害，确定答辩重点。要按先主后次顺序设计答辩内容的层次，准备好过硬的证据。

2. 答辩书应有针对性

应针对对方复议申请书的复议请求进行驳辩。在概括说明对其复议请求的基本看法后，可从事实、法律、逻辑等方面展开论辩。可针对对方不实之词进行反驳，虚假的事实必然导致错误的判断。要想澄清是非，否定对方的复议请求，最为有效的方法是指明其所谓“事实”的虚假性；针对其举证错误进行反驳，用确凿的证据，反驳对方举证的虚假、不当，是最有力、最简便的方法；针对对方理由论证的错误进行反驳。无理的诉讼请求，难免在说理过程中出现语言逻辑混乱，观点与材料相矛盾，违背常情事理等破绽，答辩书如果能够准确而尖锐地指出这些破绽，常常可以出奇制胜，使对方当事人陷入被动局面。

范例11-14

交通行政复议答复意见书

答辩人（名称）××县公路管理局

地址××县××路156号

法定代表人 姚×× 职务 局长

电话 ×××××××××

答辩人于2015年8月30日收到××县糖果厂因违法损坏公路路面一案的复议申请书副本，现答辩如下：

一、申诉人所诉与事实不符

申诉人在申请书中称："自己在利用公路边沟排放生产污水过程中，一直是畅通无阻的。因××居委会修建大楼截断公路边沟出口后，才使公路遭受侵蚀损坏。"申诉人所诉与事实不符，并企图把一起严重损害公路的违法行为推给××居委会，妄想逃避法律制裁，这是不允许的。

事实是：申诉人地处××居委会新建大楼的上方150m的公路旁，该厂常年利用公路土质边沟（长122m）排放生产污水（见视听资料1），高峰期每天排放污水达60t，该厂长期未对边沟进行治理，明沟淤泥深度达22cm（见视听资料2），在距××居委会新建大楼右侧暗沟处18.2m一段被该厂门市部做成了暗沟，由于长年未进行清理，暗沟入口处污泥高度达73 cm，沟口流水痕迹高度已达103cm（见视听资料3），导致污水直接冲刷公路，造成沥青表处路面704m^{2}被损坏，直接经济损失21 727元。

二、申诉理由站不住脚

申诉人为了逃避法律责任，在申请书中称："自己利用公路边沟排放污水，是在《公路法》施行之前，时间长达18年之久，公路管养部门一直未提出异议，不属擅自利用公路边沟排放污水。"这是毫无道理的。申诉人在《公路法》实施之前一直利用公路边沟排放污水，未受到公路部门的行政干预，这不能说明其合法。因为当时《公路法》未颁布，公路管理部门无法干预。但是，《公路法》实施后，申诉人不遵守《公路法》规定，仍继续排放污水，致使公路遭受侵害。显然，这是违反《公路法》的违法行为，必须承担法律责任。申诉人所提出的理由毫无根据，是站不住脚的。

三、公路管理局处罚适当有法可依

《公路法》第四十六条规定"禁止利用公路边沟排放污物。"申诉人擅自利用公路边沟排放污水，严重违反了《公路法》，必须受到处罚。《公路法》第七十八条规定："违反本法第四十六条的规定，造成公路路面损坏、污染或者影响公路畅通的，……由交通主管部门责令停止违法行为，可以处五千元以下的罚款”。据此，县公路管理局对其做出的路政处罚是完全正确的。

此致

××县公路管理局（章）
法定代表人姚××（签章）
2015年9月5日

附注：

1. 答辩状及副本2份。
2. 书证3份。
3. 视听资料6份。

三、交通行政复议决定书

路政复议机关认为原处罚决定认定事实准确，证据确凿充分，适用法律、法规、规章恰当，处罚适当的，应维持原处罚决定，驳回申诉，按原处罚决定执行。路政复议机关认为原处罚决定事实没有错误，但适用路政管理法规有错误或者处罚幅度显失公正的，可以裁决变更；对于事实不清或者证据不足，或违反主要法定程序，或滥用职权，或超越职权的，可以裁决撤销。路政复议机关做出复议决定应制作《交通行政复议决定书》。复议决定书一式四份，一份交申诉人，一份交做出原处罚决定的机关，一份归档，一份存根。在交给申诉人一联中应写明“如对本复议决定不服的，可以在接到复议决定书之日起15日内向人民法院起诉；期满不起诉又不履行处理决定的，路政管理机构依法报请人民法院强制执行。”字样。

范例11-15

交通行政复议决定书

××交复字[2015]第××号

申诉人：林××　年龄 36岁　民族 汉族　籍贯 浙江 职业 农民

工作单位 无　住址（或组织名称、地址、法人代表）××乡××村

被申诉组织：××县公路管理局　地址 城关路11号

法人代表 杨××

申诉人（组织）林××　因不服××县公路管理局以（××）路政字第××号违法处罚决定书对其做出的处罚，特向本局提出申诉。业已复议终结。

经调查，认为（以下填写调查、分析结果、复议决定及其依据理由）：林××于今年7月在丽浦线K5＋300地段公路左侧路肩上建造房屋18m^2，严重违反了《公路法》第四十四条、五十六条之规定，属于违法建筑。上述事实清楚，证据确凿、充分。××县公路管理局所做的处罚，适用法规准确，处罚得当，程序合法。

根据《公路法》第七十七条第一项和第八十二条的规定，决定如下：

驳回申诉，维持原处罚决定。

××交通运输厅（盖章）

2015年×月×日

第四节 路政诉讼文书

路政诉讼文书是指路政案件进入诉讼阶段以后，在诉讼过程中形成的法律文书的总和。它可以分为路政诉讼司法文书和路政诉讼普通文书。前者是司法机关在路政诉讼中所形成的法律文书。后者是指路政管理机构在路政诉讼活动中形成的法律文书。在这里，我们主要阐述路政管理机构在路政诉讼活动中所形成的法律文书。

路政诉讼法律文书包括委托书、法定代表人身份证明书、路政一审答辩状、路政二审答辩状、路政上诉状、路政诉讼代理词等。

一、委托书

委托书，又称为委托代理书、授权委托书。路政案件进入诉讼阶段后，路政管理机构为维护自己的合法权益，更好地行使诉讼权利，使诉讼顺利进行并达到预期目的，向人民法院递交已委托诉讼代理人协助诉讼的法律文书。

委托书是代理人参与诉讼，进行代理活动，行使诉讼权利的书面依据。没有委托代理书，代理人便无权代理，不能行使诉讼权利。在路政诉讼中，委托代理人可以分为律师和路政管理员两类，若由律师担任代理人，应由律师事务所出具公函；路政管理员则凭委托代理书即可。

路政委托代理书还应写清代理人的代理权限是一般代理，还是特别授权。代理人的权限是被代理人赋予的。代理人只能根据被代理人赋予的权限进行代理活动。

范例11-16

委　托　书
兹委托下列人员为我方诉讼代理人： （1）姓名：王××　年龄：22岁　性别：男 工作单位：××县公路管理局　职务：路政管理员　电话：××××××× （2）姓名：张××　年龄：28岁　性别：女 工作单位：××县公路管理局　职务：路政管理员　电话：××××××× 代理权限为： 一般代理 委托单位：××县公路管理局（印章） 法定代表人：（签名）李×× 2015年3月10日

二、法定代理人身份证明书

法定代理人身份证明书，是法人或行政主体用以证明本单位依照法律或组织章程规定，代表本单位行使职权的负责人的身份状况的法律文书。

在路政诉讼中，作为被告的路政管理机构，要合法有效地行使诉讼权利，必须经本单位法定代表人同意。否则，路政管理机构在路政诉讼中的一切诉讼行为无效。

范例11-17

法定代表人身份证明书
胡××同志现任我单位局长职务，为法定代表人。 特此证明。 （印章） 2015年10月10日 附：法定代表人：胡×× 性别：男 年龄：34岁 民族：汉族 住址：××县××××路11幢405 电话：×××××××

三、路政一审答辩状

所谓路政一审答辩状，是指作为被告的路政管理机构在路政诉讼中，针对原告起诉状中提出的诉讼请求及其事实和理由进行答复、辩解和反驳的一种诉讼文书。其目的是用事实和法律法规驳倒原告，从而使诉讼有利于己方。因此，作为被告的路政管理机构如何制作一份符合规定、叙事清楚、论理充分、说服力强的路政一审答辩状，对阐明自己做出的具体路政行为的正确和合法，具有重要意义。

在路政一审诉讼中，路政管理机构提出的答辩状具有两大任务：一是要提出原告起诉状中事实与理由上的错误，为自己的具体路政行为辩护；二是要以充分的事实根据和法律依据来证明原告被处罚行为的违法性与路政处罚决定的正确性。

（一）路政一审答辩状的内容

路政一审答辩状一般由首部、标题、答辩人基本情况、案由、答辩理由、答辩意见、尾部和附项等组成。

1. 标题

标题应写明“路政一审答辩状”字样。

2. 答辩人的基本情况

即路政管理机构的名称、地址和法定代表人、委托代理人的姓名、性别、民族、籍贯、工作单位、职务、住址及联系电话等。

3. 案由

这部分可以较详细地加以说明，包括受理法院、送达日期、对方当事人姓名、案件性质等。也可以用比较简明的文字来表达，如“现对××因××（案由）一案，答辩如下”。

4. 答辩理由

这是答辩状的核心部分。除被告愿意承认原告的诉讼请求外，要运用事实和法律，对原告的事实和理由进行辩驳，阐明自己对案件的具体主张和理由，具体包括以下内容：

（1）做出具体路政行为的经过。

（2）依据事实、法律法规说明具体路政行为的正确性和合法性。

（3）对起诉状中列举的事实和理由针锋相对地进行反驳。

5. 答辩意见

在充分阐明答辩理由的基础上，经过综合归纳，就所答辩的问题简明扼要地提出自己的主张和要求。如“综上所述，答辩人认为原告起诉无理，请求人民法院予以驳回，依法维持答辩人所做的裁决”。

6. 尾部

包括三项内容：

（1）答辩状应送的人民法院名称，如“此致，××人民法院”。

（2）答辩人及法定代表人签名并盖章。

（3）书写答辩状的年、月、日。

7. 附项

包括两项内容：

（1）本状副本一式×份。

（2）证据材料×份。

（二）路政一审答辩状的注意事项

1. 要以事实为根据，以法律法规为准绳

撰写答辩状，要尊重事实，即按照发生争议的事实的本来面貌，客观全面地答复原告在起诉状中提出的诉讼请求，同时，援引的法律法规条文要准确、具体。

2. 要有针对性，有的放矢

答辩状中，一定要针对原告在起诉状中提出的事实和理由进行辩驳。抓住涉及原告法律责任的情节，或影响案件性质的情节，充分运用证据，在反驳过程中同时阐明自己的观点和主张，不要把与本案无关的事实牵连进来，更不能答非所问。

3. 要简明扼要，切忌冗长

一份好的答辩状，在于简明扼要，重点突出；叙述事实力求层次清楚；阐明理由应论理充分，抓住分歧的主要症结，突出重点进行论述。

4. 用语要准确、朴实、精炼

答辩状的语言要确切，不能出现任何语义矛盾或模棱两可的词句。文风要庄重，不宜使用描绘、夸张等手法；论证要严谨，要讲究逻辑，不能自相矛盾、违反事理。

5. 要重视举证

撰写答辩状时，仅仅指出原告理由不充分是不够的，因为被告负主要举证责任。如果被告不能提供充分的事实根据与法律依据，使法庭信服其路政处罚的正确性，必遭败诉。所以，路政管理机构在撰写答辩状时应特别重视举证。

范例11-18

路政一审答辩状

答辩人：××县公路管理局

地址：××县××路××号

法定代表人：李××　　职务：局长

电话：×××××××（办公室）

答辩人于2022年8月×日收到×××人民法院送来××重型机械化公司四处（以下简称“四处”）因违章超限运输一案的起诉状副本，现答辩如下。

1．原告所诉事实不清

四处偷运大件，违章闯行，是一种置国家财产安全于不顾的严重违法行为，其违法给路产造成的损失，应当由其承担全部赔偿责任。

四处大件运输车通行后，××市公路处立即组织有关人员对车辆通行的路段进行了全面检查，发现对桥梁、公路路面和树木造成不同程度的损坏，对修补费用做了初步估算，在时隔12天的协调会上提出了索赔要求。由于时间紧，会议纪要第五条做出了明确规定：由四处另与××和××两地代表协商解决。在协商时，四处代表刘某强调时间紧、任务重、经济紧张，以后运大件时再补偿，并一再说大件没有运完还得过××县，为此还出了一个文字证明，从这点看出不能算已经“了结”了。

今天看来，四处负责人的许诺和承认错误，都是为了拖延时间。为了准确计算大件运输造成的实际损害，获得可靠数据，××省交通厅委托公路学家进行了实际勘验，并聘请了国内公路桥梁方面的专家、教授进行了技术鉴定，这些工作都是解决本案的重要步骤，是工作的深入，而不是工作的完结。

2．原告所诉理由不足

四处是一个专门从事工程设备运输的部门，运输安全应该是考虑的首要问题，对交通运输过程中的安全措施和各项规章制度是熟悉的。全国人大在1997年7月就发布了《公路法》。这是我国公路管理方面的特别法律，像四处这样一个专业的运输部门，如果说不知道有这样一部法律，是不能令人信服的。

《公路法》第五十条规定：“超过公路、公路桥梁、公路隧道或者汽车渡船的限载、限高、限宽、限长标准的车辆，不得在有限定标准的公路、公路桥梁上或者公路隧道内行驶，不得使用汽车渡船。超过公路或者公路桥梁限载标准确需行驶的，必须经县级以上地方人民政府交通主管部门批准，并按要求采取有效的防护措施；运载不可解体的超限物品的，应当按照指定的时间、路线、时速行驶，并悬挂明显标志。”××县路段的公路和桥梁都有一定的设计标准，每座桥梁都设了非常明显的限载标志。对这一标志，专营运输的四处却假装不但认识，不懂得这些标志意味着什么，实在是有悖常理。

四处的代理人不是实事求是地正视这些问题，而把过错归结于法规没有规定大件的标准，究竟多高、多宽、多长、多重为大件，这样的提法是没有道理的，《超限运输车辆行驶公路管理规定》对于超限运输车辆的认定有明确规定，至于造成什么样的后果，应当尊重事实，根据实际定论。

3．县公路管理局适用法规正确、处罚适当

《公路法》第七十六条规定："有下列违法行为之一的，由交通主管部门责令停止违法行为，可以处三万元以下的罚款：……（五）违反本法第五十条规定，车辆超限使用汽车渡船或者在公路上擅自超限行驶的。"《公路法》第八十五条规定："违反本法有关规定，对公路造成损害的，应当依法承担民事责任。"××县公路管理局对原告做出的赔偿路桥损失费1 758 455.1元，罚款30 000元，运用法律法规正确，处罚得当。

综上所述，答辩人认为原告起诉无理，请求人民法院予以驳回，依法维持答辩人所做的处罚决定。

此致

××人民法院

答辩单位：××公路管理局（章）

2022年×月×日

四、路政二审答辩状

路政二审答辩状，是指作为被上诉人的路政管理机构依据法律规定，就上诉人上诉的事实和理由，或上诉的请求和理由进行回答和辩解的文书。

作为被上诉人的路政管理机构，通过答辩状，可以对上诉人提出的上诉理由和根据，以及请求事项，进行有的放矢的答辩。于答辩之中，阐明自己的理由和要求，并可提出事实和证据，证实自己的观点，以维护国家利益。

路政二审答辩状的结构如下。

1. 首部

这部分包括以下内容：

（1）标题。应当写明"路政二审答辩状"字样，以起到一目了然的作用。

（2）答辩人的基本情况。主要写明路政管理机构的名称、法定代表人姓名、职务等。

（3）答辩事由。具体可以写"因×××上诉一案，提出答辩如下：……"也可以写"答辩人于××年×月×日收到××人民法院交来上诉人因××一案的上诉状副本，现答辩如下：……"。

2. 答辩理由

答辩理由要根据上诉人的上诉内容来确定。答辩状的理由部分一定要针对上诉人在诉状中提出的事实和理由进行答辩，并可以提出相反的事实、论据和理由，证明自己的理由和观点是正确的，提出的意见和要求是合法合理的。

3. 结尾

写完答辩理由后，要写明“此致，×××人民法院”，并在右下方由答辩人签名盖章，注明年、月、日。

五、路政上诉状

路政管理机构如果不服人民法院第一审判决或裁定的可以向上级人民法院提起上诉，并提出上诉状。

路政上诉状是指诉讼当事人因不服人民法院对路政案件的第一审判决或裁定，依照法定程序在法定期限内，向上一级人民法院提出上诉，要求撤销、部分撤销或变更原审裁判的诉讼文书。它是保护路政诉讼当事人特别是败诉一方当事人合法权益的一种诉讼文书。这里，我们指路政管理机构不服人民法院第一审判决或裁定而提出的上诉状。

路政管理机构作为上诉人通过原审人民法院或者直接向二审人民法院提出路政上诉状的，都应按照对方当事人的人数提出上诉状副本。

路政上诉状是引起路政案件第二审的根据，是不服一审判决或裁定而要求上一级法院重新审理的法律文书。它对于二审的胜败具有举足轻重的作用，因为法院是根据上诉状中提出的上诉请求、上诉的事实和理由来审理的。如果上诉事实和理由不正确、不充分，胜诉的可能性就小。

上诉状的针对性很强，因此，必须把矛头紧紧对准一审判决或裁定中所认定的事实、证据和运用的法律法规，否则，上诉就会失去意义。

（一）路政上诉状的内容

1. 首部

这部分应当写明下列事项：

（1）标题。应写明“路政上诉状”字样，使人一看便知该法律文书的性质是不服一审判决或裁定，要求二审人民法院撤销原判或重新审判。

（2）在上诉人栏内，要写明上诉人的名称、地址，法定代表人姓名及电话号码等。同时在“上诉人”后面应用括号说明是原审被告。

（3）在被上诉人栏内，要写明被上诉人的姓名、性别、年龄、民族、籍贯、职业、住址及工作单位等，“被上诉人”后面也应用括号注明原审原告。

（4）案由。写明不服原审判决或裁定的事由，例如：“上诉人因××路政处罚决定一案，不服××县人民法院××××年×月×日做出的（2003）×法行字第×号行政判决（或裁定），现提出上诉。上诉的请求和理由如下”。

2. 上诉的请求和理由

上诉请求部分主要写明不服原审判决（或裁定），要求二审法院撤销、部分撤销或变更原审判决（或裁定）。这也是上诉所要达到的目的。

上诉理由部分主要是针对原审判决（或裁定）的不当，采用驳论手法，在反驳中正面说理，阐述上诉的根据。具体写法有以下几种：

（1）先摆出不服的论点，然后逐一进行反驳。一般是从判决或裁定文书中找出不服的地方，进行综合归纳。概括几个论点，一并摆出，然后一一反驳；或者是把概括出来的论点一个一个地摆出，摆一个驳一个。

（2）用摆事实讲道理的方法进行反驳。既可以直接驳其论点，也可以通过指出其论据和论证中的错误来加以反驳。

在充分阐明上诉理由的基础上，经过综合归纳，简明扼要地提出自己上诉请求。如“……为此，特向你院提起上诉。请求依法撤销原判决（或裁定），予以改判”。

3. 尾部

尾部包括三项内容：

（1）上诉状应送的人民法院名称，如“此致，××人民法院”。

（2）上诉人及法定代表人签名并盖章。

（3）书写上诉状的年、月、日。

4. 附项

附项包括两项内容：

（1）本状副本一式×份。

（2）证据材料×份。

（二）路政上诉状的撰写要点

1. 从原判认定事实方面进行辩驳

即对路政一审判决或裁定所认定的事实、证据是否符合真实、确切表示意见。就事实部分进行论证，要着重列举出反面的证据来证明路政一审判决或裁定中所认定事实不能成立，并且要求反证确实、充分。

2. 从适用法律法规是否正确的角度进行辩驳

适用法律、法规是否正确，是指路政一审判决或裁定适用法律、法规和规章是否正确。原判决或裁定虽然认定事实清楚、证据充分，但在对被处罚行为的定性、处罚及适用法律法规问题上存在错误。

3. 从程序上是否合法进行辩驳

违反法定审判程序，会影响案件的正确判决或裁定。例如依法应回避的人员没有回避，审理路政案件采用调解方式；或未保障诉讼参加人诉讼权利等；这些都是违反法定程序并可能影响路政案件正确判决或裁定的情况。

范例11-19

路政上诉状

上诉人（原审被告）：______________________________

地址______________________________

法定代表人__________　职务__________　电话__________

被上诉人（原审原告）　姓名__________　性别__________　年龄__________

民族__________　籍贯__________　职业__________　住址__________

上诉人因______________一案，不服______________人民法院_____年____月_____日（　　）_字第_号行政判决（或裁定），提出上诉，上诉的请求和理由如下：

上诉请求：______________________________

上诉理由：______________________________

此致

__________中级人民法院

上诉人（公章）

法定代表人（签章）

年　　月　　日

附注：1. 上诉状及副本　　份。

2. 证据　　份。

六、路政诉讼代理词

路政诉讼代理词是指路政管理机构的委托代理人根据法定的委托参加诉讼活动，行使法律规定的诉讼权利，在法定审理阶段所做出的系统发言，代理词本质上是诉讼代理人为维护其委托人的合法权益而发表的与其委托人诉讼意见基本一致的诉讼意见。

路政诉讼代理词的作用在于，系统阐明诉讼代理人对案件的看法和意见，是对其委托人之起诉意见或答辩意见的发挥与深化，也是为分析案情、提供事实根据和法律依据，协助法庭客观公正地处理案件。同时，还可分析当事人或案件的经验教训、成败得失，使人们受到深刻的法制教育。

代理词属演说词，它不同于前面几类法律文书，但在诉讼中所起的作用是很大的。因此，代理词也常以书面形式发表，并被收附在法院审判卷宗中。

（一）路政诉讼代理词的内容

1. 标题

标题应当直接写明“×××诉×××一案代理词”。

2. 序言

序言的书写主要应注意以下几点：

（1）说明代理人出庭的原因及合法性（即法律依据）。如“受×××委托”“根据《行政诉讼法》第二十九条之规定”等，如果代理人是某路政管理员，直接可称“受×××（路政管理机构）委托担任其诉讼代理人”等。

（2）简要说明代理人在代理活动中的工作情况，说明作为代理人，做了哪些工作。

（3）表明代理人对本案的基本看法，也可只写“根据事实和法律，提出如下几点意见”。

3. 正文

即具体的代理意见。这部分应根据具体案情、被代理人所处的诉讼地位、诉讼目的和要求等来确定其内容。一般要对纠纷的主要情节、形成纠纷的原因，以及双方当事人争执的焦点进行分析，以分清是非，明确责任，辨明性质，并提出对本案的看法及对本案的处理要求。

4. 结束语

一般用“综上所述”引出处理意见。

最后由代理人签章，注明年、月、日。

（二）路政诉讼代理词的注意事项

（1）路政诉讼代理人在撰写代理词之前，必须熟悉本案案情，掌握充分的证据材料，然后对案情进行全面客观地分析判断，做到客观全面、胸中有数。同时，还要根据具体案情及被代理人所处的诉讼地位、诉讼目的和要求，以及被代理人与对方当事人的关系情况来确定代理词的内容。

（2）代理词原则上应代表被代理人的意见，但对被代理人的一些明显偏激、不合理或于法无据的观点、要求则不能苟同。因为代理词是被代理人诉讼意见的强化与展开，而不是被代理人的传声筒。

（3）撰写代理词的中心思路可从两方面考虑：一是对引起争议的主要情节，形成争议的原因及双方当事人争执的焦点进行分析，以分清是非，辨明性质，明确责任；二是对当事人的诉讼要求从法律上论证其合理合法。一份好的代理词，应抓住本案的特点、焦点，在本案的关键问题上找到突破口，从而增加胜诉的可能性。

（4）发表代理词，还应当根据庭审情况的变化而变化。代理词真正形成阶段是在法庭辩论时，因此切忌无视庭审中发生的本案事实与证据情况的变化，一成不变地照本宣科。同时，应努力使代理词通过法庭辩论，经受辩驳，为法庭所接纳。

范例11-20

____诉____案代理词

审判长、审判员：

根据《诉讼法》第二十九条规定，我受本案被告__________之委托，担任其诉讼代理人，进行代理活动。

本代理人通过阅卷等代理活动，全面了解本案案情，现发表代理意见如下：

一、____

二、____

三、____

综上所述____

上述意见，请法庭予以采纳。

代理人（签章）

××××年×月×日

【本章小结】

本章主要概述了路政法律文书的概念、特点和种类，具体介绍了路政处罚文书、路政复议文书、路政诉讼文书三大类法律文书的内容与写作要求。

【练习题】

一、简答题

1. 什么是路政法律文书？它有什么特点？
2. 路政法律文书包括哪几类，具体有哪些文种？
3. 笔录文书的特点和作用是什么？为使各种笔录符合要求，记录员必须做到哪几点？
4. 怎样写作违法行为通知书？
5. 怎样制作处罚决定书？
6. 怎样写作申请强制执行书？
7. 什么是路政复议文书，它主要包括哪些内容？
8. 怎样撰写复议答复意见书？它有什么写作要求？
9. 路政一审答辩状的任务是什么，它一般由哪几部分组成？
10. 路政二审答辩状的作用和写作重点各是什么？
11. 路政诉讼代理词的作用是什么？它具有怎样的结构？

12. 路政上诉状的作用是什么，它的各部分应怎样写?

二、文书写作题

2015年5月3日上午9时，A省B市驾驶员王贵驾驶一辆车牌号为粤A34563四轴重型半挂车（车辆属C市便捷交通运输公司所有），运输石子经过D超限检测站，经检测后，发现该车车货总重为45t，经检测后，认定该车超限5t。已超限行驶100km，经查，该车已被交通警察以超载为由实施了处罚，驾驶员也出示了交警开具的处罚决定书，该站执法人员依法卸载并收取公路赔（补）偿款。制作《超限运输处理（当场）决定书》。（要求：文书填写格式正确，适用法律正确）。

法律依据：《公路法》第四十九条、第五十条、第八十五条。

参 考 文 献

[1] 颜世晔，肖扬．公路路政管理培训读本[M]．北京：法律出版社，2009.

[2] 宋林锦．公路路政管理[M]．北京：人民交通出版社，2012.

[3] 交通部教育司．公路路政执法实用法律法规[M]．北京：人民交通出版社，2007.

[4] 戴新忠．高等级公路路政管理[M]．北京：人民交通出版社，2007.

[5] 肖扬，颜世晔．公路路政案件办案标准与法律适用[M]．北京：法律出版社，2009.

[6] 王润琪．道路交通行政管理学[M]．北京：人民交通出版社，2009.

[7] 王文武，李华．公路路政管理手册[M]．北京：人民交通出版社，2013.

[8] 饶古隆，钱金龙．公路路政管理概论[M]．北京：人民交通出版社，2004.

[9] 韦荣敏，杨松林．道路交通法规基础[M]．北京：人民交通出版社，2002.